当代新视野学术文库

· "企业管理理论演变机制研究"
· 教育部人文社会科学研究

U0683581

企业管理理论
演变机制研究

QIYE GUANLI LILUN YANBIANJIZHI YANJIU

段钊 著

中国出版集团
世界图书出版公司

图书在版编目（CIP）数据

企业管理理论演变机制研究 / 段钊著 . -- 广州 : 世界图书出版广东公司，2011.6

ISBN　978-7-5100-3626-2

Ⅰ . ①企… Ⅱ . ①段… Ⅲ . ①企业管理－研究 Ⅳ . ① F270

中国版本图书馆 CIP 数据核字 (2011) 第 103654 号

企业管理理论演变机制研究

责任编辑　陈　洁
封面设计　陈　璐
出版发行　世界图书出版广东公司
地　　址　广州市新港西路大江冲 25 号
电　　话　020-84459702
印　　刷　广州市快美印务有限公司
规　　格　880mm×1230mm　1/32
印　　张　10
字　　数　250 千
版　　次　2013 年 5 月第 2 版　2013 年 5 月第 2 次印刷
ISBN　978-7-5100-3626-2
定　　价　36.00 元

如发现印装质量问题影响阅读，请与承印厂联系退换。

目 录

CONTENTS

导论

本书所力求考察的中心问题并非企业管理理论本身，而是那些具体的"管理知识"是如何形成的，为什么会被认定为"知识"，在一套什么样的机理运作下而被认定为"知识"，即管理理论与环境系统之间相互作用的规律与机制。

一、选题缘由与意义

在过去的一个多世纪里，管理知识的创新十分活跃，众多在积累性常规研究与创新性非常规研究中形成的管理理论，或相互联系与包容，或对立与矛盾，在并存与交替的演变中，构成了一个多元化的思想体系。纵观 100 多年来管理理论在纷繁复杂的社会系统中的演化，同生物在自然界中的进化有着相似性，都存在着"遗传"、"突变"、"自然选择"的情况，表现出"物竞天择、适者生存"的特征。

管理思想史作为管理学的一个重要的分支，其研究内容主要聚焦于三个方面：管理经典的解读，史料、人物与事件的挖掘；管理思想演变过程的描述和管理学科知识体系的勾画；管理思想演变的历史逻辑分析。在对已有管理思想、文献、人物与事件进行深入挖掘，勾勒出管理学科知识体系与管理思想演变轮廓的基础上，人们势必会进一步反思与总结管理思想发展中的特征与规律；在我们能够回答出"管理学是怎样发展？"的问题后，也必然会面临着"为什么会这样发展？未来会怎样发展？有哪些影响因素？为什么是这些因素？这些因素又具体怎样起作用？"等问题的考验。这些问题的充分解答需要在深入分析管理知识、人与环境因素之间相互作用机理与规律的基础上来展开。因此，对企业管理理论演变机制的研究，不仅能让我们在正确解读过去的基础上，更快、更合理、更有条理地把握现在，掌控未来[1]还能为企业管理科学研究提供一种历史的视角，为管理学科研究行为准则体系和支撑学科发展的基础结构体系的完善提供借鉴。

随着信息技术的飞速发展与经济全球化的进一步深入，在

---

[1] David Lamond. On the Value of Management History: Absorbing the Past to Understand the Present and Inform the Future. Management Decision, Vol 43-10, 2005, 1273-1281。

全新的、更具竞争性的商业环境下，**越来越多的人深信**，只有始终站在变化的最前沿，企业才能获得兴旺发达的不竭动力。从 20 世纪 80 年代初的系统工程热，随后的管理信息系统热、决策支持系统热、企业文化热，到近年来的企业再造、知识管理、ERP、CRM……一时间，西方最新的管理理论、模式与工具，成为我国企业界与学术界的热门话题。事实上，任何一种企业管理思想都是企业所处的社会历史环境与企业实际需要相结合的产物，及时地跟踪并学习西方前沿的管理思想是必要的，但不应将其视为一种标准知识，把"新"与"旧"作为衡量的尺度，盲目地加以照搬与模仿。从历史的视角来看，在以美国为代表的发达国家中，管理知识创新与技术创新、制度创新是一个相互作用、相互促进、协同发展的过程。这一动态过程中形成的管理知识，并不一定完全适合中国的国情，要提高中国企业的管理水平，需要在借鉴与吸收西方发达国家的管理理论、经验与方法的基础上，创新出适合中国国情与企业实际的管理理论与模式。从这一目标出发，管理理论演变机制的研究价值在于，它不仅能够为中国特色管理理论的研究者们提供一个系统、客观与动态地审视西方管理思想的工具，在创新中体现兼收并蓄，发扬"拿来主义"；还能为管理的实践者们，在一个对他们而言有"太多"管理理论的世界中，树立一个判断能否为其所用的标准，寻求理论、方法同实际管理问题的有效匹配。从这个意义上而言，该研究具有充分的必要性与重要性，也有着很高的应用价值。

二、国内外研究现状综述

从现有的文献看，一些国内外学者在相关研究中，曾不同程度地涉及该问题。国外学者之间的区别主要体现在研究框架与分析方法上的不同，国内学者之间的区别主要体现在研究主题与分析层次上的差异。

1. 国外研究现状

西方学者从历史的视角对管理理论与实践发展的考察，起始于 20 世纪 60-70 年代，50 多年以来，形成了以下几种主要研究框架及相关的研究成果。

（1）学派分析框架。主要代表人物有哈罗德•孔茨（Harold Koontz，1961）、克鲁德•乔治（Claude George，1968）、托格森与温斯托克（Torgersen and Weinstock，1962）等。二战后，管理学的发展呈现出百家争鸣、百花齐放、盘根错节的复杂局面。为了走出这一"管理理论的丛林"，孔茨等管理思想史学家们，从挖掘各种理论的异同点出发，尝试把在不同目的与背景下形成的管理理论以及研究者，通过"人为"创造的学派联系起来并加以归类，力求描绘出管理理论现状全景与发展轨迹。最具代表性的是，哈罗德•孔茨在 1961 年《管理理论丛林》一文中将当时的管理学派分为 6 个：管理过程学派、经验学派、人群行为学派、社会系统学派、决策学派、数理学派[1]并在 1980 年《再论管理理论的丛林》一文中增加至 11 个，它们分别是：

> 经验或案例学派。该流派的成员通常借助案例来分析经验，以此来研究管理。这种学派建立在这样的假设之上，即：学生和实践者通过研究那些在不同案例中管理成功和失败的经验，将会理解管理领域，甚至知道怎样进行有效管理。
>
> 人际行为学派。这种学派显然建立在这样一种理论假设之上，即：管理活动包含通过别人使事情完成的内容，因此管理研究应该围绕人际关系展开。该流派的学者更多地倾向于采取个体心理学方法研究问题。他们研究的焦点

---

[1] Harold Koontz. The Management Theory Jungle. Academy of Management Journal, 1961, 4 (3), pp: 174-188。

在于作为社会心理存在的个体及其动机。

群体行为学派。这种学派主要关心的是群体中人的行为，而不是人际行为。因此，它倾向于依赖社会学、文化人类学和社会心理学而不是个体心理学。它主要强调的是群体行为模式。

协作性社会系统学派。这一学派是对人际和群体行为观点的修正，体现在某些行为科学家开始聚焦于研究作为协作型社会系统的人际关系。这种观点虽然比管理学更为宽泛，但仍忽视了许多对管理者来说有用的概念、原则和技术。

社会技术系统学派。这个流派的立足点就是，社会系统和技术系统必须被结合在一起考虑，管理者的主要任务就是确保这两个系统的和谐。这个学派的绝大数工作都集中于生产、办公室运作以及其他一些技术系统与人及其工作密切联系的领域。因此，这个流派更侧重于工业工程导向。

决策理论学派。这种管理学派的观点显然建立在这样的信念之上，即：因为决策是管理者的首要任务，我们应该集中于决策活动。这一观点具有一定的合理性。然而，它忽略了这样一个事实，即：管理活动要比做决策丰富得多。

系统学派。该学派认为系统方法是形成、表述和理解管理思想最有效的手段，所谓系统，实质上就是由相互联系或相互依存的一组事物或其组合所形成的复杂统一体。尽管我们给理论规定出界限，以便更清楚地观察和分析它们，但是所有的系统都同它们所处的环境在相互发生作用，因而都必然受到其环境的影响与发展。

数量或"管理科学"学派。这一学派将管理活动主要看作是一种数量过程、概念、符号和模型的推演。这一学派的核心是数学模型，因为通过这种工具，各类问题，无论是管理的或其他的，都可以用基本逻辑关系来表达，而且在一个给定的目标领域，模型还可以依据对那个目标的优化来表述。

权变或情境学派。这一学派点强调这样一个事实，即：管理者在实践中做什么依赖于一系列给定的环境条件——情境。根据权变观点，管理者可能对一种流水生产线情境进行观察，然后得出结论：一种高结构化组织模式将与这样的情境最匹配，并能最为有效地互动。

经理角色学派。该学派由亨利·明茨伯格（1973，1975）推广普及。这一学派本质上就是对管理者实际上做什么进行观察，并从观察中得出关于管理活动（或管理角色）是什么的结论。

管理过程学派。该学派认为，管理学存在着一个核心知识内涵，包含着只有在管理活动中才能被发现的概念和理论，外加从各种其他流派和观点中折衷出来的知识。这一学派对来自其他各种领域的重要知识并不感兴趣，而只对那些最有用的、并直接与管理活动相关的知识感兴趣。[1]

应当指出的是，这一研究框架虽然能在一定程度上对时空分散的理论碎片实现整合，但也存在一定的问题。首先，在管理学的研究行为准则体系和支撑学科发展的基础结构体系尚未统一的背景下，势必在认识上，难以形成学派划分上的一致；其次，这一研究框架事实上是以一种"典律化"的方式来解读管理知识，对各种管理思想进行了跨时空、跨企业内外环境特点与跨企业实际需要的平行类比，因而难以在此基础上进一步去揭示管理思想

[1] Harold Koontz. The Management Theory Jungle Revisited. The Academy of Management Review, 1980, 5 (2), pp: 175-187。

演变的历史逻辑；第三，关于学派的看法，在现实中也缺乏足够的学科建制方面的证据，从而将企业管理理论演变机制简单地归于一种实用主义的要求。

（2）制度分析框架。主要代表人物有艾尔弗雷德·钱德勒（Alfred Chandler，1962 1971 1977），里查德·惠廷顿与迈克尔·梅耶（Richard Whittington & Michael Mayer，2000），威廉·拉让尼克（William Lazonick，1990 2005）等。研究者尝试从工商业资料中提炼规律，采用案例的形式展开描述，力求动态地反映出在较长时期内，企业组织结构以及管理思想、工具与方法如何伴随企业的发展而相应演化。提出了诸如"看得见的手"、"结构追随战略"、"经理人革命"、"管理科学化"等"钱德勒主义"式的论断，从技术创新、制度创新与知识创新的互动关系出发分析企业管理理论演变机制的思路，其中对企业制度分析是核心。例如：钱德勒在 1977 年出版了《看得见的手—美国企业的管理革命》一书，主要讨论美国企业发展过程中出现的管理革命。列举了为什么管理协调"看得见的手"取代市场机制"看不见的手"的八个论点：

论点一：当管理上的协调比市场机制的协调能带来更大的生产力、较低的成本和较高的利润时，现代多单位的工商企业就会取代传统的小公司。

论点二：在一个企业内，把许多营业单位活动内部化所带来的利益，要等到建立起管理层级制以后才能实现。

论点三：现代工商企业是当经济活动量达到这样一个水平，即管理上的协调比市场的协调更有效率和更有利可图时，才首次在历史上出现的。

论点四：管理层级制一旦形成并有效地实现了它的协调功能后，层级制本身也就变成了持久性、权力和持续成长的源泉。

论点五：指导各级工作的支薪经理这一职业，变得越来越技术性和职业化。

论点六：当多单位工商企业在规模和经营多样化方面发展到一定水平，其经理变得更加职业化时，企业的经营权就会和它的所有权分开。

论点七：在做出管理决策时，职业经理人员宁愿选择能促使公司长期稳定和成长的政策，而不贪图眼前的最大利润。

论点八：随着大企业的成长和对主要经济部门的支配，它们改变了这些部门乃至整个经济的基本结构。[1]

拉让尼克和奥苏丽文指出，在 19 世纪后期至 20 世纪中期美国工业走上世界领导地位的过程中，美国公司治理结构恰恰是以管理者的内部控制为主，而外部股东并没有什么控制权。这种较强的组织控制推动了美国企业的技术创新、组织和创新管理创新[2]。惠廷顿梅耶回顾了法国、德国和英国最大的公司战后初期至 20 世纪 90 年代四十多年的历程，说明了欧洲公司是怎样经历了几十年的时间来消化并适应来自美国的管理理念，并指出欧洲大企业制度演变与 20 世纪末社会科学知识性质发生了交叉，大企业的成长刺激了一种全新学科——管理科学的建立。[3]虽然从研究领域上看，钱德勒及其追随者并非严格意义上的管理思想史学者，但是，他们的确为管理思想演变研究提供了一种极具价值的框架。

（3）社会学分析框架。主要代表人物有 Arthur Bedeian

[1] 艾尔弗雷德·钱德勒.看得见的手——美国企业的管理革命. 北京: 商务印书馆, 1987,6-12。

[2] 威廉·拉让尼克, 奥苏丽文. 公司治理与产业发展. 北京: 人民邮电出版社, 2005, 7。

[3] 里查德·惠廷顿, 迈克尔·梅耶. 欧洲公司: 战略结构与管理科学. 昆明: 云南人民出版社, 2005, 1-4。

（1992），Andrzj Huczynski（1993），Newstrom & Pierce（1993），Abrahamson（1996）Alfred Kieser（1997），McGovern（1997），William Kinsell（1999），Perren & Grant（2003），Timothy Clark（2004），Alan McKinlay（2006）等。在该框架下，早期的研究主要是将管理学知识与相关管理学大师（或团体）相联系，将他们置于特定历史情境下，通过对其生平、性格、观点、言论、学术成就等方面的考察与描述，来表现管理理论与实践的创新者对管理学发展的影响，他们在研究中所挖掘出的包含历史背景的管理创新主体的信息，为管理理论演变研究提供了重要的素材。

　　在此基础上，一些学者从人文主义科学认识论出发，指出管理科学知识本质上也是社会过程的内化和历史文化的沉淀，是通过一系列的社会过程得以实现的特定的社会操控体系的产物。例如，Huczynski 认为：满足组织管理者的认知和情感需要的途径之一，就是采纳和运用某一种管理思想或技术，而管理者的这种需要是经常性的，永远不可能得到充分的满足。因此，这种需要是持续不断的。大师思想之所以能够流行，就是因为他们的思想能够满足管理者的需要。他还指出，一种管理思想要获得名气、财富和长盛不衰，必须满足 5 个先决条件，并据此提出了流行管理思想提炼的"过滤器"模型：

　　第一，合乎时宜，即必须面向时代要求；

　　第二，必须争取到潜在读者群的注意，不是要抬高作者自己。商业教育组织、管理咨询及培训组织和出版公司在扩大该思想的影响力方面起着重要的作用；

　　第三，其内容应以满足读者个人需要及激发管理者兴趣的方式陈述；

　　第四，应该具有某些必要的因素，是该思想被潜在的应用者看成与满足自己的需要息息相关；

　　第五，语言描述的方式要恰当。因为大多数管理者是通过商业讲座了解它的，且该思想的音像作品也将从作者的原始陈述中开发出来。[1]

Abrahamson 提出了一个"管理时尚"的概念。他认为，管理时尚的制造者持续不断地使自己和时尚追随者相信某项管理技术能合理促进管理水平的提高，因此，管理时尚是这一过程的结果，是由管理时尚制造者传播的管理技术。人们相信它能合理地促进管理进步，这是一种相对短暂的集体信仰。他将管理时尚的传播过程表述为：在社会—心理因素与技术—经济因素的影响下，企业往往会产生对新的管理技巧的需求，管理权威、商业学校、咨询公司与大众媒体等管理知识的生产者观察到这种需求后，就会创造或选择传播工具将一些新颖的管理技巧提供给企业，企业对其进行区分、选择、应用或拒绝，并在应用中产生新的需求；新的需求导致新的供给，新的供给也能制造新的需求，如此循环就形成了管理时尚市场[2]。

虽然，研究者们的视角与切入点各有不同，但大都认为：企业管理理论的形成与演变是在特定的社会操控体系下，通过一系列的社会过程得以实现，其中离不开学术共同体的作用，也离不开科学研究和科学教育的传统与实践，所以，应从社会学的心智模式出发考察管理思想的演变，增强管理学界自我反省意识。这一研究框架的主要问题是，忽视了管理的科学性与管理科学化的进程。

（4）历史情境分析框架。主要代表人物是丹尼尔·雷恩（Daniel Wren）。雷恩将管理思想的历史置于一个文化与历史的维度，采用一种通史式的描述方法，分析经济、社会、政治等文化因素对管理思想的演变产生的影响，他将企业管理思想演变

---

[1] 胡克金斯基. 管理宗师. 大连：东北财经大学出版社，2003，1-3。

[2] Eric Abrahamson. Management Fashion. Academy of Management Review, 1996b, 21 (3): 616 - 618。

机制归于根据各种文化中的经济、社会和政治等方面的变化而演变，正如他在《管理思想演变》一书中所指出的：

　　　　我们对人、管理和组织的思想，是根据整个历史中各种不同的文化道德准则和制度的变化而向前发展的。有关如何进行管理的知识体系的发展也是根据各种文化中的经济、社会和政治等方面的变化而演变的。管理思想既是文化环境的一个过程，也是文化环境的产物。由于管理思想具有这些开放系统的特点，所以必须在文化范围内来对它进行研究。从本质上看，人们具有经济、社会和政治等方面的需求，要通过有组织的努力去满足。管理是在人们谋求通过集体的行动来满足其需求时所产生的一种必不可少的活动，它有助于实现个人和集体的目标。各种组织，例如家庭、部落、国家和教会，在历史上都是作为实现人们的目的的手段而出现的。人们建立组织是为了扩大他们自己的专业化才能，是为了自卫，为了丰富他们的生活以及满足其他各种需求。为了实现这些目的，抱有共同目标的人以及关心组织的人便组成了组织，以满足他们的需求。这些组织必须加以管理，而我们的研究将集中探讨关于管理的思想在历史上是如何演变的。[1]

　　这一框架过分强调文化环境因素在时间序列、结构与逻辑上的排列，但由于这些因素又是方方面面、错综复杂与瞬息万变的，所以，没能进一步揭示出知识与环境之间具体作用机理与规律，正如有批评指出"雷恩只提供了一堆杂乱无章的东西"（Andrzj Huczynski，1993）。

2. 国内研究现状

　　国内的研究主要在三个方面展开。

---

[1]　丹尼尔·雷恩. 管理思想的演变. 北京：中国社会科学出版社，1997，12–13。

（1）对西方管理理论的引进、比较、阐释与批判。例如：孙耀君的《西方企业管理理论的发展》（1981）和《西方管理思想史》（1987）、张宣三的《资本主义经济管理理论的发展》（1982）、赵景华的《比较管理学》（1991）、芮明杰的《管理学——现代的观点》（1991）、李长武的《近代西方管理思想史》（1991）、陈佳贵的《现代企业管理理论与实践的新发展》（1998），郭咸纲的《西方管理学说史》（1999）、张兰霞的《新管理理论丛林》（2001）等著作，在对西方企业管理理论内容分析的基础上，从生产力与生产关系相互作用、科学发展与技术进步驱动、市场激烈竞争的要求等不同角度一般性地对企业管理理论演变机制进行了说明。

（2）在管理学科知识体系的勾画层次上的展开。20世纪80年代，当时一些国内学者对管理科学的基础理论学科、技术方法性学科和实际应用学科展开多角度的探讨，1988年国家自然科学基金委员会资助了"管理科学学科发展战略研究"；1992年组成了20多位专家的课题组，进行"学科发展战略调研报告——管理学科"的研究工作；1995年科学出版社出版了调研报告《管理科学》，并在书中列出基础理论性学科35个、技术方法性学科18个、实际应用学科35个；2000年成思危把管理科学的学科结构归纳为"三个基础、三个层次、三个领域"；2000年何继善院士主持了中国工程院的"管理科学历史沿革、现状与发展趋势"课题，探讨了管理的基本内涵和管理理论的形成与发展问题；2004年徐淑英与刘忠明提出了管理知识的三种类型：情景无关型、情景嵌入型与情景依赖型。总体而言，研究者基本是在对管理科学的学科属性、基本内涵分析的基础上，从科学内史的视角，对企业管理理论演变机制进行了分析。

（3）在管理理论演变历史逻辑分析层次上的展开。研究最早始于20世纪80年代，在西方企业管理理论引进的同时，一些学者运用马克思主义政治经济学的基本原理，从生产力与生产关系入手，对西方管理思想的演变进行了考察。近年来一些学者尝试从不同的学科角度分析该问题：例如罗珉（2003，2005）、尹向东的（2003）、李怀祖（2004）等学者从哲学、方法论和研究范式等方面对管理理论演变机制进行了探讨；王振江、李常法（2001）从经济形态对管理理论演变影响的视角进行了分析；段钊（2004）结合企业理论分析了企业制度变迁与管理理论变迁之间的对应关系；黄速建与黄群慧（2005）在总结管理学发展的研究线索的基础上，提出了一个包括长期与短期因素在内的，管理理论与实践发展的影响因素模型——"钻石模型"，并分析了各个因素对管理科学化进程的影响。

3. 国内外研究现状述评

综合国内外研究现状来看，企业管理理论的演变过程仍处于一个"黑箱"之中，演变机制仍然不明。我们可能会从观察与先验性假设出发，找到许多影响与推动管理理论演变的环境因素，并在这些因素与管理知识创新之间建立某种联系。例如，在技术进步与管理知识创新关系上，我们普遍认同技术变革也必然会要求新的管理理论、管理方法与工具等与之相适应，为管理知识创新提供内在驱动力，新技术应用势必会对人的思想观念、企业的生产模式、生产与行为方式、组织结构等方面产生影响，为管理的变革和创新创造良好的外部环境，提供科学的、先进的方法和手段。在制度演变与管理知识创新的关系上，一般认同企业一系列产权安排的改变，会导致企业的组织结构作出相应的调整或变更，推动管理知识的创新。同时，我们也承认管理大师以及历史偶然性的作用。但是，我们却无法说明技术、制度、文化与人等方面的因素是如何具体运作并导致此特征（而非彼特征）管理理论的兴起与发展，也无法明确这些因素之间的相互作用的关系，其至对这些因素可能都无法证伪（如图1所示）。企业管理理论演变机制研究的目的就是试着去解释在这个"箱子"里到底发生着什么？

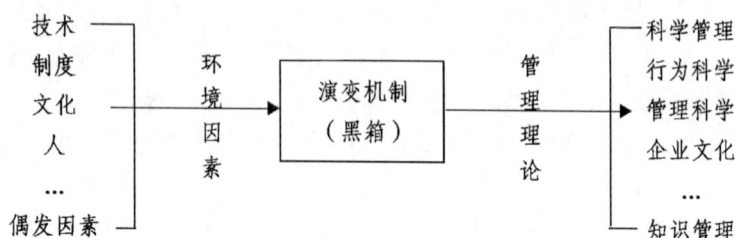

图 1 企业管理理论演变黑箱

管理活动是人类最普遍的社会活动之一，渗透于社会活动的方方面面，在科学探索与管理实践基础上形成的管理理论，必然是在不同学科交叉融合的基础上形成与发展起来的，体现出科学性与艺术性并存的特征。从自然科学与人文学科二重性特征出发，管理理论的发展与演变不能被片面地看成一堆绝对可靠或者相对可靠的、已被证实或者有待证伪的管理知识不断"堆栈"的过程。我们应避免用一种"理性重构"（rational reconstruction）的思维模式，把那些过去的管理学家当作我们同时代的人，以我们现在的认知找出过去的错误，来证明管理学如同物理学、工程学一样有着线性的发展轨迹；而应该在承认存在着可以被还原为直接经验的普遍规律的基础上，清醒地认识到任何管理科学知识都是相对于一定的历史与社会的集合而存在。脱离具体的历史情境与社会权力关系背景，力图从一些"不容置疑"的基本命题出发，按一定的逻辑方法构造出整个管理学科"大厦"的作法，反而会使我们迷失于"管理理论的丛林"。另一方面，将管理理论演变简单归于一个由实际需求驱动的社会过程，否认管理活动中存在的客观规律，同样也是不可取的，因而需要采用多学科、跨学科的方法，以实现逻辑实证主义与人文主义科学哲学的有机融合。

三、企业管理理论的界定

在几乎所有管理学文献中，都把泰勒（Frederick Winslow Taylor）在综合整个 19 世纪西方企业管理实践经验与相关实证研究基础上所构建的科学管理理论，作为企业管理学的起点。事实上，人类从事管理活动的历史可以追溯到史前文明，几千年来，在生产经营、治国施政和处理家庭关系等人类活动中，伴随着人类文明的进步，对管理问题的思考一直没有间断过。无论是东方还是西方，都曾出现过灿烂的管理思想。自 18 世纪末期工厂制度形成，对于企业管理问题的探索更未曾间断，如罗伯特·欧文、查尔斯·巴比奇、安德鲁·尤尔、夏尔·迪潘等人进行了大量的企业管理研究与实践，提出过很多具有特色的管理思想。然而，这些思想在当时并没有受到普遍的接受与传播，大多以一种朴素的观念或零散的经验形式存在。为什么泰勒的管理思想与实践被称之为科学管理理论？什么样的管理知识能被称之为理论？对管理理论的明确界定是研究的起点。

本书对管理理论的界定，从五个方面的特征出发，它们是：专门的研究对象与领域、符合历史情境的前提与假设、一系列的相关支持学科、理论与实践的结合以及健全的学术建制支撑。

首先，管理理论基于寻求企业管理经营活动的客观规律，有着专门的研究对象与领域，存在一些其他学科代替不了的研究任务。虽然，实践中人们会运用哲学、经济学、伦理学、心理学、社会学、工程学、数学等学科知识来解决管理中某一方面的问题，但这些知识并不是一套能系统反映企业经营活动规律性的知识体系，因而，从学科的边界出发，不能看作为管理理论。

其次，理论是建立在一定的、符合历史情境的前提与假设基础上的逻辑体系。从研究规范上而言，前提与假设是理论研究与实践工作的基础，是决定理论存在和发展的基本条件。许多早期管理思想，由于缺乏符合历史情境的前提与假设，只停留于经验主义的水平，而不是具有相对普适性的理论体系。

第三，理论是在科学研究中通过不断分化、整合而形成和发展起来的，企业管理理论也是在总结管理实践历史经验的基础上，综合运用社会科学、自然科学和技术科学的知识，来研究管理活动及其基本规律一般方法的知识体系，它不是相关学科知识简单相加的产物，而是这些知识的概括和抽象，是对各门学科知识中与企业管理问题有关的思想、原理及方法的综合、提炼和总结。

第四，未经实践检验的理论只是空谈，实践是检验某一具体理论存在和发展的基础，也是其研究规范准则体系与基础结构体系的最直接体现，理论指导实践，实践检验理论，才能不断推动管理知识体系的丰富与完善。

第五，学术建制是学术规范体系的物质保证和物质体现，是学科间分化、交叉、融合与竞争结果的社会表现。它主要指诸如职业化和专业化的研究者、教育与研究机构、学术交流网络、规范的学科研究计划、权威的出版物、基金资助等等学科的外在社会建制和社会运作层面上的范式建构，目的在于形成一个学术共同体。独立的理论体系形成与发展都必须以特定的外在建制结构为基础，没有学术共同体承认的研究往往是无根之本，甚至是无效劳动。

总体而言，从上述五个界定标准出发，管理理论是管理问题研究发展成熟的产物，是经过逻辑论证和实践检验并由一系列概念、判断和推理表达出来的系统化的知识体系，也是本书主要的研究对象。

四、研究框架与路径

探讨管理理论演变的历史逻辑，研究框架需要既能从历史与社会学的角度对企业管理知识发展的历史作宏观的考察，又能从逻辑实证主义的角度对具体管理理论的形成作精细的分析；既要承认存在着可以被还原为直接经验的管理学普遍规律，也能体现任何管理知识只是相对一定的历史与社会的集合而存在。因而，这一研究框架应具有能够融合若干相互对立要素的特征：其中既要有管理学科的内在要素，又要有学科的外在要素；既能反映管理的科学性，又能体现艺术性；既是一个开放性的范畴，又是一个闭合性的范畴；既能体现管理理论演变的继承性特征，又能反映出并行性特征。

从这样的目的出发，本研究基于以下几个基本观点而展开：

观点一，管理学发展过程中所表现出的各种理论的并存与交替，不仅是同一理论范式下的积累性常规研究结果，同时也是在创新性非常规研究中理论范式转换的结果，这一过程表面上呈现出"丛林"般的盘根错节的复杂局面，而在实质上存在着客观规律性。

从19世纪末期"泰勒主义"的出现算起，现代管理学的发展已有一百多年的历史。从科学管理的确立到"管理理论的丛林"，管理学发展经历了一个从范式确立与稳定，到范式竞争的动态过程。

19世纪末到二战以前的几十年，是一个范式相对稳定的时期，这个时期主流的企业管理理论，都基本遵从科学管理理论所树立的古典管理学范式，其中与科学管理齐名的是古典组织理论流派，代表人物是亨利·法约尔与马克斯·韦伯。虽然古典组织理论与科学管理理论在切入点上有所不同：科学管理理论主要从个人的角度出发，侧重个人效率最大化问题；古典组织理论则主要从组织与社会的角度，从管理过程入手，偏重于企业的组织效率最大化问题。但它们的哲学内涵与分析方法却是相同的，属于相同范式支配下的不同流派。

事实上，从20世纪20、30年代甚至更早以前，就有一些企业管理学家开始对人的心理与行为进行研究与实验，其中具有代表性的是几乎与科学管理同时代出现的"工业心理学"的创始人胡戈·蒙特斯伯格和亨利·丹尼森，以及后来主持"霍桑实验"并创立"人际关系学说"的乔治·梅奥等人。当时的这些研究与实验的结果对古典管理学范式形成了一定的挑战，但范式竞争的格局并未形成。二战以后，行为科学理论影响不断扩大，到20世纪50年代，确立了其与古典管理学范式相竞争的地位，并以此为开端，管理学的发展进入到一个范式竞争的时期。

随着系统论、信息论、控制论、运筹学、耗散结构论、协同论与突变论等现代自然科学理论的发展与引入，从20世纪60年代开始，逐步涌现出了决策理论、企业战略理论、系统管理理论等理论与学派。这类理性主义管理学范式的特点是：排除对影响人及其行为的心理性与社会性因素考察，在（非完全）理性人的假设下，通过运用现代自然科学理论提供的工具与方法论，吸收古典管理学范式与行为科学范式的相关成果，将管理过程、组织与战略作为研究对象。

20世纪80年代，随着日本企业的成功，社会学、文化学与伦理学等社会科学被引入到管理学研究中，出现了Z理论、企业文化与组织文化等理论。这类人文主义管理学范式的特点是：在继承系统科学理论与行为科学理论的基础上，将企业管理的问题看作一个文化管理的问题，强调企业成员共同价值观与信念的培养与树立。

20世纪90年代，知识经济与信息经济催生了学习型组织理论、知识管理理论、企业再造理论等管理管理的形成。这类管理学范式的特点是：突破管理权利上的界定，将企业的行为看作个人、团队与组织的不同类型的"学"与"习"以及它们之间的互动过程，强调管理的柔性化与弹性化。

战后至今的管理学发展过程中，各种管理理论与学派百花齐放、百家争鸣，分别在一定程度上体现了各自的生命力与影响力，就某一特定的时期而言，并无一种完全占有统治地位的管理学范式。从科学管理的"一枝独秀"到"管理学理论丛林"，管理学发展与变迁在范式层面上经历了确立、稳定与竞争的过程。

观点二，社会变迁过程中，技术、制度、文化等内外环境因素在不同维度上对企业内部权力关系产生的影响并带来改变，企业各要素所有者在权力博弈中形成对管理知识的需求，企业权力关系与结构决定着组织对管理知识的需求。

现代企业理论对企业性质有着广泛的探讨：科斯（1937）认为市场是协调经济活动的一种组织形式，企业也是协调经济活动的一种形式，两者都作为资源配置的机制，相互替代，前者通过价格机制、竞争机制进行配置，后者通过行政命令来完成。企业存在的最根本的原因是企业的组织成本与市场的交易费用的差异，组织成本小于市场交易成本时，企业规模扩大；反之，企业规模缩小。张五常（1983）认为不同契约安排具有不同的交易成本，企业对市场在节约交易成本方面具有比较优势，在产品市场上，若就产品的每一个附件和组成部分而不是最终产品进行估价并支付，则交易成本高得惊人，借助一个中心代理人，则可以减少契约，降低交易成本。因此，企业是要素市场替代产品市场的结果。詹森和麦克林（1976）认为，企业的本质是劳动所有者、物质投入和资本投入的提供者、产出品的消费者缔结的一系列契约关系，其中既包括我们通常理解的明确的书面或口头契约，也包括不明确契约，即所谓"默契"。

上述的研究中，企业中的"权力"往往被当作直接或暗含的研究前提，而不是研究的对象本身。近年来，西方主流企业理论已超出了传统新制度经济学交易费用、契约和产权理论的局限，强调企业是一种权力关系的组合，而不仅仅是自由契约的组合[1]。因为，权力本身就是一种间接激励机制，与社会中的资源分配保持着一种特定而复杂的关系。如果在现代企业中，排除"强权"、"暴力"、"政治权力"存在的情境假设，把企业本质上看作是不同要素所有者在谈判中自由缔结的一组契约关系，那么，企业中运用权力就是运用自身资源达到某种目的的过程，而这个目的又往往是为了占有更多的资源。

现实中，并不是每类要素所有者都有平等的机会去获取资源，个人自身拥有的资源决定他的权力大小，反过来，又决定了他进一步获取资源的能力大小，对资源的控制是权力的内在实质，它们之间体现出一种循环式的关系：一个人拥有的资源越多，他就越能控制他人，而他越能控制他人，所能获得的资源也就越多，进而对重要、稀缺资源的垄断就能够使那些需要而没有这些资源的人们服从。这样看来，企业权力的关系，在特定生产力水平和企业组织形式的情境下，与组织对资源的依赖性密切相关。

资源依赖理论（Peffer& Salancik 1978）认为组织最重要的是生存，为了生存，组织需要人员、资金、社会合法性、顾客以及技术和物资投入等资源，而组织自己通常不能生产这些资源，因而组织必须与它所依赖的环境中的因素互动。资源的稀缺性和重要性则决定了组织依赖性的本质和范围，如果一个组织非常需要一种专门知识，而这种知识在这个组织中又非常稀缺，并且不存在可替代的知识来源，那么这个组织将会高度依赖掌握这种知识的其他个人与组织。因此，依赖性是权力的对应面[2]，作为要素所有者的个人，在组织中的权力的大小与范围，取决于组织对其提供资源的依赖性的程度。

伴随着社会进步，技术、制度与文化等环境因素的变化，企

---

[1] 许秋起 刘春梅. 权力关系的网络组织：企业性质的再解读. 南京社会科学. 2007, 7: 32–38。

[2] 理查德·斯格特. 组织理论. 北京：华夏出版社,2 002。

业生产方式会不断调整，信息、知识等无形要素将逐步取代劳动、资本与土地等有形生产要素的主体地位；同时，环境因素的变化也会对要素市场结构产生作用，从而带来企业所依赖资源的稀缺性与重要性的改变，造成企业权力关系的调整。在这一过程中，环境因素对企业的权力关系的影响可以从三个权力维度上来明确：

一是，"事前"谈判力对于那些生产活动中越关键，市场上越稀缺，越难被替代，即专有性越强的资源，其所有者在事前谈判过程中拥有的谈判力就越强。任何一种要素所有者的这种谈判力归根到底，既是特定技术和市场条件的产物，也取决于"事前"谈判规则以及他们在谈判中的强硬程度。因此，要素所有者的"事前"谈判力的大小是由特定环境因素下的社会资源禀赋、社会生产方式以及要素市场结构等因素决定的。

二是，"事中"剩余控制权。企业各要素所有者之间通过一系列契约关系来连接，由于不确定性的存在，将来可能出现大量偶然的、不期出现的事件，对这些事件难以事前准确估计到的，即使在事前准确估计到并在契约中拟定相应的条款，成本也是相当高昂的，签订契约以后，对契约条款执行状况的考察也存在种种困难，要清楚地进行考察，必须花费大量的费用，即使存在第三方，要完满地证实违约以及违约造成的损失等方面的情况也是相当困难的。既然签订详细的完全的契约需要花费大量的成本，签订不明确的即不完全的契约就符合理性愿望，尽管不完全契约存在事后调整的麻烦。因此，企业中不仅存在通过契约明确的控制权，还存在不完备契约中无法明确的剩余控制权，表明在契约没有规定的情形中资产如何使用以及谁可以使用。

三是，"事后"剩余索取权。由于企业各要素所有者之间签订的契约是不完备的，不能在事前明确所有的要素报酬，剩余索取权是指对总产品扣除了所有在契约中明确的各个要素的报酬之后的剩余利益的占有权。在企业理论研究中，一般认为剩余控制权和剩余索取权相结合，可以让决策者承担决策的全部的财务后果，自利动机就会驱使他尽可能地做出好的决策或避免坏的决策，以实现个人与组织的激励相容。

在西方的市场经济与私有产权制度下，在三个维度上具有不同特征的企业通过自发的契约谈判而形成多种多样的权力关系与结构，以各自的行为在与其他形式企业的竞争当中生存下来。在既定的企业权力关系与结构中，不同要素所有者在自身所拥有资源的稀缺性与重要性特征约束下，从追求自身效用最大化的目标出发，力求尽可能增强"事前"谈判力与"事中"剩余控制权，最大程度地获取参与"事后"分配剩余的权力。在这一权力博弈的过程中，企业组织结构纵向上总会存在着一个边界，有一些要素所有者的报酬在契约关系中并未完全确定，其激励通过占有或参与剩余分配来实现；另一些要素所有者获得契约中所明确的固定报酬，其激励与监督主要通过各种管理活动来实现，监督与激励的成本（难易程度）决定了边界在企业组织结构内的位置，两类要素所有者在博弈中会分别形成管理知识的需求，并推动管理研究在不同方向上展开，而组织对管理知识的需求特征则作为博弈的结果存在，由环境因素驱动的企业权力关系与结构来决定。

观点三，管理理论的形成与发展始终建立在一定的学术建制基础之上，如果缺乏学术规范与学术共同体的保障，难以联系分散的研究者，实现专门知识的生产、运用与广泛传播，管理知识最多也只能以一种个案经验的形式而存在。

一种管理理论能否形成不仅取决于对知识的需求，还取决于知识的供给者。前者是管理理论演变的内因，后者是条件。知识的创新通常来源于个体，通过知识转移过程传递给他人，形成个体与他人的知识共享，当这种新知识为团体所共有，便会使新知识内化为成员的自身知识，成为进一步创新的基础。企业管理学作为一门应用型学科，创新知识的传递与内化不只建立于文本基础之上，更重要的是要建立于相应的社会建制与践行基础之上。在这一过程中，学术建制将保证对管理知识的需求能够由知识的供给者——学术共同体识别、凝练并提出某种适合的研究纲领，形成相应学术规范，联系分散的研究者，实现专门知识的生产并加以传播，推动管理理论由意识走向实现。

学术建制主要体现在学术规范与学术共同体两个方面。学术规范是从事研究活动的行为准则体系，是所有学术共同体成员之间的共同语言符码和共同标准，它从学术活动中约定俗成地产生，成为相对独立的规范系统。一般而言，规范包括价值规范、行为规范和技术规范等，价值规范是行为规范和技术规范的基础和准则。学术规范一经形成，就有一定的稳定性，能够稳定地、较长时期地制约研究者在学术活动中的行为；学术规范往往是以一种无形的内在的方式存在于学术共同体成员的内心和行为活动中，并具有自组织功能，通过学术共同体成员发挥其促进学术发展的功能，保证学术研究系统自行趋于系统目标；同时，它还具有约束功能，以社会承认、奖励和惩罚、制裁的方式制约学术共同体成员的行为。

学术共同体是支撑学术研究的基础结构体系，它不仅是学术活动的主体和承担者，担负着创造和评价学术成果的功能，也是学术规范的制定者和执行者，学术共同体成员以学术研究为职业和兴趣，强调学术研究人员所具有的共同信念、共同价值，遵守共同规范，以区别于一般社会群体和社会组织。管理学的发展过程中，离开了教育与研究机构、职业化和专业化的研究者、学术交流网络、权威的出版物以及基金资助等外在社会建制和社会运作层面上的践行，在管理实践中形成的新思想、新方法、新经验难以转化为理论并加以传播。但需要指出的是，学术共同体内部组织关于知识发展和开拓的规划，也会受制于学科的偏见，以及这些偏见所体现出来的利益关系，从而造成知识需求与供给上的信息不对称和知识供给的机会主义行为。

观点四，如果环境因素的改变不足以造成企业权力关系与权力结构的变动，在学术规范与学术共同体的作用下，组织对管理知识的需求，往往会推动既有管理学范式下的理论创新；如果环境因素的改变足够大，造成企业权力关系与权力结构的变动，那么在对管理知识新需求的作用下，新的管理学范式就会形成，并促成新的学术建制的建立。这种知识为权力划定范围，权力为知识确定形式，两者相互支撑、自适应的正反馈机制，是推动管理理论演变的原动力。

管理理论的形成与演变，是一个"知识/权力"相互作用的过程，不仅深深地和环境因素作用下的企业权力关系相互绞缠，同时关于管理知识的发展和开拓的规划，往往都受到学术共同体的制约，通过学科规训得以实现。某一特定管理理论的形成与流行，是"知识硬核"、"学术建制"与"企业权力关系"在由环境因素变化所驱动的演变中相互作用的结果。人们在企业管理实践与研究中形成的某一组关乎管理的知识，能否成为"管理理论"，取决于这一知识在"知识的需求与供给"、"范式形成与转换"、"知识/权力循环"三个维度上能否在同一时间与空间范围内实现均衡（如图2所示）：

在同一时间与空间条件下，如果只是在"范式的形成与转换"维度上实现均衡：即对管理研究已形成了知识体系中最重要的概念和定律，并且建立了从事研究活动的行为准则体系，也有研究主体和承担者，但知识硬核不适应企业权力关系的要求。这种情况下，相关的管理知识往往只会在学术共同体内传播，无法在企业实践中适用。正如20世纪初，虽然科学管理在英国存在着很多研究者与研究协会，但在企业中却不受欢迎，几乎得不到重视。

如果只是在"知识需求与供给"维度上实现均衡：即研究者能清晰认识到企业在特定权力关系下形成的对管理知识的需求特

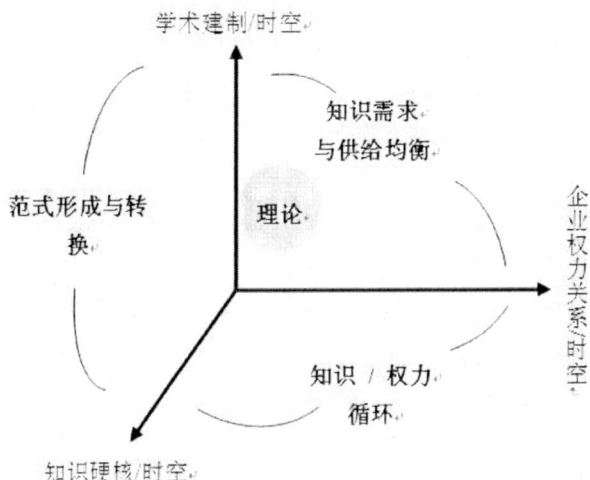

图 2　企业管理理论演变机制

征，但知识硬核因种种原因还没有形成。这种情况下，个人或组织内隐性知识将难以转译编码为文本化形式的显性知识，管理研究处于理论创新期。正如 19 世纪中期，美国已出现很多大型军工和铁路企业，管理阶层初步形成，符合科学管理原理的管理实践也已广泛开展，但直到 19 世纪末"泰勒主义"才得以形成。

　　如果只是在"知识权力循环"维度上实现了均衡：即从企业权力关系出发的知识硬核已经形成，但由于缺乏学术建制的保障，没有研究规范与研究主体。这种情况下，分散的研究者难以联系，专门知识的生产无法实现和加以传播，管理知识最多也只能以一种个案经验的形式被保留。

　　从上述假设出发，管理理论演变的历史逻辑性，表现在管理知识创新、企业权力关系变化以及学术建制之间这种相互促进、同步发展的协同关系。而要清晰解读与全面论证这一管理理论演变机制，首先，需要从科学哲学相关理论出发，考察历史上出现的主要的管理理论，在论证的基础上将其分别归入不同的范式，凝炼并比较各种管理理论的特质，总结这些范式的主要特征，并勾勒出企业管理理论范式内演变与范式间演变并行全景，从范式层面划定管理思想的演变过程；其次，要运用新制度经济学理论与方法，基于资产专用性与资产专有性的分析，来考察技术、制度、文化等环境因素在不同维度上对企业内部权力关系产生的影响以及带来的改变，在此基础上，确定作为理性当事人的企业各类要素所有者，在相互博弈中所形成的对管理知识的需求特征，以及作为博弈结果的组织对管理知识的需求特征；第三，还要厘清管理学的学术规范与学术共同体发展的历史，明确管理学外在社会建制和社会运作层面上的践行；最后，将各企业管理理论范式的主要特征、企业权力关系变迁中形成的对管理知识的需求特征、学术规范与学术共同体发展历史，三方面的研究结果加以综合对比，在时间序列与逻辑关系上建立关联。

在这一路径下，对于企业权力关系的解读是关键，本书将运用新制度经济学的相关理论与方法，对企业权力关系进行考察，这是因为，从 1937 年科斯打开企业这个"黑箱"至今，大量的研究围绕着企业相关当事人之间的关系展开，现代企业理论朝着多个既独立又彼此联系的方向发展，取得了大量的研究成果，这为企业权力关系的研究提供了充足的理论工具与分析方法。虽然关于权力与权力关系，不同的企业理论流派有着不同的理解，但有一点是基本相同的，即在现代企业中，权力并不是建立在神授、传统、暴力与强权基础上，企业权力关系与交易和契约密切相关。此外，经济学与管理学的交叉是当前科学研究的前沿领域之一，存在很大的创新空间。

五、研究目标与内容

本书既是一项专门问题研究，也是一项管理思想史的基础方法研究，力求达到的研究目标是：围绕着"历史上各种管理理论是如何形成的？有哪些因素产生了影响？为什么这些因素会产生作用？这些因素是如何起作用的？"等问题展开分析，采用多学科、跨学科的研究方法，细致阐述、严密论证企业管理理论演变机制，以此为基础揭示管理学发展的历史逻辑与规律。基本内容与章节安排如下。

第一章主要介绍研究的理论基础与来源。内容涉及三个方面：第一，从什么样的科学哲学出发来解读管理知识的发展过程；第二，如何来看待管理知识以及管理知识形成的过程；第三，如何来揭示企业的权力关系。从研究框架出发，这一章将介绍库恩的范式理论，利奥塔的"元叙事"理论，福柯的"知识的权力学说"与规训理论、以及相关企业理论的原理与方法，并阐述这些分属不同学科的知识，在研究中的作用及其相互之间的联系。

第二章主要研究首个管理学范式——古典管理范式的构成、特点与形成原因。对企业管理理论发展与演变的历史逻辑的探究，首先一个无法回避的问题，就是如何来划分管理理论形成与发展的阶段，以及这样划分的原因是什么。因此，这一章将首先探讨 19 世纪末管理学与其他知识领域划清界线的过程中，局部委托代理关系企业制度的普及与经理人阶层的出现，作为一种权力关系的变革，在其中发挥了什么样的作用。同时，在对古典范式下相关理论概述的基础上，将对首个管理学理论范式——古典管理范式的特点进行总结，并从本书的研究框架出发，对古典管理理论范式的形成原因分析。

第三章到第五章将从范式的层面上企业管理理论发展与演变的历史过程进行考察，总结行为科学范式、组织管理范式与企业文化范式的主要理论构成以及理论间相互关系；从基本信念、思维与分析方法、主要政策纲领以及学术建制功能四个方面概括性提炼这三种理论范式的特点；并在"知识硬核—企业权力关系—

学术建制"的框架下，论证各范式形成的主要原因。

第六章主要介绍形成中的新管理范式的构成以及特点，并在分析管理学范式竞争主要原因的基础上来探讨管理学的未来发展趋势。这一章指出从行为科学范式形成起，管理研究中的多元化特征，具体表现在不同范式支配的各种管理理论的并存与交替。这一多元化特征同社会发展过程中的企业生产方式多元化、企业制度的多元化，以及学术共同体的作用存在着直接联系。伴随着社会环境因素的变化，竞争中各范式在未来存在着融合的趋势与可能。

第一章　理论基础与来源

　　本书的主要观点与研究框架是在相关科学哲学与经济学理论的基础上形成的。本章将重点综述这些理论及其来源，主要涉及三个方面的内容：历史主义科学哲学、后现代主义哲学思潮、现代企业理论。述评并非追求面面俱到，而是强调其与本研究的相关性，并在必要的地方探讨这些理论用于管理思想史研究的原因与意义。

第一节　管理知识发展过程的解读
——历史主义科学哲学

对于管理知识发展过程的描述和分析，从不同的认识论与方法论出发，必然会有着不同的结论。因而，研究中首先要明确的是，应该如何看待这些知识，以及如何解读整个管理科学发展的过程？要回答这一问题，就需要借助于科学哲学，因为科学哲学研究的对象就是科学的本质、科学的合理性、科学的研究活动、科学的逻辑结构与科学发展的规律。

一、从逻辑实证主义到历史主义的科学哲学

科学哲学的萌芽可追溯到亚里士多德，他对归纳和演绎方法的分析、科学理论的结构以及科学知识增长规律所作的研究，可被视作科学哲学的发端。其后，以伽利略、培根、笛卡尔、牛顿为代表的对经典科学的哲学探索，丰富了科学认识论和方法论的研究，他们中强调归纳主义逻辑分析观点和立足科学史实观点，分别成为现代西方科学哲学中逻辑实证主义和历史主义的前身。

广义而言，白孔德（Comte）以来的实证主义、马赫主义、逻辑原子主义、过程哲学都属于科学哲学的范畴，而现代科学哲学形成于 20 世纪初，早先主要指起源于 20 世纪 20 年代维也纳学派的逻辑实证主义，代表人物是斯里克（Moritz Schlick）和卡尔纳普（Rudolf Carnap）等人。逻辑实证主义主张用逻辑分析的方法来研究科学的结构，希望抽空科学的历史脉络，给出科学的一般逻辑形式，最显著的特点体现在"实证原则"上，即任何不

可验证的陈述都既非真，也非假，而是没有实在意义，只允许逻辑上的同义反复或者第一人称的，从感官经验得到的观察结果。由此他们认为传统的形而上学和伦理学中的规范命题都没有实在意义，科学知识的生产可看作一种逻辑构造的过程，即从一些不容置疑的基本信念或基本命题出发，按一定的逻辑方法来构造出整个科学知识的大厦。在很长的一段时间里，逻辑实证主义不仅在哲学界大行其道，而且很受科学家的欢迎，有"正统科学哲学"之称。但是，逻辑实证论者希望用科学的方法来说明科学的理性，用逻辑分析的办法来处理所有的科学哲学问题，显然是不充分的，会遇到很多难以逾越的困难，例如：他们提出的科学发展的累积模式并不符合科学史实；他们认为存在某个具有特殊威信的证实理论，然而最终谁也没能提出这样的理论；他们对感官经验得来的知识不能给出一个满意的描绘等等。由于逻辑实证论强调用清晰的方法表达思想，因此他们的错误也以非常明显的形式凸显出来，而遭到了后人的批评。[1]

逻辑实证主义在 20 世纪 50 年代逐渐衰落，波普尔（Popper）在对它的基本原则反驳的基础上提出了批判理性主义，他认为证实原则的最大困难是归纳概括在逻辑上的不确定性，即普遍科学命题不可能由有限的经验所证实，因而，科学理论只能被经验证伪，而不能被经验证实，一种科学理论只有当它是可证伪的，才是经验的与科学的，不具有可否认性的理论是非科学的。波普尔认为科学理论是通过不断的证伪、否定、批判而向前发展的，并把科学的增长模式概括为四个环节：

第一，科学开始于问题。一切科学理论都仅仅是尝试性的假说，是对认识对象的普遍性的猜测，而猜测总是从问题开始的，

---

[1]　逻辑实证主义的"意义标准"逐步由"可证实原则"改为"可证伪原则"最后放宽至"可验证原则"，但由于"丘奇公式"的出现，使得"可验证原则"也难以实现。

科学研究首要的一点就是对问题有鉴别力，即善于提出问题。

第二，科学家针对问题提出各种大胆的猜测与假设，即所谓的科学理论。

第三，将各种猜测或理论之间进行激烈的竞争和批判，并接受观察和实验的检验，排除错误，并从错误中选出逼真度高的新理论。这一过程分为两步：首先，运用逻辑方法来判定所提出的理论是否严谨，是否自相矛盾并具有可证伪性；其次，将理论与观察经验或生产实践的结果对比，看它是否与之相一致。理论被证伪并不是理论的失败，只有通过证伪才能知道错在哪里，从而排除错误，选择出真理。

第四，新理论被科学技术的进一步发展所证伪，又出现新的问题，需要新的解说，使得科学研究永远没有终结。

波普尔第一次独创性地研究了科学发展规律性的问题，阐发了科学发展的动态模式，在现代科学哲学史上起到了继往开来的作用，是西方科学哲学从逻辑主义向历史主义过渡的中间环节。他的模式强调科学发展中否定的重要性，强调科学家要有批判精神和否定精神，而具有辩证法的特点。但是，波普尔片面地夸大了直觉与灵感等非理性因素在科学发展中的作用，片面地过分强调证伪、批判和革命，抹杀了科学在常规时期的建设性活动；片面强调质变，忽视科学知识量的积累，这些都表明理性批判主义的局限性。

历史主义是在 20 世纪 50 年代末产生的一种科学哲学思潮，60 年代后逐渐开始流行，其产生被认为是科学哲学发展中的一场"革命"，代表人物有库恩（Kuhn）、拉卡托斯（Lakatos）、劳丹（Laudan）与费耶阿本德（Paul Feyerabend）等。历史反对逻辑实证主义和批判理性主义脱离科学发展的历史，孤立地凭借逻辑和经验研究科学理论的做法，在科学中引进了科学以外的因素，如社会因素、科学家的心理因素、学术共同体的集体信仰等等，认为科学知识本质上也是社会过程的内化和历史文化的沉淀，离不开科学家与科学家之间的相互作用，也离不开科学研究和科学教育的实践和传统，历史主义一个重要的特征就是着眼于科学的历史与现状，十分重视科学史、科学家的实际活动与学术共同体的要求，并把科学理论与科学史紧密地联系起来，在这种联系中探索科学理论的本质和发展的动态规律。

二、库恩的范式理论

托马斯·库恩（Thomas Sammal Kuhn，1922—1996）是历史主义科学哲学的代表人物，当代美国最著名的科学哲学家之一。他曾在哈佛、普林斯顿和伯克利任教，之后成为麻省理工学院科学史和哲学教授。库恩原先学的是理论物理，但他在学术生涯的早期阶段对科学史产生了兴趣，一共出版了四本著作：《哥白尼革命——行星天文学和西方思想的发展》（1957）、《科学革命的结构》（1962，1970 年新版）、《必要的张力》（1977）和《黑体理论与量子不连续性 1894—1912》（1978）。其中《科学革命的结构》是最有名，也是讨论得最多的一本书。

1. 范式的概念、特征与作用

范式理论是库恩整个科学哲学的核心，也是他的哲学区别于其他哲学的一个本质内容。范式（Paradigm）一词来自希腊文，原意是表示"共同显示"的意思，后来被引申为范式、规范、模型、模式、范例等涵义。库恩认为范式一词无论实际上还是逻辑上，都很接近于"学术共同体"这个词，一种范式仅仅是一个学术共同体成员所共有的东西。反过来说，也正由于他们掌握了共有的范式才组成了这个学术共同体，即使这些成员在其他方面并无任何共同之处。正如他在"对范式的再思考"（1974）一文中所指出：

"范式"的一种意义是综合的，包括一个科学群体所

共有的全部承诺；另一种意义则是把其中特别重要的承诺
抽出来，成为前者的一个子集。[1]

与范式概念紧密相连的概念是"学术共同体"。所谓学术共同体，在库恩那里，就是指在一定范式下组成的科学家集团。这一科学家集团的成员受到过大体相同的教育和训练，因而有共同的探索目标和评判标准。科学知识实质上是学术共同体的产物；科学事业就是由学术共同体所推进的。可以看出，学术共同体这一概念是库恩用来说明科学知识的本质和推动科学进步的主体的关键，它集中体现了库恩哲学中的社会因素。

库恩借用范式这个词，目的在于表示科学史上某些重大成果，主要是基于某些学术共同体所共有的基本信念和理论框架。库恩认为范式是由多层次内容构成的整体，其内容大致包括以下几个方面的要素：一是某一科学家集团或学术共同体在某一学科中所具有的共同信念、共同世界观、方法论和价值标准；二是在科学实际活动中为某一科学研究传统的出现提供了模型的某些被公认的范例；三是学术共同体一致接受的专业学科的基本理论和取得重大科学成就，包括可以进行逻辑和数学演算的符号概括系统，不同学科各有自己的范式，同一学科在发展的不同阶段，也会有不同的范式；四是学术共同体拥有的仪器设备和使用方法，科学仪器对范式的形成、发展和变革具有重大作用，在一定意义上说，它是科学发展状况的物质测量器和指示器。[2]

从库恩对范式的界定看来，范式的特点在于：

第一，具有科学结构性和完整性。范式作为科学的"专业母

---

[1]　库恩. 必要的张力：科学的传统和变革论文集. 北京：北京大学出版社，2004，p: 288。

[2]　库恩在1962年版的《科学革命的结构》中曾经21用到范式的概念，但没有作出概括性的描述，在1970年新版该书中，库恩区别了广义与狭义的范式概念，他认为广义的范式就是科学的基础，由以上四部分组成。

体"，是基本理论、符号、概括系统、实验仪器、重大成就及成功范例等相结合的有机结构。同时，范式是由多种要素有机构成的整体，而不单是一堆理论知识。

第二，具有工具性和实践性。范式不仅是科学理论，而且是学术共同体进行科学活动的劳动工具。

第三，范式具有相对稳定性和灵活性。任何一种科学范式一旦形成就具有相对稳定性，同时又具有可变性、灵活性。

第四，范式具有社会性和历史性。科学范式包括认识主体，即学术共同体；认识工具，即范式本身；认识对象，即疑点。

第五，范式具有不同通约性。不同范式之间不存在共同的评价标准；在科学革命的前后，即使使用相同的概念和术语，它们之间的相互关系和意义也都发生了变化；不同范式的拥护者具有不同的世界观和立场。

库恩认为，范式在整个科学发展中具有核心地位。首先，作为精神工具，范式体现一种世界观和信仰，可以把一大批坚定的拥护者吸引过来，从而推动科学创造的进步，是推动科学进步的精神武器。范式对研究者既有心理上的定向作用，也有研究方向上的聚焦作用，协调和引导在规范内工作的学术共同体的活动。据此，库恩把有无范式的存在看作是区分科学与非科学的标志。按照他的说法，学术共同体拥有共同的范式，并按照这一范式去从事研究所取得的成果便是科学，便是常规科学。其次，作为实用工具，范式作为范例在实际应用中显示着重要作用。所谓范例是指提供具体的典型的解题方式及共同体的典型事例。共同体的成员通过这些典型事例，真正理解和学会运用"专业母体"的基本概念、基本理论及其符号概括系统，它有利于解决它所限定的领域中同一类相似的个体。不仅如此，范式还不断地提出更多的问题。库恩认为，提出问题比解决问题更重要。范式对于科学发展的定向作用，主要在于提出题目。科学并不是万能的，它不能解决一切疑难问题，并由此规定自己的发展方向。第三，新旧范式的更替是科学革命的标志。他认为科学革命就是旧范式向新范式的过渡。库恩把这种新旧范式的更替看作是"格式塔"图像、世界观或宗教信仰的改变。这些不同的"格式塔"图像、世界观或宗教信仰是根本对立的，其支持者们有不同的科学评判标准，不同的看待世界的方式和描述世界的语言。因而，没有那种在范式之间评判优劣的统一标准。而没有统一的评判标准，对立的范式就是不可比的，即范式间的不可通约性。同时，范式的产生也是科学家理性思维的结果，是科学家灵感和直觉的产物。这样，无论是范式的产生，还是范式的选择和接受，都有浓厚的非理性色彩。

库恩试图将范式与学术共同体结合起来，把科学史、科学社会学、科学心理学结合起来，把科学内史和科学外史结合起来，对科学发展规律做综合考察，这无疑是有意义的探索。也正因为如此，他的理论对研究管理思想史具有一定的适用性。

2. 科学发展与范式演变的动态描述

库恩认为，科学发展是共同体活动的结果，它表现为范式的不断完善和不断更换，换句话说，科学作为一个在时间和空间上扩展着的复杂过程，其发展规律的内在性是同这个过程的主体不可分割地结合在一起的。科学发展的历史已经不像过去人们所描绘的那样是思想和见解交替的抽象年表，而是一部与学术共同体密切联系的历史。

但是，库恩并没有忽视外部因素对科学的内部机制的影响和作用。他说，只要看看哥白尼和历书的关系就可以知道，外部条件也可以使单独一种反常现象成为一场严重危机的根源。人们如果想找到某种革命的办法以结束危机，可供他们选择的范围就要受到科学以外条件的一定影响。社会压力、哲学思潮的影响以及其他一些重大的历史因素等都对科学危机的产生和消除起着关键性的作用。库恩认为科学正是在内部因素和外部因素的共同作用下发展演变的。科学的发生和发展一般要经历如下几个阶段（见表1-1）：

表 1-1 范式发展各阶段及其特征

阶 段	理 论 层 面	社会学层面
范式前时期	无共同范式;至于哪种现象是该学科要进行研究的还存在分歧;没有共同认识到的观察结果或标准的研究方法;收集的数据是没有系统的。	同时存在很多相互竞争的流派或制度规范;学科成员之间缺乏沟通;书本是最重要的沟通媒介。
范式的确立	出现了可效仿的研究成果;就哪些问题、研究方法、解决办法是合适的取得了一致;就基本的形而上学的问题取得了一致。	开始专业化;产生了专门的期刊、协会和科学团体;安排了专家会议;期刊的文章成了最重要的沟通媒介。
常规科学	研究作为范式的明确表达,有清除和解决疑惑的作用;研究的目的不是为了理论上的更新或发现新的现象。	大学里有了这些学科和教材;该学科取得了对新成员社会化的控制权。
异常现象	预期危机:出现了新的、不符合范式的现象。	开始出现了对基本原则的批判和讨论;在研究者中间第一次出现了沟通失效的迹象。
危机	范式以几种方式被淡化和发展了;出现了特别的研究;任何东西都从属于试验;新理论的哲学讨论和尝试发展新理论。	从事研究的团体出现极化现象;严厉的批判性讨论;忠诚开始从旧范式转向新范式。
革命	出现了可供选择的范式,并且旧的范式被抛弃。	出现了转化;大量的研究者改变了他们所忠诚的对象;在专业人士内部出现了不和;旧期刊的关闭和新期刊的出现。
新范式	对新的、可仿效的研究成果有了普遍的认同;在一些"基本原理上"重新取得了一致;出现了新的问题视角,新的解决办法和新的研究方法。	新的出版物,以新面貌出现的旧期刊,新的社会化过程,新的组织结构,获得权威的新人物,那些抓住被摈弃的旧范式不放的人则处于社会边缘或从社会消失。

其中，库恩最为重视如下几个时期和情况：

（1）范式前时期

范式前时期指尚未具有范式的原始科学，没有一个统一的学术共同体，没有一个公认的范式存在许多竞争的学派。他们各执己见，对各种问题争论不休。经过长期争论后，才逐渐形成统一的理论、观点和方法，即范式。库恩认为，牛顿以前的光学就是处于范式前时期的例证之一。那时，人们对光的本质都有独特的看法，从而反映出各自独特的世界观和信念，只是到了18世纪牛顿为光学提供了微粒说的范式之后，光学才真正结束了自己的范式前时期的历史，而成为一门独立的学科。

（2）常规科学时期

指有了公认的范式，学术共同体在范式的支配下进行研究，常规科学时期就开始了。所谓"常规科学"，就是"常规研究的科学"，指在范式指导下的学术共同体的解难题活动及其成果。这里的难题包括理论和实验两个方面。范式和常规科学的关系是：范式规定使命，常规科学的任务是完成这些使命，使范式不断自我完善和发展。范式给常规科学规定任务，概括起来是：用实验和观察经验不断验证范式，从理论上使范式更为精准，从而扩大和发展范式。

（3）科学危机时期

指科学范式从一开始就处于反常的包围中。在常规科学时期它能够吸收许多反常，但是它并不能吸收所有的反常。当反常愈积愈多，并深入到范式的核心，使理论的调整和修补无济于事，使常规科学陷入困境和迷途时，科学就进入了一个显著不稳定的时期——科学危机时期。在危机时期，人们对范式开始怀疑，对它的信念逐渐动摇。库恩说："检验范式总是在解决难题不断失败而引起危机以后才产生的。"[1] 由于对范式的怀疑，使旧范式变

[1]　库恩：《科学革命的结构》，上海科学技术出版社1980年版，第145页。

得愈来愈模糊，正常研究的规则变得愈来愈松弛，这样各种竞争的理论便涌现了。此时，科学家们也一反常规，愿意尝试任何事情，结果学术共同体的成员们因失去共同信念而分裂，并引起不同学派之间的争论。争论中，有的主张继续固守旧范式，拒绝新范式，有的则主张抛弃旧范式，另建新范式。危机给科学家们带来的这种分歧和昏乱，使他们失去稳定和方向。但是，危机也给科学家们带来批判精神和创造精神。这也正是危机在科学发展中起到的最积极的作用，它不仅是新理论出现所必要的前提条件，而且是新理论涌现的一种前奏。"它打破了旧框架，并为规范的根本转移提供了必须的日渐增长的资料"[1]。换句话说，"危机的意义就在于，它可以指示更换分析工具的时机已经来临。"[2]一种理论的变形骤增，正是危机的一般迹象。库恩认为一切危机都随着新范式的出现及其被接受而宣告结束。库恩列举了科学史上的三次大危机都是以新范式的确立而宣告终结的。如文艺复兴时期天文学中的托勒密体系的大危机，以哥白尼日心学说的新范式的确立而宣告结束；18世纪下半叶化学中的燃素说的大危机，以拉瓦锡的燃素说的新范式的确立而宣告结束；19世纪末20世纪初牛顿力学的大危机，以爱因斯坦的相对论和量子力学的新范式的确立而宣告终结。

（4）科学革命时期

随着危机时期一个有生命力的竞争范式的出现，科学进入革命阶段。所谓科学革命实质上就是新旧范式替换的过程，或者说是学术共同体重新概念化的过程。这一过程对于除去那些顽固不化的反常是必须的。科学危机也只有到这个时候才会结束。因为若干特别有想象力的个人或小组会在这时形成一组定律、理论和概念的新组合。抛弃旧范式与接受新范式总是同时发生的过程，

---

[1] 库恩：《科学革命的结构》，上海科学技术出版社1980年版，第74页。

[2] 库恩：《科学革命的结构》，上海科学技术出版社1980年版，第63页。

如果只抛弃旧范式不建立新范式就等于抛弃科学，因而科学革命不仅是破坏，同时也是建设，是破坏与建设的统一。

科学革命的关键点是：科学家们面对竞争的理论、竞争的范式如何做出选择。对此，库恩提出，应该把精确性、一致性、广泛性、简单性和有效性五个基本特征作为依据。选择一种理论或在范式之间进行选择时，还要依靠由个人经历和个性所决定的特殊性因素。实际上，库恩认为在科学革命时期，科学家们进行的选择是客观标准和主观因素相互作用的结果。

经过科学革命，新理论怎样被当作新范式而被人们接受呢？库恩在这个问题上过分强调了非理性因素的作用，在这一点上存在着偏颇之处。他认为，新理论、新范式往往凭着个人的灵感或内心的机敏直觉而一下子涌现出来。由此可见，他片面夸大了灵感、直觉的神秘作用，忽视理性思维，看不到社会实践与权力关系在产生新理论和科学革命中的决定性作用。

在科学革命时期当新范式最终战胜并取代旧范式时，这就标志着科学革命时期的结束，继而进入了新的常规科学时期。在新的常规科学时期，新的范式构成了有关学术共同体的信念，科学研究在新范式的指引下继续累积式地前进。然后又出现大量新的反常陷入新的科学危机，引起新的科学革命，从而实现更新范式的转变，继而进入更新的常规科学时期。科学发展就是通过以上各个环节的周期性往复而不断前进的。换句话说，整个科学史就是遵循着这样一个从前科学时期——常规科学时期——反常和危机时期——科学革命时期——新的常规科学时期的周期运动规律而向前推进和发展的。在科学革命时期，当相互竞争的范式经过激烈的争论和批评后，当新范式最终战胜旧范式宣告科学革命时期结束的时候，科学便完成了一个发展演变的周期，迎来了常规性的科学传统。这就是库恩所描绘的科学发展与范式演变的动态模式。

显然，在库恩的科学发展与范式演变模式中，反常现象成了科学发展的动力，他特别重视对原有理论的否定性因素在科学发展中的重要作用。科学发展的史实也证明：当所谓的反常现象陆续出现，并与旧理论的矛盾愈来愈尖锐时，势必引起科学革命，冲破旧理论的范围，而产生新的理论。如原子物理学冲破了牛顿物理学的框架便是一例。库恩的科学发展观的特点是：他反对把科学发展看成是一个渐进的积累过程，肯定了科学发展中的突变和飞跃。这无疑是有意义的。但是，库恩不承认科学的质变、飞跃是在人类知识长期积累的基础上进行的。他宣称，新的科学的产生远不是一个积累的过程，不是靠对老范式的分析和推广而达到的，从而断言科学也许根本就不是通过一个一个发现和发明积累而发展的。这样，就导致了他贬低常规科学的作用，而极度夸大新理论与旧理论的不相容性，一味强调对旧理论的彻底抛弃，否定科学发展的连续性，否定了科学发展的内在联系与规律性，这使库恩的科学哲学引起了很大争议并遭到来自各个方面的批评。

3. 库恩范式理论在本研究中的应用

库恩的范式理论备受争议，主要的质疑集中于该理论的普遍性与可验证性之上。科学史上，理论和概念的变化可能不会如同库恩宣称的那样彻底，通常所发生的只是一系列或多或少概念上的修改，区别只是程度不同罢了。库恩也几乎没有注意到所有那些经历革命幸存下来的东西，因为他的范式是一种要么全盘接受，要么全盘否定的"一揽子"的东西，而在实际科学研究过程中，研究者可能在一些方面有一致的观点，而在另一些方面则背道而驰，这是一个容易与库恩范式理论产生矛盾的事实。

库恩坚持认为，有一些学科在古代或文艺复兴时期就实现了从范式前到范式阶段的转变。但他没有认识到，在那些时期，还不存在像我们今天学术共同体一样能够提出范式并且甘愿献身于纪律严明的标准科学研究的社会组织和社会践行，把他的理论用之于这些时期还缺乏一种社会学条件。

他的理论也不能令人满意地解释一种新的共识是怎样在一次革命后出现的。如果没有一种关于共识怎样形成的理论，库恩理论中两个中心要素：分歧理论（范式不可通约性）和共识理论（常规科学）就产生了严重脱节。他经常因不能够解释常规科学如何向危机的转化（从共识走向分歧）而受到批评，因为他不能说出为什么明显无害的疑难问题会突然变成具有威胁性的异常现象。显然库恩忽略了学术共同体对形成共识的疏导与约束的作用。

此外，人们也几次试图把这种理论用于社会科学，结果并不理想。我们很难在社会科学研究中直接来运用库恩的科学发展理论，因为库恩认为，发展就是标准科学时期与革命时期这两者之间连续不断的转化。社会科学和艺术可能是多范式的，总是有几种理论传统同时存在，而这种情况是不符合成熟科学学科规则的。那么，所得出的逻辑结论就是，要么社会科学是不成熟的科学，要么它们属于一种不能够用库恩的思维方式去理解的科学。

库恩范式理论的不足，要求我们在研究管理理论演变时，必须对其进行修正与补充，首先问题是要搞清楚自然科学与社会科学范式的不同，这是范式理论是否能适用于本研究的关键。

我认为，总的来看，范式理论是可以用于社会科学的研究的。自然科学范式与社会科学范式之最大的不同，存在于两个方面：首先是社会科学基本理论体系中，隐含有研究者对人与社会的一组基本信念，这一组基本信念的形成涉及本体世界观，如对于自我与人性的理解因人而异、因地域而异、因时代而异；其次在社会科学研究过程中，其学术建制与践行和人类社会本身发展紧紧交织在一起，从而不断构建出新的研究对象，形成新的理论体系，如女性主义伴随着女权运动的兴起等。因而社会科学范式具有同自然科学范式不同的特征。

　　第一个不同在于多元性。即在同一历史时期总有多个相互竞争的范式并存，虽然许多科学哲学家认为自然科学史表明，自然科学的发展从来没有出现过库恩所描述的那种由一种范式一统天下的局面，在同一历史时期总是有不同的研究纲领或研究传统存在，但他们毕竟不能否认在某个历史时期，确实存在着像牛顿力学、达尔文进化论那样占绝对统治地位的学说，其他学说则难以与它们匹敌。但是在社会科学中却不存在这样的局面，社会科学发展更多表现为不同范式长期并存。

　　第二个不同在于民族性与地域性。自然科学范式是通用的，从其基本理论到具体应用都不分民族或地域。但社会科学范式的产生和应用却总是同具体的民族、国家、地域相结合，尽管同一学科的社会科学范式可以有某些相同的概念和基本规律。但它们不仅在应用上要受到特定的历史背景、文化特征、经济发展程度乃至语言、思维方式、风俗习惯、心理状态等限制，而且生活于特定地域里的民族还可以从一定历史时期的需要出发，建立起相应的理论，从而形成特定的范式。没有哪一个国家或民族能完全照搬另一国家或民族的社会科学范式而成功应用于本国或本民族具体实际的。

　　第三个不同在于价值性与目的性。在自然科学中也渗透着人们的价值倾向，但是，以求真为最高原则，它只能告诉人们自然"是"什么。可以告诉人们在自然面前我们"应该"怎么做，但是不能要求自然"应该"是什么，"应该"怎么做。自然对任何人都是一视同仁的，因此，自然科学对任何人的价值也应该是一样的，不存在主体性问题。与此不同的是，任何社会科学范式的提出都是有目的的，都有明确的针对性，它不仅告诉我们社会"是"什么，而且告诉人们社会"应该"是什么，以及人们应该怎样去构造一个满足人们需要的社会，甚至试图告诉人们按照范式所构造的模式去创造、管理、控制社会。因此，任何社会科学理论都直接或间接地涉及到人（包括研究主体）的实际利益需要。实际上，几乎所有的社会科学学者都热衷于研究当时急需解决的现实社会问题，各种组织也都希望利用他们的研究成果进行决策，所以成功的社会科学范式通常是人们改造社会的工具。

第四个不同在于互补性。不同的社会科学家针对不同的国家，不同的民族、不同时期的不同问题提出了众多的社会科学范式，但他们面临的是同一人类社会，全面完整地理解人类社会是必要的。同时，由于社会现象的复杂性，使得社会科学家们尽管可以热衷于某个范式而反驳或排斥另一些范式，但是他们自己也承认，没有一个范式能完全地描述和解释社会结构的全部复杂性。社会科学家可以从复杂的社会现实中抽出其某一侧面进行研究，并以此构成自己的理论，但是在运用这一理论解释具体的现实的时候，总会暴露出这样或那样的局限性，为了做出更为合理的解释就不得不有意无意地，或多或少地借助于其他范式。

相比而言，社会科学范式与具体理论有着密切的关系。每种范式都与若干具体理论相联系。范式体现并存在于这些具体理论中，因而范式对具体理论具有一系列作用：范式规范着具体理论的研究范围，指明什么理论和问题是恰当的，哪些观点和问题是不恰当的等等；范式对于控制与构成具体理论具有重要的启发作用，能为具体研究工作提供思路；范式对具体理论还只有辩护作用，从更高的层次说明具体理论的合理性，提供理论基础。

范式和具体理论也有区别。首先，两者的内容结构和表现形式不同。具体理论是由一系列相互联系并系统地加以陈述的命题所构成的系统，它概括地描述和解释某些社会历史现象及其规律。在具体理论的各种载体（如理论著作）中，理论的具体内容被明确并详细地加以表述和论证。而范式是由一组基本观念组成，它本身不是对具体社会历史现象的陈述和解释，在具体理论的载体中，这些观念常常没有明确地加以陈述和讨论，而是作为学术共同体"理所当然"的自明公理而隐含在具体理论中。其次，两者的作用目标不同。具体理论对具体的社会历史现象问题的描述和解释，为人们认识、解决这些问题提供理论指导。因而，具体理论原则上是可以直接检验的。范式则不同，它不是对某些具体问题的解释，也不预测未来的经验现象。如上所述，它的作用主要表现在对具体理论和研究工作的影响上。因此，一般不能用某些经验现象直接地检验范式。

在一百多年现代管理学发展过程中，各范式的认识论、方法论、基本假设、研究主题、政策纲领与社会建制等因素的相互联系、互为影响的关系是错综复杂的，每一因素还受到其他条件如历史情境、企业权力关系的影响。因此不存在有什么样的本体论就一定采用某种方法论，而这种方法论又一定会提出某种理论假设这样简单的推衍关系。从上面所描述的社会科学范式的特征来看，管理学的发展所表现出的是一个从范式确立与稳定，到范式竞争的动态过程。在这种情况下，如果我们基于纷繁复杂的管理理论与流派来研究管理思想史的变迁，是很难有效地概括与归纳各种管理理论的特质，体现管理思想发展的整体性与特殊性，从而准确分析管理理论演变的历史逻辑，找寻到管理理论形成背后的原因。从这个意义上而言，范式理论运用于管理思想史研究或许不是尽善尽美的，但至少能让我们换一种思考问题的方式，在探讨作为科学知识的各种管理理论的同时，试着去寻找这些知识背后的故事。

三、拉卡托斯的科学研究纲领方法论

1. 科学研究纲领的构成

拉卡托斯综合了波普尔的批判理性主义与库恩的范式理论，提出了科学研究纲领方法论。科学研究纲领是指具有连续性结构的理论体系，包括"硬核"、"保护带"、"正面启示法"与"反面启示法"。

拉卡托斯认为，一切科学研究纲领都在其"硬核"上有明显的区别，"硬核"是由理论体系的最重要的概念和定律构成，是构成科学研究纲领的基础或核心部分，它是坚韧的、不允许改变的和不容反驳的。如果"硬核"受到反驳，那么意味着研究纲领整个理论体系的崩溃，例如牛顿的三大定律以及万有引力定律构成了经典力学的硬核；地心说是托勒密天文学理论的硬核，它们都是不容反驳和否证的。拉卡托斯提出的"硬核"概念与库恩的范式有一定的相似之处，他们都是科学理论体系的基础与核心，都对整个理论体系起决定性的作用，库恩认为科学革命史新范式取代旧范式的过程，在拉卡托斯那里，就意味着一个研究纲领取代另一个研究纲领。同时范式与"硬核"也存在区别，库恩的范式包含的意义比较庞杂，既有理性的产物，如规则、符号以及仪器等，也有非理性的产物，如信念、观点等心理因素；而拉卡托斯反对这种非理性的因素，认为"硬核"绝对不是心理上的东西，而是一种理性产物。

保护带主要指围绕在"硬核"周围的辅助假说，是可反驳的弹性地带，它的主要任务和功能是保护"硬核"，使之免于受到经验的反驳，而避免整个研究纲领被否证，例如太阳系行星的数量和质量等数据，都属于经典力学的保护带。保护带把经验反驳的矛头主动地引向自己，不让理论的"硬核"，而是让构成这个保护带的辅助性假说来承担错误的责任，并通过修改和调整这些辅助性假说来保护"硬核"。他在《科学研究方法论》一书中指出：

> 一切科学研究纲领都在其"硬核"上有明显区别。纲领的反面启发法禁止我们将否定后件式对准这一"硬核"，相反，我们必须运用我们的独创性来阐明、甚至发明"辅助假说"，这些辅助假说围绕硬核形成了一个保护带，而我们必须把否定后件式转向这些辅助假说。正是这

一辅助假说保护带，必须在检验中首当其冲，调整、再调整、甚至全部被替换，以保卫因而硬化了的内核。这一切如果导致了进步的问题转换，那么一个研究纲领就是成功的；如果导致了退化的问题转换，它就是失败的。[1]

反面启示法是一种方法论上的反面的禁止性规定，在本质上它是一种禁令，禁止科学家们把反驳的矛头指向科学研究纲领的内核；而是要科学家们竭尽全力地把它们从"硬核"转向保护带，通过增加或修改保护带的辅助性假说，避免不利的观察实验直接针对"硬核"。拉卡托斯认为，牛顿的经典力学就是一个从反常中取得进步问题转换的例子：

牛顿的万有引力理论是成功的研究纲领的一个经典例子：可能是最成功的一个研究纲领。当这一理论最初产生时，它被淹没在无数的"反常"（说是"反例"也行）之中，并受到支持这些反常的观察理论的反对。但是牛顿论者主要通过推翻据以确立"反证据"的那些原先的观察理论，十分顽强而巧妙地将一个又一个的反证据变成了证认的证据。在这一过程中，他们自己造成了新的反例，但他们随后又解决了。他们"把每一个新的困难都变成了他们纲领的新胜利。"

在牛顿纲领中，反面启发法禁止我们把否定后件式指向牛顿动力学的三定律和万有引力定律。根据其支持者的方法论决定，这一"内核"是"不可反驳的"：反常必须只在辅助、"观察"假说和初始条件构成的"保护"带中引起变化。

我已举了一个设想出来的关于牛顿的进步问题转换的小例子。如果我们分析一下这个例子，就会看到在这一演

---

[1] 拉卡托斯. 科学研究方法论. 上海：上海译文出版社, 2005, pp: 56。

习中，每一个相继的环节都预测了某个新事实，每一步骤都体现了经验内容的增加：这个例子构成了一个一贯进步的理论转换。还有，每一个预测最后都被证实了，尽管后来有三次它们似乎被暂时地"反驳"了。尽管（在这里所描述的意义上）"理论进步"可能立即得以证实，"经验进步"则不行。在一个研究纲领中，我们可能被一长串"反驳"弄得灰心丧气；其后，通过修正某些错误的"事实"，或通过增加新颖的辅助假说，巧妙的、幸运的、增加内容的辅助假说才能把一连串的失败以事后之明鉴变为一个大获全胜的故事。这样，我们可以说，我们必须要求研究纲领的每个步骤是一贯地增加内容的：即每一步骤都构成一个一贯进步的理论问题转换。除此之外，我们所需要的一切只是，回顾起来，至少可以经常看到内容的增加得到了证认：研究纲领作为一个整体，还应当显示出断续的进步经验转换。我们并不要求每一步骤立即产生一个被观察到的新事实。我们的"断续的"这一术语，留有充分合理的余地，以便在明显的"反驳"面前，独断地坚持一个纲领。[1]

正面启示法是一种积极鼓励的规定，它提倡并鼓励研究者们通过增加、精简、修改或完善辅助性假说等办法，主动地发现新规律，解释新现象，从而发展整个研究纲领。正面启示法与反面启示法二者直接是相反相成、不可分割，反面启示法研究如何应付和排除目前出现的反常现象，而正面启示法主要着眼于长远的研究计划，研究者可以不顾反常，而专注于理论体系自身的发展，以便从根本上完善理论本身，使反常的现象变成正常的现象，实现问题的转换，从而促进整个研究纲领的发展，他指出：

除了反面启发法之外，正面启发法也是科学研究纲领

---

[1] 拉卡托斯. 科学研究方法论. 上海：上海译文出版社，2005，pp: 57-58。

的特征。

即使进步最快的、最一贯的研究纲领，也只能慢慢地消化它们的"反证据"：反常是永远不会完全消除的。但不应该认为尚未得到说明的反常（库恩可能称它们为"难题"）是按偶然的顺序解决的，保护带是以折衷的方式建立起来的，没有任何预想的顺序。顺序通常是在理论家的房子里决定的，而与那些已知的反常没有关系。从事于研究纲领的理论科学家很少有人对"反驳"给以过多的注意。他们有一个能够预见这些反驳的长期研究方针，这一研究方针，或研究顺序，或详或简地设置在研究纲领的正面启发中。反面启发法规定纲领的"硬核"，根据纲领的支持者的方法论决定，这一硬核是不可反驳的；正面启发法包括一组部分明确表达出来的建议或暗示，以说明如何改变、发展研究纲领的"可反驳的变体"，如何更改、完善"可反驳的"保护带。

纲领的正面启发法使科学家不被大量的反常所迷惑。正面启发法规划出一个纲领，这一纲领开列出一连串越来越复杂的模拟实在的模型：科学家的注意力专注于按其纲领正面部分规定的指示来建立他的模型。他不管实际的反例，即可资利用的"材料"。

我们的考虑表明，正面启发法的前进是几乎完全不顾及"反驳"的。看来提供与实在的接触点的是"证实"，而不是反驳。尽管必须指出，对纲领第（n+1）个变体的任何"证实"都是对第 n 个变体的反驳。但我们不能否认某些后来的变体的失败总是可以预见的：尽管有顽抗的例证，但使纲领保持前进的是"证实"。[1]

---

[1] 拉卡托斯. 科学研究方法论. 上海：上海译文出版社，2005，pp: 58-61。

2. 科学研究纲领的进化与退化

拉卡托斯认为，任何科学研究纲领都不是永恒的，它不能通过辅助性假说的调整而永远不被否证。这是因为辅助性假说的调整对科学研究纲领的发展会产生两种不同的结果：进步的结果与退化的结果。权衡一个研究纲领的进步与退化的客观标准在于：如果一个科学研究纲领能够不断发现新规律，预测新现象，那么它就是进步的；如果科学研究纲领不断接受反常的挑战，只能消极地为自己辩解，被动地修改保护带辅助性假说来应付，那么它就是退化的。

> 一个研究纲领或者是进步的，或者是退化的。如果每次修正都导致了新的出乎意料的预测，那么这个纲领在理论上就是进步的；如果这些新颖的预测中至少有一些得到了证认，那么这个纲领在经验上就是进步的。通过适当调整纲领（比如增加一个新的本轮），科学家要应付一个特定的反常总是很容易的。如果科学家的这些做法只能说明他们打算要说明的那些既定事实，而不能预测某个新的事实，那么，这种做法就是特设的，而这个纲领也就在退化。牛顿纲领是进步纲领的最好的例子。它成功地预测了一些新颖的事实，如哈雷彗星的回归、海王星的存在及其轨道，及地球的凸处。[1]

拉卡托斯对研究纲领评价规则不是单一的，而是多元的、发散式的，由两个方面组成：第一，相宜作用方式或性质的评价规则，这一规则通过理论或理论群与其它理论或理论群的相互作用方式或作用性质来进行，若在相互作用中呈现出普遍性、一般性、决定性、基本性等，则该理论或理论群在"潜"研究纲领中处于"硬核"的地位，反之，则该理论或理论群处于保护带或其

---

[1] 拉卡托斯. 科学研究方法论. 上海：上海译文出版社，2005，pp: 237-238。

它地位；其二，"显"研究纲领之间进行比较、选择或评价时所遵循的评价规则，它包括内部评价规则、外部评价规则和发展过程中的评价规则等三个方面。

就内部评价规则而言，它主要指要素完备性规和作用和谐性规则。在"显"研究纲领阶段，评价研究纲领之间的好坏也同样离不开研究纲领的内在素质，因此这种内部评价规则更为重要、更为基础；从研究纲领各构成要素的完备性看，一个研究纲领的稳定性通过"硬核"的稳定性表现出来，这就要求在多个研究纲领并存时，首先应选择"硬核"的完备性、逻辑简单性、相容性、系统性、解释力、预测力等，最好的研究纲领，同时保护带之保护性能、正面启示法和反面启示法也具备最好的性能，那么该研究纲领要素的完备性最好；从各构成要素相互作用的和谐性，即"配合"的默契性而言，研究纲领之间存在着各要素各尽其"职"的程度之别，当多个研究纲领并存时，要素之间相互作用最和谐者无疑为最佳的研究纲领。就外部评价规则而言，它主要指可靠性规则和有前途性规则。在拉卡托斯看来，一个研究纲领如果经过调整辅助性假设后，一方面它的经验内容增多了，它能对新的经验事实做出更多的解释，即它的可靠性增强了；另一方面，它能对新的经验事实做出更多的预言，具有更大的预测力，即它有更大的前途。那么，它就是一个较好的研究纲领。对这种经验的可靠性规则和预测的有前途性规则，人们往往倍加注重。

研究纲领的评价决非是一期一夕就可解决的，它需要一个完整的过程，对此，拉卡托斯进行了详细的阐述。他认为，在研究纲领的结构中，"硬核"的稳定性、保护带的多元性、反面启示法的排扰性、正面启示法的长远促进性等等，都内在地决定了评价一个研究纲领需要一个过程。这种随时间而变化辅助性假设即保护带而又相对稳定的"硬核"的结构，决定了对研究纲领的评价也同样具有时间性。同时，一个研究纲领从预见新经验事实到被证实需要一个过程，有时要经历很长的一段时间，对此研究纲领作出正确评价同样有一个过程。这与"即时理性"是根本不同的。

拉卡托斯认为，一个研究纲领在它处于进步阶段时并不害怕反常，而是不断吸收、同化这些反常，化不利于自身的反常为有利于自身的正例，从而不断地发展自身，但是没有任何一个研究纲领是永远进步的，当它进化到一定时期的时候，就必然转入退化阶段，此时科学家对反常限于穷于应付，一筹莫展的境地，再不能积极地去预言与指导新的经验事实的发现，也不可能把反常转换为正例，但是，仅此还不足以抛弃一个退化的研究纲领，还必须有比它更进步的理论出现。因此，抛弃一个退化的纲领，关键是有没有更进步的研究纲领的出现。根据科学研究纲领方法论所确立的这些规则，可以看出，拉卡托斯提供的科学发展模式是：科学研究纲领的进步阶段——退化阶段——新的进步的研究纲领证伪和取代旧的研究纲领。同一个研究纲领，在其进步时期是科学的，而转入退化时期就变成非科学的了。因而，科学的分界是历史的、可变的。科学可以变成非科学，非科学也可以发展为科学。为此我们不要急于淘汰处于萌芽状态、尚不完善、一时难以确认其进步与否的研究纲领，还应注意到一个已退化的研究纲领可能新生而转化为进化的研究纲领。

3. 科学研究纲领方法论在本研究中的应用

拉卡托斯吸收了库恩关于科学史与科学哲学直接相关的见解，认为科学哲学与科学史密切联系，不可分割。科学哲学家必须从科学发展的历史事实中去寻找和检验逻辑模式；而科学史研究者又必须以先进的科学哲学先进的科学研究方法论为指导，否则就会迷失方向，这一思想体现出逻辑的与历史的相结合。

科学研究纲领方法论向我们提供了对"过程"进行逻辑分析

的新思路，即注意联系科学发展中的多种矛盾因素，对科学理论作动态的逻辑分析。这也是本研究在管理思想史研究中，试图要实现的目标。科学研究方法论启示我们，在对管理学发展与演变作逻辑分析时，至少应联系这一发展过程中存在的理性与非理性、科学与非科学、理论和方法、真理性与效用性、间断与连续、批判与继承、评价标准确定性与灵活性之间的矛盾，注重新理论形成与研究传统之间的关系等等。揭示这些矛盾将会丰富人们对管理学发展机制的认识，同时，从这一方法论出发，是以往在对管理思想史研究时所忽视或重视不够的。

首先，应该看到，在管理理论形成与发展过程中，非理性因素确实有重要作用。理论是人创造的，人不是完全理性的人，人的思维中必然掺杂着非理性的因素。对于管理学研究者而言，持久的兴趣和强烈的激情是进行研究的动力，坚定的学术信念是进行研究的保证，直觉、灵感和顿悟等则是其进行创造的重要途径，宗教信仰、欲望、无意识等非理性因素，都对研究活动具有非凡的影响和意义。管理学的研究对象，归根结底都是人的活动及其衍生，直觉、兴趣、欲念、情感和无意识等非理性因素，往往能够直接引导着人的活动，不可能每一步都进行严格的思考和逻辑推理；同时，管理活动的复杂性决定了我们在必要的时候也必须采取一些非理性的方法，而这些方法的独特作用往往是理性的方法无法企及的。因此在管理理论演变过程中，对非理性作用的复杂性和非理性与理性的辩证关系应作全面理解，非理性因素可以起到推动研究纲领的进步，促进新理论的形成；也可能维护退化的研究纲领。

其次，科学研究纲领方法论为我们提供了一个正确看待管理学范式多元化的视角。在管理思想史上，几种理论相互对立又同时并存的情况屡见不鲜，在并存的不一致的理论之间，往往存在着不可比较的思想行为、意识结构和差异，至少在非常规科学阶段，"潜"研究纲领之间的并存与竞争是不可避免的。任何方法都有局限性，不应崇拜某种方法而排斥其它方法，管理学中不存在普遍的方法论原则，只有承认这种方法上的多元性与研究纲领之间的竞争性，才能使管理学的发展既不受任何所谓普遍原则的制约，也不排除任何规则，在管理创新活动中，避免受制于关乎学科的偏见，以及这些偏见所体现出来的知识共同体内的权力利益关系，从而使整个管理学的认识论和方法论始终保持开放状态，真正起到促进管理学发展的作用。

第三，从科学研究纲领方法论出发，能帮助我们正确认识管理学发展中表现出的科学性与非科学性之间的辩证关系。人类的思维在真理与谬误的斗争中发展，科学在战胜种种非科学、假科学的过程中发展，这是人所共知的规律。但是，如果以为，只要设定一个简单的标准，就可以把科学与非科学绝然分开，或者以为管理理论从诞生起就是非常纯洁的，不含一点非科学的成分，那显然不符管理学发展事实，在管理思想史中，我们可以举出许多单纯由于幸运的偶然事件，甚至是由于非科学的因素起到了积极的促进作用从而获得成功的事例。同时，就科学研究方法而言，并不能保证非科学的成分不会掺杂进管理理论中，相反在管理理论中掺进了某些非科学的成份，反而可能会使管理学得到进步。因此，把管理学单纯科学化的观点，既不符合管理学发展的历史，也不利于因地制宜地将管理知识与具体管理活动相结合，发挥出其实践性与灵活性。

第四，明确效用性是管理理论所追求的目标。拉卡托斯提出的科学研究纲领评价的内部规则、外部规则和发展过程中的规则，无一不是从提高理论解决问题的效力出发的，研究纲领的进步与退化及其转换取决于能否不断发现新规律，预测新现象，增强理论的可靠性。当然，任何管理理论都只能在一定条件下近似地解决某个具体管理问题，不同理论解决同一问题的精确性可能不同，而随着理论的发展，解决问题的方式和精确性也会变化和发展。因此，对管理理论的评价，需要将目的和价值相结合，即科学标准和实践标准合二为一：一方面要寻求管理活动中客观存在的、具有一定普适性的规律；另一方面也要看研究纲领和理论解决实际问题的有效性或能力。从这个意义上说，管理学的学术共同体内部不能排除把效用作为管理学追求的目标。我们不应简单地从所谓的科学目的出发，将某一类知识视为一种"标准知识"与"评判尺度"，划分高低，区别优劣；我们需要建立规范化的研究行为准则体系来保证知识向专业化方向发展，但不应树立不必要的界限，通过"纵向"的强势与权威，谋求巩固自身的专业地位，而应重视企业横向需求的支撑，激励学术共同体与企业界互动；我们应该强调在研究中去运用理论传统、分析工具与模型，但不应把管理学看作只是一些新鲜的概念、工具与模型的组合。当然，把真理当成科学的唯一目标固然片面，但只强调理论的效用性同样片面，而要追求真理与追求效用的统一，只有准确地把握两方面的辩证统一，才能更好地促进管理学的发展。

第二节 知识形成机制的揭示——后现代主义的视角

当今世界，知识的生产，已经深深的和各种社会权力、利益体制相互绞缠[1]，关于知识的发展和开拓的规划，往往都受到某种社会控制与社会实践的制约，以及这些社会性因素所体现出来的权力利益关系。这一方面可能促使接受这些学科训练的人，日益以学科内部的严格训练为借口，树立界线，谋求巩固学科的专

---

[1] 华勒斯坦等. 学科、知识、权力. 北京：三联出版社, 1999, pp: 2。

业地位；另一方面，也会造成一种以西方发达国家为中心视点的所谓"普遍有效"的标准知识，一百多年来，层出不穷的理论不断推动着企业管理学的丰富与完善，形成了一个以西方发达国家为中心视点的庞大的学科体系，成为后发国家的学术共同体所遵从的"正统"模式。近年来，随着多极化的世界格局形成，知识领域的非殖民化呼声日见高涨，这种要求不仅体现在原有学术体系下的知识具体内容上的创新；还体现在认识论层面对学术体系的创新上，即在知识创新机制上的创新。对于管理理论演变的研究，我们要关心的不是管理理论本身，而是这些"知识"是如何形成的，即我们现在所指的这些"知识"为什么会被认定为"知识"，以及经过一套什么样的机制运作而被认定为"知识"。只有这样，才能在对西方管理理论有目的地加以选择与利用的基础上，更好地结合中国企业的管理实际，开展适合中国国情与企业实际的管理创新。对知识形成机制的揭示，后现代哲学思潮为我们提供了一个关键性的视角。

"相对主义"与"知识权力学说"是 20 世纪 70 年代兴起于法国的后现代主义思潮的两个主要特征，应该说后现代主义思潮与以库恩为代表的历史主义是一脉相承的关系，他们都是把历史与认识的相对性引入对科学的理解中。其中具有代表性的人物是利奥塔与福柯。

一、利奥塔的后现代知识论

利奥塔《后现代状态：关于知识的报告》，是一本在西方学术界被公认的后现代主义的代表作。他在引言中指出，在后现代社会中，伴随着叙事危机与科学合法化危机的出现，知识状态已经发生了不可忽视的新变化，由此导致我们必须要对后现代社会的知识合法化问题进行思考，知识合法化问题成为利奥塔后现代知识理论的中心问题：

科学始终同叙事发生冲突。依照科学的标准来衡量，大部分叙事不过是寓言传说，但是，科学除了在陈述有用常规和追求真理方面可以不受限制，它仍然不得不证明自己游戏规则的合法性。于是它便制造出有关自身地位的合法化话语，即一种被叫做哲学的话语 …… 我将使用现代一词来指示所有这一类科学：它们依赖元话语来证明自己合法，而那些元话语又明确地援引某种宏伟叙事 …… 如果利用暗含着一种历史哲学的元话语去证明知识的合法性，随之引起的疑问便将是有关那些支配社会制约关系的机制的合法性，它们本身也需要合法化证明。因而正义同真理一样都受到宏伟叙事的关照保护 …… 用极简要的话说，我将后现代定义为针对元叙事的怀疑态度。这种不信任态度无疑是科学进步的产物，而科学进步反过来又预设了这种怀疑态度[1]。

　　利奥塔将知识分为科学知识和叙事知识：叙事知识是非指示性陈述和非技术性陈述方面的知识，在传统的知识体系中占首要的地位，它由特定社会内部的原因决定，往往与特定社会群体的英雄历史事件有关，它给人们的社会行为提供一种标准，不需要特殊的程序使其合法化，而是自我合法化，人们不会对自己的叙事提出怀疑，他们会按照叙事所说去做。科学知识作为叙事知识的派生物，它以验证真理和修正谬误为根本目的，只是一种指示性陈述，与正义、幸福、美善等无关；它以重复验证为尺度，最终做出真理性的陈述，使人们产生共识。两种都有自己的特殊规则，属于不同的语言游戏，因而两种知识之间知识是平等的，存在着不可通约性，我们不能用科学知识的规则来评判叙事知识，也不能用叙事知识的规则来评判科学知识。

_____

[1] 利奥塔. 后现代状态：关于知识的报告. 北京：三联出版社，1999. pp: 1-2。

虽然科学知识和叙事知识是两种不同的知识，但是它们之间不是毫无关系的。任何一门科学，如果它未能使自己合理化，那么就不能算作一门真正的科学；同样，一个科学命题我们之所以接受与承认它，正是因为我们也已先行假定它在一个更宏大、更具有普遍性的发生过程中存在，并且我们已经先行接受了这一思辨推理过程得以成立的一整套规则，例如我们认定"实证性"是科学知识的普遍形式，也就意味着已经接受了其中包含着某些无需进一步证明的假设。在历史上，叙事知识都是以这样或者那样的方式来使科学知识合法化。之所以科学知识的合法化需要借助于叙事知识，就是因为如果不求助于叙事知识，科学知识就无法知道也无法让人知道它是真正的知识，对于科学来说，叙事是一种非知识，但是没有叙事，科学将被迫自我假设。现代状态下，思辨叙事和解放叙事是科学知识获得合法性的两条路径：思辨哲学中，各种陈述成为自身的自义语，科学在自身中找到自己的合法性；解放叙事则是指通过触及终极实在，获得永恒真理的启蒙理想，以及通过真理的获得而实现普遍的人类解放的启蒙理想。

但两次世界大战的爆发、生态危机的出现，启蒙理想所承诺的保证人类社会理想实现的诺言并未兑现，相反，随着科学技术进入文化财富的生产、传播、分配和消费，为人类提供意义支撑的文化事业变成了批量生产的工业生产，启蒙理想逐步失去了信赖的基础。与此同时，科学知识所出现的无序性、不确定性的新特点，使得建立于思辨叙事上的传统科学知识的合法性受到质疑，难以为继。这种情况下，人们开始对具有合法化功能的叙事——"元叙事"的可靠性、可信性提出质疑，如果仍然仅仅依靠作为现代性基础的"元叙事"来使知识获得合法性，将导致人们对现代社会体制的合法性产生更大的怀疑，因此，科学技术的迅速发展无法阻挡知识合法性丧失速度的加快，"元叙事"危机的日益凸显和社会普遍性主体的逐渐消失，使得"元叙事"已经失去了为科学提供合法性依据的能力，而这意味着人类社会走向了后现代。

伴随着后现代社会"元叙事"知识合法化功能的消失，科学应该归属为不同的生活形式，"元叙事"的方法已经被大量的"语言游戏"所代替，而每一游戏语言都有自己的一套特殊的游戏规则。传统的科学哲学家认为存在着某些永恒的和客观的基础，这些基础能够保证我们的知识的合理性与普遍性。但在利奥塔看来，任何科学知识都不能对世界进行全部描述，都是由局部信息决定和控制的，由这些局部决定而产生的科学知识及其规则自然是多样、异质的，不同科学知识之间没有内在的逻辑关系，处于一种平面状态；同样，"元叙事"失效后由局部决定的语言游戏也呈现出来，它们和科学知识一样也是多样、异质的，这决定了我们不可能再是中性的观察者，我们必须置身于某种语言框架、某一组信念之中才能从事我们的研究，理性自身应该看作是依赖于某种语境，描述一个真实场景的语言称述，并不能证明其本身是否真实，同样建立在其之上的规定性称述，也根本无法证明自身是否正当，认识话语有认识话语自己的道理，实践话语有实践话语自己的道理，各种语言游戏都只会遵循自己的准则，因而不存在什么客观真理与普遍的科学理性，这种思想与库恩的"范式不可通约性"具有一定的相似性。

因而，在利奥塔看来，科学认识论的优先权已经让位于叙事的策略。根据这种策略，科学知识不再是获得精确的知识或在学科领域内提供更好的对事物的解释，科学不再是一种知识，而只是一个故事，与文学、诗歌类似的在范式中叙述感情的知识。科学家的地位，是由他们所使用的语言存在方式所决定的，而由于他们使用的语言的运作规则，无法证明自身，就必须靠科学专家的同意和共识才能达到一致。所以，在后现代社会中，衡量科学论述、范式或科学研究纲领方法论的真理性，已经不是根据方法论的规则来判断，而是表现为其赢得相关学术共同体的成员的一致的默契程度。在众多的叙事方式中，利奥塔还特别注意到了权力的叙事，他把科学知识与社会的政治、经济权力联系在一起，并把这种关系作为后现代社会的主要特征。[1]

二、福柯的知识权力学说

如果说利奥塔的后现代知识论，掀开了探寻"知识"幕后工作原理的幕布，那么福柯则是把"知识"之所以被认可为"知识"的过程剖解开来，使人们看清了幕布背后的秘密。

福柯对于西方文明史的解构，可以说是从"知识"的形成切入的。"知识"的概念与他另一个重要的概念——"话语"紧密相连，"话语"指的是一个为知识确定可能性的系统，或一个用来理解世界的框架，或一个知识领域的东西，对福柯来说一套话语作为一系列规则而存在，而这些规则决定了可以做出何种类型的陈述，于是这些规则决定了真理的标准是什么，哪些事情可以被谈论，以及对这些事情可以谈些什么。因此福柯把知识定义为："由某种话语实践按其规则构成的并为某门学科的建立所不可缺少的成分整体"[2]。同时，话语确定了某些潜规则，这些内在规则给予某种特定形式的知识以权威性，从而使这类知识源源不断地产生并且留存下去。福柯的"知识"概念强调了人的求真意志在社会话语实践中的作用，也就是说，福柯认为话语实践实际上暗含了人渴望成为知识主体的意愿。

同样，福柯知识权力理论中的"权力"也不同于传统意义上的为特殊群体所拥有并将其强加于他人的政治权力。他认为权

[1] 参见让·弗朗索瓦·利奥塔：《后现代状态：关于知识的报告》，上海三联出版社1997年版。

[2] 福柯. 知识考古学. 北京：三联书店, 1998, pp:205。

力并不仅仅限于确保个人意志强加于他人意志之上，要把握现代社会权力运作的特点，就必须从全新的角度来理解权力。在他看来，首先权力是多形态的。福柯反对把权力看作是一方对另一方的控制这样一种强调同质性、集中性、总体性的权力观念，而指出在现代社会，权力渗透到社会的各个不同的局部领域，如监狱、军队、工厂、学校以及话语、知识、肉体、性等等，通过灵活多样的策略来运行，权力在政治、经济、教育、家庭、国家、生产关系中的形态是多种多样的。其次，权力不是一个实体，不是可以占有的物，而是一种关系，是一种相互交错的网，它无所不在。传统的权力观都关注权力在谁手里，权力由谁来支配的统治权问题。事实上，权力比这要复杂得多，它是各种力量关系的、多形态的、流动的场。"权力从未确定位置，它从不在某些人手中，从不像财产或财富那样被据为己有。"[1] 这种无所不在的权力关系，不是一种自上而下的单向性控制的单纯关系，而是一个相互交错的复杂网络。"权力以网络的形式运作，在这个网上，个人不仅在流动，而且他们总是既处于服从的地位又同时运用权力。"[2] 再次，权力是没有中心的，是多元的，来自于各个地方。福柯将传统的权力理论视为宏观权力学，它重视国家机构这样的权力中心，从权力中心构成对局部的支配、控制，形成单一的统治大厦。福柯反对权力中心化的这种模式，而主张建立微观权力学，将权力视为非中心化的、多元的、分散的关系存在。作为关系性的网络权力，它是在无数点上被运用，在无数点上展开来的。

福柯深刻地看到了知识与权力的关系。他认为，知识是权力的眼睛。"凡是知识所及的地方也是权力所及的地方。知识总是以真理的形式为权力作辩护的。知识为权力划定范围，权力为知

[1]　福柯. 必须保卫社会[M]. 上海：上海人民出版社, 1999. pp:27-28。
[2]　福柯. 必须保卫社会[M]. 上海：上海人民出版社, 1999. pp:28。

识确定形式，两者互相支撑。知识是无处不在的，权力也是无处不在的"[1]。权力要求知识的承担者即知识分子不断地去发现真理和创造真理。真理的再生产是权力的再生产即延续的一种基本形式。因此，以权力为中心的知识是高度地政治化的。福柯"一针见血"地指出：

> 在我们这样的社会和其他社会中，有多样的权力关系渗通到社会的机体中去，构成社会机体的特征，如果没有话语的生产、积累、流通和发挥功能的话，这些权力关系自身就不能建立起来和得到巩固。我们受到权力生产真理的支配，同时如果不是通过生产真理，我们就不能实施权力。对每一个社会都是如此，但是在我们的社会中，权力、权利和真理的关系具有高度的特殊性。如果我着眼于这种紧张和持久的角度，而不是从它的机制本身出发进行概括的话，我要说，我们被迫生产我们社会所需要的权力的真理，我们必须说出真理；我们被命令和强制去承认或发现真理。权力从不停止它对真理的讯问、审理和登记，并把它追求制度化、职业化，并加以奖励。[2]

福柯赋予真理和财富以相同的重要性。人既受财富的约束，又受真理的约束，真理与权力的结合便形成了一种特定的话语即法律。法律对人进行裁决、审判、分类，限定人们按照一定的程式进行生活。这样，真理是可以制造的，真理也一再地被制造出来。但是真理不是权力的目标，而是权力的手段。因此，真理总是处于一种流变状态，权力只有依靠不断创新的真理才能维持、延续、扩张其影响力和地盘。福柯得出了一个权力与知识关系的

---

[1] 张国清.他者的权利问题———知识·权力理论的哲学批判[J].南京社会科学，2001. pp:19。

[2] 米歇尔·福柯：《权力的眼睛：福柯访谈录》，上海人民出版社1997年版，第228页。

经典结论：

> 　　或许，我们也应该完全抛弃那种传统的想像，即只有在权力关系暂不发生作用的地方知识才能存在，只有在命令、要求和利益之外知识才能发展。或许我们应该抛弃那种信念，即权力使人疯狂，因此弃绝权力乃是获得知识的条件之一。相反，我们应该承认，权力制造知识（而且，不仅仅是因为知识为权力服务，权力才鼓励知识，也不仅仅是因为知识有用，权力才使用知识）；权力和知识是直接相互连带的；不相应地建构一种知识领域就不可能有权力关系，不同时预设和建构权力关系就不会有任何知识。因此，对这些"权力—知识关系"的分析不应建立在"认识主体相对于权力体系是否自由"这一问题的基础上，相反，认识主体、认识对象和认识模态应该被视为权力—知识的这些基本连带关系及其历史变化的众多效应。总之，不是认识主体的活动产生某种有助于权力或反抗权力的知识体系，相反，权力—知识，贯穿权力—知识和构成权力—知识的发展变化和矛盾斗争，决定了知识的形式及其可能的领域。[1]

福柯的系谱学研究揭示，权力通过规训方法决定知识生产。规训在社会中的扩展属于一种广阔的历史过程，它从最细微的机制拓展、转变、更换和扩张为更普遍的机制。18世纪规训跨过技术的门槛，医院、学校、工厂都被纪律整合了，同监狱一样，医院、学校、工厂和军营等社会机构都是权力运作的场所，罪犯、病人、学生、员工与士兵都是权力运作的对象。在现代社会中规训技术表现为四种模式。第一种模式是"层级监视"，"层级监视"很大程度上是对规训的物理结构和组织结构的双重要求，

---

[1]　米歇尔·福柯：《规训与惩罚》，上海三联出版社1999年版，第29-30页。

它可以表现为在规训场所的设计上，也可以表现为监视组织的设计上。层级监视不仅在规训者与规训对象之间建立监视关系，而且在监视者内部建立监视关系，使任何人都逃脱不了监视，使规训过程没有任何晦暗不明之处，自上而下，层层把关，形成网络。第二种模式是"规范化裁决"，除了法律明确规定的"刑罚"之外，每个社会都有法律所无法包容的"微观刑罚"，这种微观刑罚就是"规范化裁决"。工厂、学校、军队都实行一整套微观处罚制度，其中涉及时间（迟到、缺席、中断）、活动（心不在焉、疏忽、缺乏热情）、行为（失礼、不服从）、言语（聊天、傲慢）、肉体（不正确的姿势、不规范的体态、不整洁）等等。第三种模式是"考试/检查"，考试/检查把层级监视的技术与规范化裁决的技术结合起来。它是一种追求规范化的目光，一种能够导致定性、分类和惩罚的监视。福柯认为监狱的纪律扩展到了整个社会，整个社会被"监狱化"了，所有的人都在接受规训，只是程度不同而已，学校、工厂和军队涉及某些方面的专业化，而监狱则是一种彻底、全面而严厉的规训机构，整个现代社会成了一个大监狱。[1] 第四种模式是"书写权力"，规训组织对人的检查不仅使人置于监视领域，也使人置于书写的网络中，使人陷入文件中，于是一种"书写权力"作为规训机制的一个必要部分建立起来了。规训组织依赖书写的权力而积累的大量的记录、登记与档案资料变成了这些学科研究的材料。这些知识又建立了区分正常的人、好员工与好公民的标准，以这些标准来统治社会。于是在社会中，对是否正常进行裁决的法官无处不有。"我们生活在一个教师——法官、医生——法官、教育家——法官、经理——法官的社会里，规范性之无所不在的传统就是以他们为基础的。每个人无论自觉与否都使自己的肉体、姿势、行为、态度、成就听

[1] 参见米歇尔·福柯：《规训与惩罚》，上海三联出版社1999年版，第193-219页。

命于它"。[1]

同时，规训权力在征服社会的同时也在它们里面促成了某种知识，学科的建制和践行构成知识生产的一个重要方面，学科知识是被认可的，基本上只接受学术共同体的自我规训，并透过各种规训制度和实践（包括专业/学术协会、学刊、研讨会和学术会议、学术基金和日常化的教学步骤）被建构成一种封闭和自我支撑的权力网络，知识的形成和权力的增强有规律地相互促进，形成一个良性循环。[2]

三、后现代哲学思潮在本研究中的应用

总的来说，后现代知识论围绕的主要问题是："知识"之所以被认可为"知识"的合理性因什么样的原因而发生变化，以及这种变化反过来又使"知识"本身会产生什么样的变化。因为在一般人看来，"知识"就是"知识"，这没有什么可值得怀疑的，其合理性被视为理所当然，是因为其合理化的过程被自然化了，成为一个长期的、隐而不显的过程，但是如果我们能把这个问题提出，把隐藏在"知识"背后决定其之所以能成为"知识"的原因找出来，那么我们不仅能够了解目前的"知识"为什么会成为"知识"，它今后会发生什么样的变化，而且有可能了解决定其发展的因素是什么。

利奥塔等人对西方近代以来的总体化统一为特征的主体性形而上学、认识论和历史哲学的批判，对知识整体性的解构，对事物"差异"性质的强调，以及相应对这种类型思维的性质与方法的研究，虽然走向了"相对主义"，但却有助于拓展我们的思维空间与思维方式，使人注意到事物特殊性，而不至于被普遍性吞没，

[1]　米歇尔·福柯：《规训与惩罚》，上海三联出版社1999年版，第349-350页。

[2]　米歇尔·福柯：《规训与惩罚》，上海三联出版社1999年版，第251页。

这对于管理理论演变的研究，无疑是具有重要的启迪意义的。

福柯的知识权力学说为我们提供了一个揭示知识与权力关系的视角。启蒙运动以前，权力是由某一个人或团体掌握（如国王与教会），体现一种"个体性向上递增"特征，即越有权势的人越具有个体性，农民往往被看作是无差别的一群人，规训作为权力的行使方式是以一种直接作用于身体的、野蛮的和公开的方式进行。因而无论是在埃及、中国还是中世纪的西欧，早期的管理思想都表现为一种以等级制为基础的"统治术"的特征。在启蒙运动后，社会权力关系由国王的神圣统治变成了民主制度的空位，权力不属于任何人，权力是易变的具有流动性，体现一种"个体性向下递增"特征。在这种权力关系下，18世纪初层级监视、规范性裁决、书写权力、考试／检查成为新的规训技术，这种新的规训技术更隐蔽、更有效且更加可行，在监狱得到发明与发展后，很快传播到了医院、学校、军队等其他社会领域，并延伸到企业。管理学最早是以一门关于规训技术的学科形式出现的，是一种关于权力技术的知识。

企业管理学范式确立的标志是古典管理学理论的形成，因为从古典管理学理论的形成开始，对管理的研究有了可以效仿的研究成果，研究范围在空间上得以界定，在研究方法、解决办法是否合适以及形而上学的问题上取得了一致，并且出现了库恩所定义的范式确立时期的社会学层面上的特征。同时，企业管理学范式的确立也是在一种"知识／权力"框架下，通过学科规训机制得以实现的，实际上企业管理学范式的确立是一种"规训被纳入规训的结果"。从后现代主义的视角出发，管理学的发展过程，并不是对已有知识在理性与逻辑上的不断延伸，而应被看作是基于不同基本信念的学术共同体之间相互博弈的结果，是一个社会化的过程。而在众多的社会性的因素中，权力关系无疑是最具有决定性作用的，企业内的权力安排，与这一过程存在着密不可分的关系。

第三节 企业权力关系的分析——现代企业理论

企业管理科学的发展不单纯是科学知识层面上的事，还是一种社会化的过程，每一种管理理论都会与一定的社会生产方式下的权力关系密切相关，研究企业管理理论的演变，脱离不了"知识/权力"的框架。然而，由于企业权力问题的复杂性，学术界对企业权力的很多问题正处于激烈的争论之中，例如，企业权力性质是什么？企业权力来源的基础是什么？企业权力如何配置？不同学术背景的学者给出了不尽相同的回答，尚未形成一个较成熟与系统的研究框架。

现代企业理论无疑是 20 世纪 70 年代以来经济与管理学中最活跃的研究领域之一，它与博弈论、信息经济学及新制度经济学相互交叉，大大地丰富了微观经济学的内容，改进了人们对市场制度及企业组织运行的认识。总体上而言，在西方市场经济国家中，企业权力关系与"契约"、"交易"有着密切的联系，因此，对于企业权力关系的分析，存在着基于现代企业理论提供的原理与方法实现的可能性，但是，现代企业理论中不同流派的企业权力观点相对分散，以及在研究视角上存在差异性，这就要求我们必须从研究目标出发，对相关研究成果加以整合与创造性转换。

一、企业权力的性质

现代企业理论是在对新古典经济学的反思与批判中发展起来的，新古典经济学的厂商理论将企业的存在看成是一个既定的前提，企业被抽象为一个"黑箱"，简化成一个生产函数，一种投入与产出的关系，忽视了企业内部复杂的经济关系。在以科斯为代表的现代企业理论形成以前，研究者们在新古典经济学的框架下，基于各种视角来阐释企业存在及其行为，形成了企业家理论、管理者理论、行为型企业理论等分析框架，而企业理论的提出和发展，最终为全面、深刻认识企业的本质、边界与结构提供了系统性的思路与方法，交易与契约关系背后所隐含的权力、权威与层级制度，为我们对企业权力性质的解读提供了依据。

1. 科斯的观点

科斯（1937）认为，市场与企业是资源配置的两种可相互替代的手段，市场配置资源是通过非人格化的价格来调节，而在企业内，相同的工作通过行政命令与权威关系来实现，企业的本质特征是对价格机制的替代。企业存在的原因在于，利用市场价格机制是有成本的，而企业能够节约这种成本。因为交易是一种资源，与其他有形资源一样，不仅有限，而且也需要支付使用费用，例如交易前的信息搜寻的费用、谈判费用、监督费用以及履行契约的费用，企业通过某种权威，如命令、强制或对行动的纪律约束来使交易内部化，替代市场价格机制对资源的配置。通过权威来配置资源之所以能节约交易费用，是因为企业内部的一次性、长期的契约关系，代替了市场交易各方之间的一系列的、短期的产品契约，交易费用大大节省，使得企业能取代市场，因而企业的存在具有了合理性。

尽管通过权威配置资源能节约交易费用，但内部组织运作也存在成本，如组织费用和管理费用等等，但与市场交易相比，只要内部组织通过权威配置资源的成本低于市场交易成本，那么这种组织就能替代市场。因此，企业可以看做是对市场的替代，企业最本质的特点就是其权威机构。同时，这也是企业边界不断扩大的原因，一个企业将倾向于扩张到企业内部通过权威来配置资源、进行交易的的费用，与在公开市场上完成同一笔交易的费用相同为止。

科斯的观点当中，虽然没有对与企业内部"权威"和与管理相关的"指挥"做出必要区分，也没有告诉我们企业的权威由谁来掌握，以及什么因素决定这种权威的归属，但从科斯对企业性质及边界的分析当中，我们隐约可以看到，作为一种特殊的权力分配形式的企业，是一种能够使市场交易中的权力转化为企业内部权力的机制，正是由于企业中存在的权威关系，使得企业内的交易有别于市场交易，这也是企业与市场的根本区别，所以企业的本质也可以看作是一系列的权力契约关系。

2. 杨小凯与黄有光的观点

在科斯观点的基础上，杨小凯与黄有光从消费者—生产者、专业化经济与交易费用三个因素出发，建立了一个关于企业的一般均衡的契约模型。这个模型假定每个人既是生产者又是消费者；都可以生产两种产品：最终产品（物质产品）与中间产品（生产所需的管理知识）；同时假定存在专业化经济，每个人作为消费者偏好多样化的消费，而生产者偏好专业化生产，两种产品之间是否存在交换决定交易费用是否存在。从这样的假定出发，可以形成两类生产方式：自给自足经济与劳动分工。

自给自足经济生产者把管理知识作为中间产品来生产出最终物质产品；劳动分工则通过专业从事生产的人与从事管理的人之间进行产品交换来达到产出最终产品的目的。自己自主经济中，不存在中间产品的交换，因而不存在交易费用；劳动分工的生产方式下，由于生产与管理两方面的工作都要依赖于掌握专业化知识的专家来进行，虽然这种专业化分工有利于提高生产率，但分工必然涉及产品交换，因而必然产生交易费用。因此，分工带来的专业化利益低于交易费用，人们会选择自给自足的生产方式；而如果分工好处大于交易费用，人们会选择劳动分工的生产方式。

根据最终产品与中间产品不同的交换形式，分工具有三种结构：第一种是，管理专家把管理知识出售给生产专家换取他所需的物质产品，生产专家把物质产品出售给管理专家来购买中间产品用于生产，这种分工存在两个产品市场——物质产品市场与管理知识市场，交易双方只存在产品交换，而没有雇佣关系，权力的分配是对称的，所以不存在企业；第二种是，生产专家开设企业，购买管理专家的劳动，雇佣并指派他们在企业内生产管理知识，协助其进行物质产品的生产；第三种是，管理专家开设企业，购买生产专家的劳动，雇佣并指派他们从事物质产品的生产。三种结构的区别在于，后两种存在着雇佣关系，雇主有使用被雇佣者劳动的权力，并且以劳动之间的买卖取代了第一种结构中的中间产品的买卖。

由于最终产品的数量与质量是易于考察的，而对管理知识以及生产管理知识的劳动的质量与数量却难以测度与监督，买卖管理知识的交易费用非常高，买卖生产劳动的交易费用较低，因而在三种分工结构中，管理雇佣劳动的效率更高。杨小凯和黄有光认为企业是一种巧妙的交易方式，它把一些交易费用极高的活动卷入分工，避免了对这些活动的直接定价和交易，间接地体现了管理知识的价格，这种安排极大地增进了交易的效率。

虽然杨小凯和黄有光的观点中并未直接涉及企业权力关系，但他们从分工出发来解释企业的性质，指出了企业是促进劳动分工的一种形式，这对于认识企业权力的性质具有重要的意义。因为，人们在生产活动中结成相互依赖关系，通过分工来节约交易成本、提高效率，生产主体和生产要素的差异性，决定了其在社会生产中的分工地位，分工不仅决定了"谁来雇佣谁"，而且分工本身就是一种权力关系，这样所有权结构就会变得重要，不同的所有权结构导致不同的效率。

3. 阿尔钦——德姆塞茨的观点

阿尔钦、德姆塞茨不认同科斯关于企业是通过比市场拥有更为优越的权威来配置资源的论点。他们认为，由于雇主和雇员都有按其自身的意愿中止他们之间的关系的自由，因此，雇员对雇主的指示的反应不过是双方持续不断的缔约的结果；企业的实质是一种团队生产方式，团队带来的生产高效率产生了激励的需求和计量困难之间的矛盾，促成企业的形成。

团队通过合作提高了生产率，但也会出现"计量难题"。因为，在团队生产中，被协同使用的资源并不能生产出彼此独立的产品，然后再加总得到总产出，这决定了在团队生产下，要想根据统一尺度，准确测量单个资源对总产出的贡献率并据此给予相应回报，其成本要比在分散的个人生产的情况下高得多。从企业参与人之间的关系来看，由于团队生产中使用的所有资源并不属于同一个人，而是由不同的团队成员分别拥有的，因此，团队成员之间存在共同利益的同时，也存在利益冲突。问题的关键在于，在个人贡献和报酬不能完全挂钩的情况下，团队成员就没有努力工作的积极性，而这可能导致团队生产的效率反而不及分散的个人生产的效率。

据此，阿尔钦、德姆塞茨认为，像企业这样的组织要解决的关键问题就是开发一种低成本地计量每个团队成员的生产率并据此给予相应报酬的程序，以激励团队成员勤勉地工作。在团队生产下，虽然不能够直接地观察到每个团队成员的产出，但可以通过观察每个团队成员的工作活动来测度其生产率的高低。但是，如果由团队成员相互监督彼此的活动，其成本也是相当高的；而如果指派一些团队成员来专门监督和指导所有其他成员的活动，就会在监督方面产生规模经济。但是，除非监督者本身也受到监督或通过其他方式得到激励，否则，监督者也会偷懒，由于不可能无穷尽地给每个监督者安排一个监督者，为激励监督者尽职尽责，一个有效的办法是赋予监督者获得其所属团队的净收益，即团队产出扣除了分配给所有其他成员的报酬后的剩余的权利。

他们进一步指出，为了使监督工作能有效地提高团队的生产率从而增进每一个团队成员的利益，还必须赋予监督者增减团队成员、通过奖惩措施规范每个成员在团队生产过程中的活动以及出售其作为团队的剩余索取者、监督者的身份的权利。由此，阿尔钦、德姆塞茨就将现实世界的企业内的监督权、剩余索取权集中在少数成员手中的现象解释为，大量的各种资源所有者为了最大限度地提高团队的效率，增进各方的利益，通过集体协商自愿达成的一种特殊的合约安排。

阿尔钦、德姆塞茨对生产团队演变为企业原因理解为生产中需要激励和难以计量产出这一对矛盾所致，企业并不比市场拥有更对的权威和权力，而是作为一种特殊的定价机制和监督机制，在对要素生产率和报酬计量能力上以及对内部机会主义行为监督能力上更优于市场。团队的生产引起监督的困难，因此需要监督者作为一个中心与成员不断地商定契约，并在这一过程中体现其监督权与索取权，由此看出，他们对企业权力的理解与社会组织中的合法权如出一辙，通过契约方式奠定。

二、企业权力的来源与配置

企业权力作为一种微观层面上的权力形式，不可能独立于它所依存的历史情境；同时，企业权力直接来源于社会权力，是社会权力在企业这个微观层面上的具体配置。社会权力在个体间的分布的不均匀性，导致不同个体在社会权力关系中的地位差异，决定着特定的历史情境下企业权力关系的形式与表现。随着社会生产力发展，主导性生产要素发生转换，个体社会权力的稀缺性与重要性发生变化，从而引起相应的企业权力关系和权力结构发生更替。对于这一过程的分析，资产专用性理论为我们提供了重要的线索。

1. 威廉姆森的观点

威廉姆森认为，现实的经济生活中的人并不是古典经济学所研究的"经济人",而是"契约人","契约人"的行为特征不同于"经济人"的理性行为,具体表现为有限理性和机会主义行为倾向。正是"契约人"的有限理性和机会主义行为,严重的契约问题才会产生,因而就需要设计一个相应的治理机制,来规范这些交易关系从而降低交易费用。一种交易活动,是适合市场组织或是适合企业组织,取决于不同交易的特征和相关的交易费用。交易中的不确定性、交易的频率和资产的专用性是区分不同交易的三个维度,其中资产专用性最为重要,不确定性与交易频率只有同资产专用性结合起来才会产生治理机制的选择问题。

按照威廉姆森的说法,资产专用性是指在不牺牲生产价值的条件下,资产可用于不同用途和由不同使用者利用的程度;即当某种资产在某种用途上的价值大大高于在任何其他用途上的价值时,那么资产在该种用途上就是具有专用性的。专用性资产是为支撑某种交易而进行的耐久性投资,它一旦形成,投资于某一领域,就会锁定在一种特定形态上,若再作它用,其价值就会贬值。它作为生产性资产的一种存在形态,一种资产是不是专用性资产,主要看该资产究竟是属于用途可变的资产,还是用途不可变的资产,只有那些用途不可改变的资产才具有专用性质。专用性资产有多种形式,如地理区位专用性、人力资本专用性、物理资产专用性、商誉专用性、根据订单形成的专用性等等。

威廉姆森将契约行为分为古典契约行为、新古典契约行为和关系性契约行为。古典契约对应于传统经济学的完全理性的市场交易,正式契约条款起全方位的最终的作用。古典契约法强调法规、正式文件及交易的自行清算。新古典契约法中的条款是不完全的,给当事人发生分歧时留下了重新谈判、重新签定契约的空间。在这种关系中,第三方的仲裁、契约关系的持续性和私下协议都起重要作用。而关系性契约强调契约的"延续性"和"复杂性",契约要经历不同阶段和过程,既是当事人之间讨价还价的结果，又是组织内部和组织之间行为规范的关系行为原则。

威廉姆森进一步分析了交易维度对契约安排治理结构选择的影响。如果是通用性资产，无论交易频率的大小，这时发生的是古典契约关系，相应的治理机制是市场治理机制；如果交易频率较低，只发生数次，资产是混合性的或是专用性的，这时发生的是新古典契约关系，相应的治理机制应是当事人双方再加上第三方参与的治理机制；如果交易频率较高，交易经常重复，且资产专用性程度不高，这时发生的是关系性契约，其中，如果资产是混合的，相应的治理机制应是由当事人双方参与的治理，即双边治理；如果资产是专用性的，相应的治理机制应是由一方当事人统一治理的机制即一体化治理。

根据威廉姆森的观点，企业中的权力来源于所有者所掌握的资产的性质，组织对资产专用性的认同以及对资产运作效果的接受。企业参与者拥有资产专用性程度越高，在交易过程中拥有的谈判力越强，在事后获得控制权的能力也越强。同时，任何一种资产专用性程度，都会随着所处的技术、制度、文化等环境因素的变化而改变；契约关系也会随着参与者在企业中控制能力的转变而转变，因此特定企业权力关系与各种资产专用性之间是一种互相影响、互相改变的关系，并随环境因素变化而确定。

2. 格罗斯曼、哈特与摩尔的观点

格罗斯曼、哈特和摩尔从不完全契约出发探讨企业权力的来源与配置问题，明确提出了"剩余控制权"这一权力概念，为企业理论发展作出了突破性的贡献，其观点又被称为 GHM 模型。

他们认为，三个方面的原因造成契约的不完全性：一是，人的有限理性，在复杂的、十分不可预测的世界中，人们很难想得很远，并为可能发生的各种情况都做出计划；二是，缔约的困难，即使能够做出单个计划，缔约各方也很难就这些计划达成协议，因为他们很难找到一种共同的语言来描述各种情况和行为；三是，第三方验证的困难，即使各方可以对将来进行计划和协商，他们也很难用下面这样的方式将计划写下来：在出现纠纷的时候能够明确这些计划是什么意思并强制加以执行。因此，现实世界中双方缔结的契约是不完全的，具体来讲，契约中不可能明确每一种情况下的各方责任，而只能做出粗略的规定；在签订了不完全契约后，往往要对原有契约进行修订和重新谈判，原有的不完全契约只不过是重新谈判的一个起点或背景。同时，契约在重新调整时会产生多种费用，如果交易双方在签订了不完全契约后进行了专用性投资，在重新签订契约时，就可能难以找到新的交易伙伴，交易者面临着事后被另一方套牢的风险，即使不被交易方所套牢，在一定程度上也要承担着企业经营失败的风险。因此，具有专用性资产的交易者对于事后专用性投资预期就会造成"投资不足问题"。

契约的不完全性意味着初始契约不可能对所有的或然事件及其行动方案作出详尽的规定，专用性资产的投入者在事前必然要求获得相应的控制权，以便在那些未被初始契约规定的或然事件出现时作出相应的决策，其目的是对其他交易者的机会主义行为实行监督控制，防止专用性投资的"准租金"被剥削。格罗斯曼和哈特将控制权分为特定控制权和剩余控制权，前者指通过契约授予经理的经营权，后者是指事前没有在契约中明确界定如何使用的权力，是资产所有者"可以按任何不与先前的合同、习惯或法律相违背的方式决定资产所有用法的权力（哈特，1995）"，主要包括战略性的重大决策、任命和解雇经理，决定重大投资与合并等契约等没有写明的权利。哈特等人认为，在契约不完全的环境中，物质资本所有权是权力的基础，剩余控制权天然地归于物质资本所有者拥有，对一物质资本的控制可以间接地导致对人力资本的控制，企业也就是由它所拥有或控制的非人力资本所规定。

可以看出，GHM 模型中，有一个先验性的假设，即资本强权观，即相信资本所有权能够无条件地给其所有者带来某种控制其他要素所有者的权力，并能够因此获得分享交易或组织剩余的权力。从这一点出发，他把企业定义为一种"所控制的物质资产的集合（哈特，1995）"，将研究重点放在与专用性资产交易相关的"套牢"问题，并将不完全契约导致的成本归结为交易中一方预期到重新签订阶段可能被另一方的"套牢"，而在事前减少关系专用性投资的扭曲。因此，为了最小化对投资激励的扭曲，应该让某一方将剩余控制权购买过去。

虽然包括科斯、威廉姆森在内的经济学家都给出了自己对企业性质和企业边界的理论，但是他们并没有明确地回答"权威"的来源，哈特等人旗帜鲜明地展示了观点，认为对于企业来说，权力的来源在于契约的不完全性，而契约的不完全也正说明权力需要不断地重新界定，不完全契约条件下，实物资产所有权本质上是企业权力的来源，拥有实物资本的一方拥有对该资产的剩余控制权，拥有对契约未提及的状况做出决定的权利。GHM 模型提出之后，更多学者对企业内的权力关系高度关注，权力理论得到了重要发展。

3. 拉詹和津加莱斯的观点

随着知识经济的到来，人力资本在企业中地位的上升，物质资本所有权是权力的来源基础这一理论逐渐受到了现实的挑战。拉詹和津加莱斯（Rajan & Zingales 1998）在产权理论的分析框架内，分析了企业理论中权力问题，他们同意产权理论对权力及其作用的解释，但对权力的来源却提出了不同的看法。他们认为物质资产所有权并不是企业权力的唯一来源，甚至在促进资产专用性投资方面也不是最完全有效，并且企业也不是一个简单的物质资产集合。他们发展了一个更通用的企业权力理论，认为"进入权"是分配权力的另外一个机制。所谓"进入权"就是使用关键性资源或与关键性资源一起工作的能力，如果关键性资源是机器，进入权就意味着操作这个机器的能力；如果关键性资源是一个思想，进入权就意味着允许了解这个思想的一切细节；如果关键性资源是一个人，进入权就意味着能够和他在一起密切工作。

拉詹和津加莱斯认为"进入权"包含如下几层含义。首先，这是一种与"权力"相联系的能力，即天生拥有的资源及对企业有用的"能力"；其次，当个人拥有的这种能力与企业的其它资源结合时，这种本属个人拥有的能力被引导和限定到特定的发展方向，从而发展成企业专用的"能力"及所谓的"专业化"或"专用性"；第三，这种"能力"是其人力资本专业化发展的"机会"，即企业赋予员工使用某种资源，或有某种活动权限的机会，"进入权"的代理人不获得新的剩余控制权，他能得到的是企业资源方向专业化其人力资本的机会，握有企业控制权的人通过"进入权"决定谁有权与企业的关键资源接触及接触的程度如何，即使有天生的能力，得不到与关键资源接触的机会，没有获准其使用资源和进一步学习"专业化"知识，它的能力将无法发挥其效力，也不可能获取企业的"权力"；第四，当雇员获得优先的"进入权"，并不意味着他获得了新的剩余控制权，而是通过"进入权"，进行专业化投资后，与其先前存在的人力资本剩余控制权（由人力资本契约的"不完全性"产生）结合，可以创造出雇员自己控制的关键资源，即他自己的"专有人力资本"，专有人力资本是对企业组织租金的创造起重大作用但又无法替代的人力资本部分，控制这一关键性资源会给雇员带来"权力"，取得企业部分控制权与索取权。

总之，"进入权"是获得和合理分配权力的一种机制。通过权力的适当配置，将所有权与控制权分离，达到促进专用投资，提供比所有权更好的激励，最大化创造组织租金之目的。在他们看来，这种机制是通过对关键资源的控制来实现的，控制关键性资源是也就意味拥有了权力，关键性资源可以是人力资本也可以是非人力资本，作为分配权力的一个机制，"进入权"通过创造关键性资源，提供了权力的来源基础，同时，对进入权的数目进行调控还可以促进代理人的专用性投资，因此比资产所有权能提供更好的激励。

从其论述来看，"进入权"理论不是对产权理论的否定，而是在企业制度演变及市场竞争环境的变化背景下，对产权理论的深化和发展。同时，"进入权"理论注意到人力资本的重要性，但其与人力资本理论不同的是它不仅仅从人力资本角度来阐述企业及公司治理的理论和实践问题，而重点从权力的"源泉"、权力的配置机制角度进行论述。拉詹和津加莱斯的观点大大拓宽了我们对企业权力的认识，如果从他们的观点来推断，即使物质资产是关键性资源的情况下，也不能决定物质资产是权力来源的唯一基础，因为雇员的"进入权"使得其本身既创造关键性资源，从而又形成权力来源，对关键资源的进入权配置的最优化则意味着企业价值最大化。

4、利益相关者理论

利益相关者理论是 20 世纪 70 年代左右在西方国家逐步发展起来的，当时奉行"股东至上主义"的英美等国经济遇到了前所未有的困难，而企业经营中更多体现"利益相关者理论"思想的德国、日本以及许多东南亚国家和地区却迅速崛起。加之对企业伦理问题、企业社会责任问题、环境管理问题的深入思考，利益相关者理论的影响迅速扩大，并开始影响西方国家公司治理模式的选择，促进了企业权力分配方式的转变。

利益相关者理论认为企业实际上是一个"状态依存"的经济存在物，是一个以所有权为中心的社会关系的集合。各经济利益主体在追求自身效用最大化的过程中要受到其他经济利益主体的制约，不能无限制地任意扩展而侵犯其他经济利益主体的利益与权利，否则契约所规定的条款就会遭到破坏，企业就会重新组合，签订新的契约，从而形成一个新的经济利益主体。股东在企业只是承担有限的责任与风险，而且股东所承担的这种风险可以通过投资的多样化来分解，因为他们可以将持有的股份作为其总资产的一个组成部分，所有的利益相关者的投入都可能是关系专用性资产，这部分资产一旦改为他用，其价值就会降低，因此投入企业的这部分资产是出于风险状态的，那么剩余风险就已经转移给了经营者、员工、债权人和其它利益相关者，他们可能承担比股东更大的风险。为了激励专用性资产进入公司，就应该设计一定的契约安排来分配给所有的利益相关者一定的企业所有权，利益相关者共同拥有企业所有权已经是社会经济发展的必然选择。这样会激励利益相关者对企业的利益更加关注，从而减少员工的偷懒行为和企业激励监督的成本，这种利益相关者共享所有权的安排形式是企业与员工、供应商、债权人之间签订了一份隐形的保险契约，让利益相关者的利益得到企业的隐形保护，使其在向企业投入更多专用性资产的过程中无须担心遭到企业的敲诈，从而这种长期合作会大大降低交易成本。专用性资产的多少以及资产所承担风险的大小正是利益相关者团体参与企业所有权安排的依据，如果资产越多，承担的风险越大，他们所得到的企业剩余索取权和剩余控制权就应该越大，这也是利益相关者参与企业所有权分配可供参考的衡量方法。

从利益相关者理论观点中，可以看到，企业控制权的拥有者不断向外扩展，已从昔日的股东逐渐扩展到其他的利益相关者，包括管理者、工人、客户、供应商、银行、社区等。这种观念，一方面是对企业内部股权结构的多元化和两权分离的变化情形的适应，另一方面也是对企业的其他参与主体的平等权利的承认。其实，经理、雇员、顾客、供应商乃至企业所处的社区，都是一些与企业实体存在着密切关联的利益和权利主体，在与企业的关系上，他们与股东并无本质上的区别，所以应该把承担社会责任、满足所有者和利益相关者的利益作为企业重要的目标，卡尔森指出："企业的目标是为其所有的利益相关者创造财富和价值，企业是由利益相关者组成的系统，它与给企业活动提供法律和市场基础的社会大系统一起运作"[1]。

三、现代企业理论在本研究中的应用

企业的权力安排直接决定了各要素所有者在企业中的行为特征，不当的安排会导致参与主体的机会主义行为，进而导致企业效率的损失，最优的权力安排能最大限度地激励各企业契约参与主体，从而使企业效率达到最大。因而，由于契约的不完全性，在企业权力关系分析中，其核心问题就是"谁拥有什么样的权力"。

本研究中对企业权力的考察是从三个维度上展开：事前的谈判力、事中的剩余控制权以及事后的剩余索取权，这三种权力之间存在着密不可分的关系：首先，各主体参加企业要素产权的交易的原因是使自己要素实现最大限度的增值，也就是说他们预期将要素投入企业比其个人使用该要素具有更好的收益，每个人都会有对企业剩余的要求，这样，企业剩余的安排就会决定企业契约的各个参与者的行为；其次，剩余控制权直接决定着要素在企业内使用以及与市场的交易，剩余控制权的行使是否正确，是否有效率，也就决定了企业效率高低，从而直接决定着企业剩余大小；第三，剩余索取权与剩余控制权的安排，取决于企业契约的参与者对企业投入的专用性资产的重要性以及事前谈判力的大小，参与者在专长、知识和信息方面的不同，所投入资产的专用

---

[1] Clarkson. A stakeholders framework for analyzing and evaluating corporate social performance. Academy of Management Review 1995.20 (1): 92-117。

性的不同，承担风险能力和风险态度不同，投入要素在市场上稀缺程度不同，成为他们参与企业权力博弈的基础。

在古典企业中，经营权与所有权合二为一，企业剩余索取权与剩余控制权完全集中对称分布，股东自己成为企业的监督者，他自己控制企业，进行经营决策、取得剩余收益从而很好地解决了团队生产中的投机取巧和机会主义行为，使企业交易成本最小。这种权力关系安排对小型、非复杂的组织来说是有效率的，也避免了重要的决策代理人对企业非人力资产的滥用。在这种情况下，由于人力资本的专有性程度较低，其所有者并不具有很强的事前谈判力，并且人力资本不具有抵押功能，因此其报酬是固定的并通过契约来明确；物质资本所有者由于承担企业的经营风险，并为人力资本提供抵押、投入企业后形成专用性资产，如果不享有剩余索取权却也得到固定报酬，显然他们是不会具有提供物质资本并承担风险的意愿了，企业也就不可能成立。在这种企业权力安排下，组织对管理知识的需求是比较单一的，即研究物质资本所有者如何更好地实现对人力资本所有者的监督与控制的问题。

现代企业从事由不同专业活动构成的大规模生产，内部分工系统复杂，面临市场环境较大且不确定性强。这种情况下，由专业经营者协调、组织、指挥、监督生产活动，对市场进行分析、判断，做出生产经营决策就成为必须。但在现实中，经营才能和非人力资本的分布是不对称的，很少有拥有非人力资本的人刚好拥有经营才能。此外，现代企业规模不断扩大以适应规模经济的要求，日益庞大的资本并不是单个非人力资本所有者能提供的，解决的办法就是让众多的非人力资本所有者与人力资本所有者达成企业要素使用权的交易契约，各方都能促使自身要素的增值，并降低自身的风险，这样在古典企业中合二为一的股东与经营者的角色就分离开来。钱德勒对企业史的研究也证明了这一点，自

19 世纪中叶一直到 20 世纪 70 年代，由于第二次产业革命的实现推动了社会生产技术的进步，大型和超大型的公司制企业纷纷涌现，现代企业制度逐步成为企业制度形式的主体。面对激烈的世界范围内的市场竞争，人力资本同非人力资本相比，后者的日益积累降低了其稀缺性的属性价值，投资机会的萎缩也降低了其流变性的属性价值，而大型公司制企业的管理复杂性则对具有高水平的专业化的管理技能提出了迫切的需求，职业经理人阶层得以形成与兴起，这标志着人力资本所有者在企业权力关系中的崛起。职业经理人事实上已经控制了企业经营控制权，他们分享企业的剩余索取权和剩余控制权已成为不争的事实。一方面，由于股权的分散，股东在委托——代理关系中本质上处于一种信息劣势的地位，为了防止职业经理人对股东利益的进一步侵蚀，各种探讨如何激励和监督职业经理的管理理论应运而生；另一方面，伴随着现代科技的发展，知识型人力资本的重要性甚至超过了传统的经营者，这也推动了对如何充分发挥、调动企业员工的积极性与创造性，实现有效地自我监督与激励的管理理论的研究。

西方管理理论创新与企业组织制度、产权制度、激励机制以及职业经理人市场发展演变是一个相互促进、同步发展的动态过程，现代企业理论为我们所提供的重要的概念、原理与方法，对于正确认识这一过程，辨析管理理论的形成与演变机制具有重要的意义。同时，我国企业在确定企业经营活动主体性的同时进行着现代产权结构的塑造，一个信息完备程度高、流动性强的经理人市场尚待建立，我们迫切需要建立一种分析框架，将管理知识创新与企业制度创新紧密联系起来，实现管理知识与企业权力关系的相互支撑与自适应，避免因二者不匹配而导致的冲突与矛盾，形成具有特色的中国管理哲学与知识硬核，推动中国特色管理理论的创新。

第二章　古典管理范式

根据库恩的范式理论，科学的"范式前阶段"与"范式确立阶段"，有着明显的边界。科学管理出现以前，对管理问题的研究整体上表现出一种"范式前阶段"的特征，例如，无统一范式，对各种问题争论不休；研究对象与边界并不明确；没有取得共识的观察结果或标准的研究方法；收集的数据没有系统性；同时期存在很多相互竞争的观点与研究规范；书本是最重要的沟通媒介等等。而19世纪末期至20世纪初，伴随着科学管理理论的完善与成熟，管理学的研究边界得以明确，形成了特定研究行为准则体系和支撑学术发展的基础结构体系，并出现了管理教育与研究机构、学术交流网络、规范的学术研究计划、专业学会等形式的学术建制与践行，首个管理学理论范式——古典企业管理范式得以确立。因而，在管理理论发展与演变的过程中，泰勒的科学管理理论具有及其重要的地位，它标志着管理学作为一门独立学科的形成。本章将从研究框架与理论基础出发，在探究19世纪末到20世纪初，科学管理形成于美国的历史必然性的基础上，对古典管理学理论范式进行界定与特征描述，辨析管理理论创新与社会环境系统之间相互作用机制。

第一节　科学管理理论形成的历史必然性

在几乎在所有相关研究的文献中，都把泰勒（Frederick Winslow Taylor）综合整个 19 世纪西方企业的管理实践经验与相关实验研究基础上所构建的科学管理论，看做现代企业管理研究开端。然而，对于泰勒的管理思想与实践为什么被称之为理论？泰勒以前的"先行者们"为什么没能做到？为什么企业与工厂制度出现近一个世纪后，首个公认的企业管理理论才真正形成？是什么造成科学管理发端于美国，而非近代工业革命、工厂制度与古典经济学的"故乡"英国……等问题，尚未予以充分解答。对于这些问题的解答，有助于我们去了解在特定历史情境下，某一具体的"管理理论"是如何形成的，为什么会被认定为"理论"，以及在一套什么样的机理运作下而被认定为"理论"等问题，从而更好地对不同管理理论在范式层面予以总结，并把握企业管理理论发展与演变的历史逻辑。

一、科学管理——现代企业管理理论发展的起点

在企业管理思想的发展与演变过程中，科学管理是第一个具备"专门的研究对象与领域"、"符合社会与历史背景的前提与假设"、"一系列的相关支持学科"、"理论与实践相结合"、"健全的学术建制"这五个学科特征的管理理论体系。

1. 专门的研究对象与领域

随着生产的社会化程度的提高，单凭经验、直觉与运气来管理企业，是无法实现"有效地获得、分配和使用人类的努力和物

质资源来实现组织的目标并为组织成员谋求积极利益"[1]这一目标。人们要有效地管理企业的，就需要一定的理论作为指导，需要遵循一定的原则，需要运用一定的组织形式、管理方法和手段，需要建立一系列的制度，这样才能进行各种具体的管理活动，有效地行使管理的职能。而要实现这一点，就必须要对企业经营实践活动进行系统总结和理论概括，寻求企业经营活动的规律。企业经营中涉及人、财、物、理念、技术与制度等多方面的问题，借助哲学、经济学、伦理学、心理学、社会学、工程学、数学等传统学科知识虽然能够解决某一方面的问题，但却无法形成一套能够全面反映经营活动规律性的理论知识体系，因而需要在一种新的学术规范与建制下对这一特定对象与领域展开系统的研究。

从知识演进的角度而言，企业管理理论的形成，正是基于寻求企业管理经营活动的规律这一其他学科知识代替不了的研究任务。早期的管理思想主要就经营中的一些具体的课题如财务、技术、生产过程、销售和人事等进行研究，在研究对象与领域上很难和一些传统学科知识明确区分，总体上缺乏系统性、独立性与学术规范，不具备理论知识系统的特点。泰勒通过自己工厂中的管理实践与理论探索，将科学方法引入管理领域，对管理经营活动的规律进行了总结，提出了在机器大工业生产条件下，处理人与自然资源关系、解决效率与人性矛盾的指导原则，树立了通过科学研究的方法发现管理普遍规律的学术规范。同时，19世纪末期局部委托代理型企业制度的普及，又在社会建制与践行上，为界定企业管理学的专门对象与领域，形成学术规范与学术共同体提供了条件。作为管理思想发展过程中的一个转折点，科学管理理论的形成，标志着企业管理学从其他学科中分离，成为一门独

---

[1] 丹尼尔·雷恩：《管理思想的演变》（中文版），中国社会科学出版社1997年版，第133—136页。

立的学科。

2. 符合社会与历史情境的前提与假设

科学管理理论主要基于以下前提与假设：第一，经济人假设，泰勒认为工人受经济利益驱动，他们所关心的是如何提高自己的货币收入以实现自身利益的最大化，并以此作为指导其行为的原则，只要能获得经济利益，他就愿意配合管理者挖掘自身最大的潜能。第二，当时资本主义劳资矛盾日益尖锐的主要原因是社会资源没有得到充分的利用，而如果能通过科学管理将社会资源进行充分利用的话，则劳资双方都会得到利益，这些矛盾就可以解决。第三，企业的生产与经营活动可以通过一系列契约在"事前"加以明确，而管理就是通过运用科学的方法在技术上使契约充分化与完备化，从而实现企业效率的提高。因而，他主张把管理者与生产工人严格分开，反对工人参加管理。

在当时社会历史情境下，三个前提假设具有相当的客观性。19 世纪末期市场结构整体上呈现出卖方市场的特征，需求旺盛而供给相对不足，企业管理过程中的首要目标是通过组织管理提高效率，扩大产出，满足市场需求，实现利润最大化。当时局部委托——代理关系的企业制度开始普及，作为代理人的技术官僚与专职经理，虽然掌握了企业经营活动中几乎全部的日常组织管理权与部分决策权，但不具有任何剩余索取权，这样的控制权与剩余索取权安排，在委托——代理关系的企业制度出现后的很长一段时期内是一种既定的制度。在缺乏有效的产权激励的条件下，就需要一种低成本的监督与控制的机制来避免代理人的"逆选择"与"道德风险"行为。在机器大工业生产方式下，企业在经营过程中所面临的不确定性以及市场的不确定性相对较小，对于美国这样一个移民国家而言，熟练掌握生产技能的劳动工人比较稀缺，人力资本的专用性程度低，因而美国的企业家们采取把权力从工人手中夺走的策略，生产活动中较多地通过资本替代劳动来进行。因而，管理的实施，就可以从"经济人"假设出发，通过在"事前"建立一系列尽可能完备的代理契约来约束代理人行为来实现，而这也是当时企业权力关系与社会历史情境下，使代理成本最小化，相对最有效的监督与激励的机制。

3. 一系列相关支持学科

科学管理理论并不是从其它相应学科知识中机械地分离出来的，也不是割裂相互联系的各门科学知识的结果，而是在社会科学专门化与一体化发展的基础上，更加深入全面地研究那些尚未研究透彻的问题的结果。

科学管理理论的形成，是建立于相关支持学科贡献的基础之上的。首先，工业革命前后西方哲学思想取得很大的发展与突破，以新教伦理观、个人自由伦理观与市场伦理观为核心的资本主义精神解放，推动了近代西方社会政治上的革命、经济上的自由与科技上的进步，树立了以还原论、机械性、客观性、主客二分性为特点的理性思维传统。这为泰勒的"可以凭借科学理性分解清楚并掌握任何知识领域"[1]的管理哲学的形成奠定了基础。其次，工程技术学的发展带动了科技的进步与系统理论的形成。企业可以被看作是复杂、开放与可控的系统，企业管理活动本身也是一个系统，因此可以运用系统思想和方法，在目标原则、优化原则、有序性原则、弹性原则、整分合原则等系统性原则的指导下，按照系统的基本特征来管理企业，这为科学管理提供了工具与方法论上的有力支持。第三，英国古典经济学对很多企业管理的重要课题进行了研究，如亚当·斯密的"分工理论"与"经济人假设"，大卫·李嘉图的"工资规律"等等，这样科学管理就可以在一些已经经过论证的前提与假设下建立其理论体系，专注于研究企业管理的客观规律，而不必为前提与假设的展开留出理论空间。

---

[1]　郭咸纲：《西方管理学说史》（序），中国经济出版社2003年版，第1页。

4. 理论与实践的结合

在局部委托代理型企业制度下，科学管理的理论也在客观上为企业内技术官僚与专职经理们，提供了一个发送自身管理能力信息的信号工具，降低了委托人选择代理人的成本，因而受到管理阶层与企业所有者的认可与欢迎，一系列基于科学管理的实践活动在西方企业界展开。

丹尼尔·雷恩对此进行了深入的研究，他列举了大量美国及世界各地的对科学管理的学习与实践情况。例如，在美国，科学管理的运用使位于麻省诺伍德的普林斯顿出版公司工人流动率由1912年的186%降低到1916年的13%；泰伯机床制造公司的产量在一年内增加了250%；到1920年沃特唐军工厂制造6英寸炮架的人工成本由10229美元降至6950美元等。1917年汤普森的调查报告显示，诸如市政府、百货商店和工厂等80种不同类型的组织机构实行了的172种科学管理方法，在113个工厂内部都有很好的效果，其中59家工厂被判定为完全取得成功，汤普森没有把应用失败的原因归结于科学管理理论本身，而认为是由于顾问工程师缺乏经验与能力问题，以及经济周期等企业外部无法完全控制的问题；纳尔逊还注意到科学管理与企业效率之间存在正相关的关系；在钢铁发动机公司、杜邦以及通用汽车公司等大企业中，泰勒有关成本核算与管理技术理论与方法也得到较为广泛的应用。此外，科学管理理论在国际上也得到广泛的传播，法国、德国、前苏联和日本的企业中，科学管理理论也存在着大量的应用与实践活动。[1] 这些实践活动不断推动了科学管理理论的丰富与完善，使企业管理学的学术规范得到确立。

5. 健全的学术建制

在企业管理学发展史上，学术建制的真正形成也是从科学管

---

[1]　丹尼尔·雷恩. 管理思想的演变. 北京：中国社会科学出版社，1997，pp:260-283。

理开始。

首先，科学管理理论的出现改变了很多人的人生轨迹，一些在企业内从事具体管理工作的工程师与支薪经理离开车间与办公室，走上讲台著书立说，开始专职于管理问题的研究与探索，造就了大批职业化和专业化的企业管理研究者。例如：泰勒本人从1893 年开始就从事工厂的管理咨询工作，从1901 年以后开始无偿地做咨询工作，不断地进行演讲和撰写管理文章，宣传他的主张，1906 年泰勒还担任了声誉很高的美国机械工程师协会的主席。泰勒的助手卡尔·巴思离开企业后，到芝加哥大学和哈佛大学讲授管理课程；亨利·甘特从先后在哥伦比亚大学、哈佛大学和耶鲁大学任教，后来成为一名成功的管理咨询顾问；还有吉尔布雷思夫妇、哈林顿·埃默森、莫里斯·库克、奥利佛·谢尔顿、亨利·法约尔、马克斯·韦伯等很多人都终生致力于企业管理的研究。

其次，科学管理理论的应用与传播也使管理走入高等院校的课堂，并逐步发展成为一门独立的大学专业，管理的问题开始成为学术问题。在美国，早期的商学院大部分是继承了文科教育的传统，1900 年以前没有一所院校开设企业管理方面的课程，但到了1922 年就有了10 所院校，1930 年增加到了35 所。一些著名的大学如芝加哥大学、加理福尼亚大学伯克利分校、哈佛大学、耶鲁大学等都成立了商学院，达特茅斯学院还建立了商业管理研究生院，正规地从事企业管理的教育与研究工作，形成了以约翰·理查兹、德克斯特·金布尔、哈洛·珀森、克拉伦斯·汤普森、利昂·奥尔福德、亚历山大·丘奇等一些著名的管理教育家为核心的教育、研究与学术交流网络，企业管理学的著作、刊物与文章也是层出不穷。

第三，出现了科学管理专业协会、学术团体以及活跃的研究议程。20 世纪初，在美国、英国、法国、德国、前苏联和日本等国都先后成立了科学管理研究学会或泰勒研究学会，1924 年第一届国际科学管理大会在布拉格举行，后来又于 1925 年和 1926 年分别在布鲁塞尔和巴黎举行了会议，并组成了国际科学管理委员会（CIOC），该会的宗旨是：发展科学管理的理论和方法，更有效地利用人力资源和物力资源；提高各国人民的生活水平，出版《世界管理理事会通讯》、《管理学术语著作目录》和《基础管理学丛书》等出版物。1927 年还在日内瓦成立了国际管理研究所，作为国际的管理研究的交流中心。

上述五个方面的特征相互联系，互为因果，体现了在思辩基础上形成的关乎管理的个体隐性知识，通过社会化、外部化、联合化、内在化（SECI 模型）[1] 四个螺旋式上升阶段，从直觉、经验与认识转化为系统的显性知识，再到组织的内隐性知识的过程，是人们对管理认识从经验到科学，从具体到抽象，从分散到系统，从简单到复杂，从初级到高级的起点。同时，科学管理的基础理论、基本原理和方法也渗透到了其它的领域，对整个管理科学体系的丰富和完善产生了深远的影响。因此，我们将泰勒的科学管理作为企业管理范式确立的标志是毫无疑问的。

二、科学管理理论在 20 世纪初期形成的原因

人类从事管理活动的历史可以追溯到几千年以前，对管理问题的思考伴随着人类文明的进步一直没有间断过，工厂制度与企业的出现也起始于 18 世纪末期的工业革命。在科学管理理论形成之前，同样也有很多人进行了大量的企业管理的创新与实践，但是科学管理理论，直到 19 世纪末期才真正提出。为什么企业管理范式没有在早期阶段确立？美国著名管理思想史学家丹尼尔·雷恩认为有三方面的原因。第一，技术与人事问题占用了早

---

[1] Nonaka, I. A dynamic theory of organizational knowledge creation. Organization Science, 1994, 5 (1): pp14-35。

期企业家的大部分精力，因而他们几乎没有什么时间去明确论述管理的普遍性原理；第二，早期企业中占主导地位的是有技术天才的人、发明家与工厂创始人，他们的成功更多取决于他们个人的性格，而不是依靠一般性的管理原理；第三，早期管理思想的传播在技术上存在困难。[1]丹尼尔·雷恩从"人"的视角入手进行了分析，但没有提炼出 19 世纪末期西方企业制度演变带来的企业权力关系变化与科学管理理论形成之间的关系。科学管理理论的形成不纯粹是知识层面的事，同时也是社会实践的结果，与社会权力关系密不可分。

1. 管理职能的独立与管理研究兴起

18 世纪末期，作为新的社会生产力与生产关系作用的结果，工厂制度开始在西方资本主义国家出现。生产者、生产对象与生产工具在企业内相结合，行政命令成为企业生产活动的主要协调机制。

早期工厂的规模并不大，生产过程中的工艺与工序相对简单，主要是通过将原先分散的生产过程集中在同一场所，缩短协作者之间的距离和产品组合过程、交叉使用劳动工具、节约仓储和运输费用。由于单个生产者与工序过程对整个组织的依赖性较小，通过简单的指派与安排就可以实现生产的有效组织与协调。

19 世纪初期，随着专业化分工的深化与生产的社会化程度进一步提高，产品生产在技术上、工序上与工艺上的相关性大大提高，单个生产者与工序过程对整个组织的依赖性增强，简单指派安排行为逐步被更具有全局性组织协调机制——管理活动所取代，而管理活动就像一只"看得见的手"一样，支配、协调着企业的运作。

管理职能的分离推动了企业管理问题科学研究的开展，产生

---

[1]　丹尼尔·雷恩：《管理思想的演变》（中文版），中国社会科学出版社1997年版，第89—90页。

了众多管理思想和观点。当时，虽然管理职能相对独立了，但企业在经营上仍然主要采取所有者直接控制的方式，即所有者在市场上购买到需要的生产要素，按一定的分工结构和比例组织安排生产，再直接或监督他人完成价值实现过程。在这种所有权与经营权合一的权力安排下，管理问题的研究者主要是企业所有者，他们在数量上较少，背景各不相同，空间上相对分散，难以形成具有稳定结构和同一性的知识硬核，同时又缺乏有效的社会建制与践行来实现专门知识的生产和联系分散的研究者。因而，早期对企业管理的研究往往与工程学、经济学、政治学、伦理学、数学等学科混为一体，多注重于在生产技术、工序与工艺上的安排，更多体现企业主的个人偏好、性格与本企业的特点，很难为其他企业所适用。企业管理研究在学术上难以确立相对独立的边界。

2. 局部委托代理型的企业制度的普及与科学管理理论的形成

到 19 世纪中期，美国运输和通讯技术的进步带来的市场扩大与信息成本的下降，促进了社会资本密集程度的提高，使机器大工业批量生产与销售成为可能，企业发展表现出横向与纵向并进的特征：一方面同一领域的制造商通过合并、联营或托拉斯联合起来，谋求规模经济效益；另一方面企业在生产链上纵向"前向、后向"拓展。[1] 这一变化促使一个全新的社会分工体系与企业内部分工体系得以形成。一方面机器大工业批量生产方式下，分工结构的相对固定与机器操作的稳定，不再要求所有者时时处处直接监控，而可以以各工序、团队中具有技术优势的人取而代之。由此，原来的所有者的日常组织管理主体控制地位便逐步让位于新的控制主体——技术官僚。另一方面，企业横向与纵向的发展过程中，通过内部化市场所带来的交易成本的降低，推动企业规模的不断扩大，特别是在一些体现规模经济效应的行业内，

---

[1]　参见小艾尔弗雷德·钱德勒：《战略与结构：美国工商企业成长的若干篇章》（中文版），云南人民出版社2002年版。

单独的企业家、家族或者合伙人的小集团几乎不可能完全拥有企业的所有权。随着企业规模的扩大、工序关联性的提高与管理环节增加，企业的日常管理工作变得不仅繁多而且复杂，众多的出资人不可能亲自去经营，只有专职经理才是适当的人选，局部委托代理关系企业制度开始普及。这时企业权利安排的突出特征是，企业控制权利的分化和企业经营决策主体的二元化，不仅企业的日常组织管理权被分离出来，委托给技术官僚与专职经理，而且企业资产所有者所掌握的企业经营决策权已经不完整了，一部分企业经营决策权已经委托给了专职管理人员。

在西方资本主义私有制市场经济发展中，局部委托代理关系企业制度的普及，是一个由技术进步所引发的内生性的重要制度变迁。这一变迁在企业组织形式、组织规模与组织结构上造成了三个方面的实质性变化：首先，技术官僚与专职经理取代企业所有者成为操纵"看得见的手"的主要力量，管理阶层与管理层级制度得以形成；其次，"当管理层级制度一旦形成并有效实现了其协调功能后，层级制度本身也就变成了持久性、权力和持续成长的源泉"[1]，企业经理成为一种新的职业与社会阶层；第三，在局部委托代理关系的企业制度下，组织更为庞大，管理关系错综交织，管理人员数量增多，管理方式更加多样，管理信息流量增多、流速加快。

在这种背景下，支薪经理与技术官僚取代企业所有者成为管理问题的研究主体，他们不仅在数量上较多，并大多是具有技术优势的工人或工程师；更为重要的是，作为一种社会建制与践行，管理层级制度与经理人市场将他们联系了起来，这为企业管理学科的专门对象与领域的界定、企业管理学的学术规范与学术共同体的形成提供了条件。

---

[1] 小艾尔弗雷德·钱德勒：《看的见的手：美国企业的管理革命》（中文版），商务印书馆1987年版。

随着经理人市场的形成与发展，经理阶层成为管理问题的研究主体，并逐步建立了管理教育与研究机构、学术交流网络、规范的学科研究计划、专业学会等形式的学术建制与学术共同体，以实现专门知识的生产，伴随局部委托代理关系的企业制度与管理层级制度的稳定与发展，企业管理学的学术建制与践行逐步健全与完善。另一方面，学术建制下培养的专业人才，提高了经理人市场的活跃程度，扩大了管理研究主体的队伍。在这种相互作用关系的推动下，从19世纪末期至20世纪初，在美国对企业管理问题的科学研究迅速走向成熟，企业管理在学术上的研究边界得到了划定，特定研究行为准则体系和支撑研究发展的基础结构体系得到确立，为企业管理范式的确立提供了条件。

3. 科学管理为什么诞生在美国而不是英国

众所周知，近代工业革命、工厂制度与古典经济学都起源于英国。在泰勒之前，伴随着工厂管理实践活动的日趋活跃，英国也涌现出了许多管理思想与探索者，例如，李查德·阿克赖特、詹姆斯·瓦特、马修·博尔顿、罗伯特·欧文等等。然而，英国在18、19世纪的工业化的道路中，企业制度与内部权力结构并未发生如同美国那样的革命，甚至是在1856年通过的合资法和1862年允许创办有限责任公司这种类似美国的股份制企业之后，绝大多数英国企业依旧是合伙制企业。到1885年，所有全部重要的商业组织中，有限责任公司最多能占到总数目的5% -10%[1]，几乎所有的英国制造业企业仍然是小规模的家族企业，它们的组织形式是个人业主制或合伙制，所有权与经营权统一，血缘关系在这些企业的运营中仍然具有极高的重要性[2]。

---

[1]　M.波斯坦等主编：《剑桥经济史：第七卷》上册 [M]，经济科学出版社，2004年，第242页。

[2]　曼赛·布莱克福德：《西方现代企业兴起》[M]，经济管理出版社，2001年，第59-74页。

当美国的企业家通过股权融资来实现资本扩张的时候，他们的英国同行大多通过债权融资来实现。英国的工业公司常常以地方性和区域性信用网络作为发展的基础，大部分公司的资本需求，除了可以依赖自我融资，同时还可以依靠一个规模不断扩充、灵敏性很强的货币中介网络得到解决。尽管存在保护破产者的法律，家族企业中的绝大多数都负有无限责任，即企业的所有者个人对公司所发生的任何债务都负有个人责任。在强调"绅士风度"的英国人眼中，无限责任绝不是一种风险，而是向人们传递信用重要性的一个重要因素，因为这表明所有者与其企业是融为一体的，企业有着"人格化"的表现。

在大多数英国的制造业企业中，许多生产过程相对简单，生产扩大的基本模式是对生产单位进行繁殖，而不必从根本上重组组织。工业化过程中长期的历史积累，使英国拥有具有丰富实践经验的熟练劳动力，英国资本家为了吸引具有较高技能的手工业工匠放弃独立地位，进入工厂工作，从而对他们做出让步，允许他们保持对生产过程的直接控制，这种在早期工业化中能够节约大量管理成本的制度安排却变成了阻碍进一步变革的障碍。虽然英国企业家曾试图夺回对生产过程的控制权，但英国工人早已形成强大的工会，并建立起自己的政党—工党，来捍卫自己的特权。而当时在美国，工厂所依赖的欧洲移民流动率极高，熟练劳动力短缺，没有稳定的技术工人队伍可以依靠，美国企业家采取了"把技能从车间现场夺走"[1]的战略，用资本来替代劳动，通过支薪经理与技术官僚为主的管理阶层对企业实行控制。

当时，英国企业纵向与横向一体化程度也较低，企业规模小，相对美国的同行而言，英国工业家所面临的是一个小的多的国内市场。到1880年，美国拥有5000万人口和72亿美元的国

[1] 威廉·拉让尼克，玛丽·奥苏丽文：《公司治理与产业发展》[M]，人民邮电出版社，2005年，第73-78页。

民收入；同年，英国的人口为 3500 万，只有 52 亿美元的国民收入。更为重要的是，英国的国内外市场被区域性偏好所分割的程度比美国更为严重，相对于美国企业而言，外国市场对英国企业更为重要。在 1860 年到 1913 年期间，英国对外贸易和国民收人的比例大约为 27%——30%，而美国的同一比例大约仅为 5%。在 20 世纪的大部分时间里，海外市场大约吸纳了英国工业产出的 1/3。[1]。这一状况造成英国制造业者并不倾向于生产标准化产品。面对分割的市场，而不是一个大规模统一市场的需求，生产中造成原料与半成品的采购品种多、批次多，批量小，控制供应链上游供应商就没有意义；另一方面，英国也拥有比美国建设得更为完好的批发和零售体系，市场分割造成英国工业家很难能通过一个中间商的营销网络来销售他们的产品，直接拥有或控制供应链下游的销售渠道交易成本过高，也没有必要，这些原因造成英国企业纵向一体化程度较低，规模难以扩大。此外，政治因素也鼓励了对小企业的依赖性，美国 1890 年的《谢尔曼法》对卡特尔实施了禁止，而英国并不存在诸如此类针对卡特尔的法律限制，英国小企业可以简单地通过加入卡特尔而形成联合，而不需要去兼并他们的竞争对手，特尔保护了英国的小规模工业企业的生存。

在思想认识上，对集体组织管理思想发生任何兴趣往往都会被英国企业的当权者认为是禁忌。对经理人员的能力、学识与道德评估上的困难与不确定性，使得血缘成为维持英国企业运转的主要纽带，实施日常管理的往往是合伙人自己或者家族人员，他们除了能够提供资本供应的信用网络外，还是企业劳动力和信息的来源。此外，作为一个老牌商业国家的"遗产"，会计行业与会计学发展非常成熟，在经理人的选择上，"企业更多是从核算

---

[1] 参见宋则行、樊亢：《世界经济史　第二卷》，经济科学出版社1989年版。

室，而不是从生产车间和销售部门中补充经营管理人员，而这些升迁到高职位的人士不是倾向于从工作中学习的实践操作型人士，而是按照既有方针从事的人"[1]。从这一点而言，那些已受过会计学科"规训"的英国经理人之间的联系，是通过一个已有的会计师职业市场和会计学的知识体系来实现的，而并非如同当时的美国，通过一个新兴的经理人市场和以科学管理为主要内容的新知识体系来实现。两者之间这一差别导致：前者的管理知识生产在已有的会计学科体系基础上展开；而后者则基于一个新的学术研究行为准则体系。

简而言之，18-19世纪，英国与美国在企业制度、经理人阶层与经理市场上发展上的差别，是造成相应管理理论没有在英国形成的主要原因：由于缺乏研究行为准则体系以及保障学术研究的社会基础结构体系的支撑，英国分散的研究者之间难以形成有效地联系，专门知识的生产与传播难以保证，关乎企业管理的有关思想无法转化为"管理学理论"，大多只能以一种个案经验的形式被保留，或者归属于会计学范式之下。

第二节 古典管理范式的理论构成

科学管理理论的产生，标志着企业管理学科的形成与范式的确立，自此，对企业管理的研究有了可以效仿的研究成果，研究范围在空间上得以界定，在研究方法、解决办法是否合适以及形而上学的问题上取得了一致，并且出现了范式确立时期的社会学层面上的特征。

[1] M.波斯坦等主编：《剑桥经济史：第七卷》上册 [M]，经济科学出版社，2004年，第252页。

从 19 世纪末到二战以前的几十年里，管理学的发展处于一个范式相对稳定的时期，这个时期主流的企业管理理论，都基本遵从科学管理理论所树立的研究传统，其中与科学管理齐名的是古典组织理论与行政组织理论，代表人物是分别是亨利·法约尔与马克斯·韦伯，它们构成了企业管理学科首个理论范式——古典管理范式。

一、泰勒的科学管理理论

泰勒被公认为"科学管理之父"，在管理方面的著作很多，其中影响最广的是 1895 年的《计件工资制》，1903 年的《工厂管理》，1911 年的《科学管理原理》以及 1912 年他在美国国会众议院特别委员会对科学管理听证会上的证词。科学管理理论的内容主要包括以下六个方面：

1. 定额管理

泰勒认为，科学管理的中心问题是提高劳动生产率，但当时工人中普遍存在消极怠工的现象，其原因是工人认为效率的提高会导致工人失业，以及缺乏有效的监督与激励的手段。要解决这一问题，首先要通过作业研究与时间研究，来制定出有科学依据的劳动定额，这样不仅能为确定合理的工资标准提供依据，并且还能改善生产过程中的作业方法，提高劳动生产率。具体方法包括秒表计时、过程分析、动作研究、人—机联动分析等等。

2. 人事管理

为了提高劳动生产率，需要科学的选拔工人，进行培养和教育，保证工人的能力同其工作相适应。泰勒认为，企业管理当局的责任就在于为雇员找到他最合适的工作，培训他成为第一流的工人，激励他尽大的力量来工作。因而，管理人员要细致地研究每一个工人的性格、脾气和工作表现，找出他们的能力，更重要地是发现每一个人的发展可能性，为他们提供上进的机会。

3. 标准化管理

要使工人掌握标准化的操作方法，需要制定科学的工艺规程，使用标准化的工具、机器和材料，并使作业环境标准化。这就要求管理者在科学实验的基础上，把经验与数据收集起来记录下来，进行分析并概括为规律和守则，使之科学化、标准化与制度化。

4. 报酬制度

在定额管理与标准化管理的基础上，通过制定差别计件工资报酬制度，调动工人的个人积极性，避免出现工人"磨洋工"的现象。根据工人的实际工作业绩而不是工作类别来支付工资，如果工人完成或超额完成定额，按比正常单价高出 25% 的比例计酬，不仅超额部分，而且定额内的部分也按此单价计酬；如果工人完成不了定额，则按比正常单价低 20% 的比例计酬。泰勒指出，虽然工资支出增加了，但采用了科学的工作方法，克服了消极怠工的现象，使得劳动生产率提高的幅度大于工资的幅度，不仅对工人有利也对工厂主有利。

5. 劳资关系管理

泰勒认为，劳资双方都必须进行一次"精神革命"，把注意力由盈余分配转移到盈余创造之上，充分认识到提高劳动生产率对双方都有利，从而变互相对立为互相协作，共同为提高劳动生产率而努力，把"蛋糕做大"，使盈余增加到根本不必为如何分配而争论与对抗，科学管理的实质就是在于这种合作互利的"精神革命。"

6. 职能管理

泰勒主张，工人凭自己的经验是无法找到科学的工作方法的，而且他们多数情况下也没有时间和条件去从事这方面的试验与研究，因此，要提高劳动生产率，就要用科学的工作方法替代原先的经验工作法，明确划分计划职能和执行职能，并把两者分离。计划职能由专职部门承坦，其主要任务是：通过调查研究为定额与方法提供科学依据；制定定额与操作方法；拟定计划、发布指令；比较标准与实际进行控制；同时，应该把管理的工作予以细分，使所有的管理者只承担一两种管理职能。他还提出"例外原则"，强调高层管理者将日常事务授权给下级人员，自己保留对重要事项，如企业战略问题和重要人事更替等问题的决策权与控制权。

二、亨利·法约尔的一般管理理论

法约尔与泰勒不同，由于长期担任企业的最高领导人，这使他有自上而下观察管理问题的基础，因而，他的研究从一开始就是以企业的整体为对象，着重考虑企业整体效率如何提高的问题。他的理论主要涉及管理概念的内涵是什么，管理的基本职能是什么，为了实现管理的基本职能，管理的组织结构或"组织机器"应当如何设计，并按照什么原则运行等一般性的组织管理问题。他认为，从这些研究中得出的一般原理，对于其他各种组织的管理也是适用的。他在管理方面的主要著作是于 1916 年发表于法国矿业学公报的《工业管理与一般管理》。法约尔的古典管理理论由三方面的思想构成：管理的概念与职能、管理的原则和管理的技能。

1. 管理的概念与职能

在他之前，管理这一概念没有被专门明确地界定，法约尔在他的《工业管理与一般管理》一书中第一次明确地回答了这个问题。他认为，企业的全部活动包括如下六种：技术活动（生产、制造、加工）；商业活动（购买、销售、交换）；财务活动（筹集和最适当的利用资本）；安全活功（保护财产和人员）；会计活动（财产清点、资产负债表、成本、统计等等）；管理活动（计划、组织、指挥、协调和控制）。这样，就把管理作为一种特殊的活动同企业的其他各种活动明确地区别开来，使其自成一个独立的系统，发挥着其他系统无法代替的特有的作用。然后，他把管理概念的内涵作如下概括："管理，就是实行计划、组织、指挥、协调和控制"[1]。计划，就是探索未来，制定行动计划；组织，就是建立企业的物质和社会的双重结构；指挥，就是使其人员发挥作用；协调，就是连接联合调动所有的活动及力量；控制，就是注意是否一切都按已制定的规章和下达的命令进行。

法约尔还区分了"管理"与"领导"概念上的差别，他认为所谓"领导"就是寻求从企业所拥有的所有资源中获得尽可能大的利益，引导企业达到它的目标，就是保证六项基本职能能够的顺利完成，而"管理"只是这六项职能中的一项。领导者的主要活动是管理活动，并通过管理活动推动企业的各项经营活动。

2. 14 项管理原则

法约尔非常重视管理原则的系统化，根据自己长期管理实践经验，总结提炼了 14 项管理的一般性原则，具体如下：

（1）劳动分工

法约尔认为劳动分工是各机构与组织进一步发展的必要手段，它使大规模生产与成本的下降成为可能，每个工人工作范围的缩小，也可以使培训的费用降低。但是劳动分工也是有限度的，经验与尺度感告诉人们不应超出这些限度。

（2）权力和责任

权力是指挥和要求别人服从的力量。法约尔把权力分成为制度权力和个人权力，前者是由职位和地位而产生的，后者是指由管理者的个性、经验、道德品质以及能使下属努力工作的其他个人特性而产生的权力，后者是前者不可缺少的条件，出色的管理者要用个人权力来补充制度权力的不足。法约尔还强调，责任和权力是相互的，凡有权力的地方就有责任，为了保证权力的正确

---

[1] Henri Fayol, Administration Industrielle et General. Paris Dunod, 1916。

使用必须规定责任的范围，制定奖惩的标准。

（3）纪律

法约尔认为，纪律实际上是遵守公司各方达成的协议，它以公司与雇员间的服从和尊重为基础。任何组织要有效地工作，必须要有统一的纪律来规范人的行为，如果没有纪律任何组织都不能兴旺发达。为保证大家都遵守纪律，就必须要求纪律严明，而且高层领导和下级人员都必须接受纪律约束。

（4）统一指挥

统一指挥是一条普遍的永久性的原则，是指一个下属人员只应接受一个领导人的命令。如果这一条不成立的话纪律就受到危害，秩序将被破坏，稳定就受到威胁。

（5）统一领导

法约尔指出，健全的组织应该实行统一思想领导，对于同一目的的全部活动，只有一个领导人和一项计划。统一领导和统一指挥的区别在于：人们通过统一领导来完善组织，而通过统一指挥来发挥人员的作用，统一指挥不能没有统一领导而存在，但并不来源于它。也就是说没有统一领导，就不可能有统一指挥，但是如果有统一的领导，也不足以保证统一的指挥。

（6）个人利益服从集体利益

法约尔认为，一个组织谋求实现总目标比实现个人目标更为重要，个人利益不能置于整理利益之上，但人们在适应整体利益的工作中，无知、贪婪、自私、懒惰、懦弱以及人类的冲动总是使人为了个人利益而忘掉整体利益，因此作为领导，要经常监督下属，也需要以身作则，协调好两方面的利益冲突。

（7）人员的报酬

法约尔认为，报酬是人们服务的价格，应该合理，并尽量使企业和所有人员都满意。报酬率的高低不仅取决于人员的才能，而且取决于生活费用的高低、可雇佣人员的多少、业务的一般情况、企业的经济地位，以及报酬的方式等因素。但报酬方式必须符合3个条件：能保证报酬公平、保证奖励努力的人以激发热情、避免导致超过合理限度的过多的报酬。

（8）集中

这条原则主要讨论了管理的集权与分权的问题，分权是提高部下作用的重要性的做法，而集权则是降低这种作用重要性的做法，作为管理的两种制度，它们本身是无所谓好坏的。他说这是一个简单的尺度问题。问题在于找到一个适合于企业的度。而影响集权与分权的主要因素不是固定不变的，要根据组织规模、领导者与被领导者的个人能力和工作经验以及环境的特点来确定。

（9）等级制度

等级制度法约尔理论的核心，指的是从组织的高权力机构直至基层管理人员的领导系列，它是组织内部传递信息和信息反馈的正常渠道，依据这条路线来传递信息，对于各层统一指挥是非常重要的，但它并不是最快捷的途径。如果企业的规模较大、层次较多，利用这种方法有时会影响行动的速度，而行动的速度则往往与组织的效率相联系。法约尔设计了一种"跳板"，使组织中不同等级中相同层次的人员能在有关上级同意的情况下直接联系。

（10）秩序

包括物的秩序和人的秩序。物的执行要求每件东西都有一个位置，每件东西都放在它的位置上，为此，不仅要求物归其位，而且要求正确设计、选择相对确定的位置以方便所有的工作程序。人的秩序，即社会的秩序，要求每个人都有一个位置，每个人都在他的位置上，完善的社会秩序要求让适当的人从事适当的工作，因此要根据工作的要求和人的特点来分配工作。

（11）公平

公平是由善意与公道产生的，公道是实现已订立的协定，为了鼓励下届忠实地执行职责，应该以善意来对待他们。公平并不排斥刚毅，也不排斥严格。做事公平要求有理智，有经验并有善良的性格。对待下属人员时，应该特别注意他们期望公平与平等的愿望。

（12）人员的稳定

人员的稳定对于工作的正常进行、活动效率的提高非常重要的，人员不必要的流动是管理不善的原因与结果，任何组织都有必要鼓励员工长期服务。一个人要适应新的工作，不仅要求具备相应的能力，而且要给他一定的时间来熟悉这项工作，因为经验的积累、对职位的适应是需要时间的，如果这个熟悉过程尚未结束便被指派从事其它的工作，那么，其工作效率就会受到影响。

（13）首创精神

它是指人们在工作中的主动性和创造性。法约尔认为首创精神是组织力量的源泉，尤其在组织困难的时候，因此领导人员应在不违背职权与纪律的情况下，应尽可能地鼓励和发展员工的这种精神，从而培养成员的敏感性与能力，并推动组织发展。

（14）团结

全体人员的团结是企业的巨大力量，为了实现团结，管理人员应避免使用可能导致分裂的分而治之的方法。此外法约尔还认识到，实现团结的最有效的手段是统一命令；在安排工作、实行奖励时不要引起嫉妒，以免破坏融洽的环境；同时，人员间的思想交流特别是面对面的口头交流，也有助于增强团结。

3. 管理的技能

法约尔认为各种人员在管理的等级中所处的地位不同，其必须具备的能力的相对重要性也不同。对于下属人员主要需要具备某种职能特点的能力，在工业职能里是技术能力，商业职能里是商业能力，财务职能里是财务能力等等；而对于管理人员来说，随着管理等级的不断上升，其管理知识就显得越来越重要了。因此小公司的管理人员应具有比较大的技术能力，而在较大的公司里就应该具有较强的管理能力，而不是技术能力。

同时，法约尔强调了对于管理知识的教育问题，在他看来管理是一种单独的适用于所有类型事业的活动，管理知识是可以通过教育来获得的。由于大公司和其他大型组织日益增长，今后的领导必须接受管理方面的训练，而不是墨守以往的技术教育、商业教育的成规。然而当时的企业领导者却普遍认为只有实践和经验才是走上管理职位的唯一途径，这种错误的看法严重影响了企业和其他大型组织的发展，有必要在高等院校设立管理方面的专业与课程。

三、马克斯·韦伯的行政组织理论

韦伯在组织管理方面有关行政组织的观点，是他对社会和历史因素引起复杂组织的发展的研究结果，也是其社会学理论的组成部分。他的主要著作有：《儒教伦理和资本主义精神》、《社会和经济组织的理论》、《社会学论文集》等。韦伯的行政组织理论由两个方面的内容构成：组织中权力基础与行政组织形式。

1. 权力理论

韦伯指出，任何组织都必须以某种形式的权力作为基础，才能实现其目标。只有权力，才能使混乱变为有秩序。他认为，存在着三种纯粹形态的被社会所接受的权力。第一，理性——法律的权力，它是以"合法性"或"那些被提升到有权指挥的人的权利"为依据的，对这种权力的服从是由于依法建立了一套等级制度，如一个企业、国家机构、军事单位或其他组织，这是对确认的职务或职位权力的服从；第二，传统的权力，它是以古老传统的不可侵犯性，以及执行这种权力的人的地位的正统性为依据的，对于这种权力的服从是对拥有这种不可侵犯的权力地位的个人的服从；第三，超凡的权力，它的依据是对个别人的特殊和超凡的神圣、英雄主义或模范品质的崇拜，或对这个人的启示或发布的标准模式或命令的崇拜。

韦伯认为，在这三种纯粹形态的权力中，必须以理性——法律的权力作为行政组织体系的基础。这是因为它提供了管理连续性的基础；它是理性的，即占据管理职位的成员是在能胜任其职责的基础上挑选出来的；领导者具有行使权力的合法手段；所有的权力都有明确的规定，并仔细地限制在完成组织的任务所必需的范围内。而传统的权力则效率较差，因为领导者不是按能力挑选出来的，单纯是为了保存过去的传统行事。至于超凡的权力则感情色彩太浓，并且是非理性的，它没有规章制度作依据，而是依靠神秘和神圣的启示，所以，传统的权力和超凡的权力都不宜作为行政组织体系的基础。

2. 理想的行政组织

在《社会和经济组织的理论》一书中，韦伯对这一问题进行了讨论，行政组织体系的德文原文又可译为官僚政治、官僚主义，但并无中文中通常带有的贬意，只是指通过职务或职位、而不是通过个人或世袭地位来管理，这是一个有关集体活动理性化的社会学概念；至于"理想的"，并不是指最合乎需要的，而是指组织的"纯粹的"形态。因为，在实际生活中，可能出现各种组织形态的结合或混合，韦伯为了进行理论分析，需要描绘出一种理想的形态，作为一种规范典型的理想的行政组织体系，便于说明从小规模的业主管理向大规模职业性管理的过渡。韦伯认为理想的行政组织是一种严密的、合理的、形同机器一样的社会组织，要使得行政组织发挥作用，管理应以知识为依据进行控制，管理者应有胜任工作的能力，应该依据客观事实而不是凭主管意志来领导。韦伯理想的行政集权组织的主要特点有：

（1）为了组织目标实现，把所需要的每一个工作都划分为各种基本的行动，作为任务分配给组织中的各个成员。组织中的每一个职位都明文规定其权利和义务，经过这样最大限度的分工，在组织的每一环节上，都会由拥有必要职权的专家来完成其任务。

（2）各种职务和职位按照职权的等级原则组织起来，形成一个指挥体系或层级体系。在这个体系中，每一个下级接受其上级的控制的监督，不仅要为其行动负责，还要为自己的下属的行动负责。为了做到这点，他必须对自己的下级拥有权力，能发出下属必须服从的命令。

（3）组织中人员的任用，完全根据职务上的要求，通过正式考试或教育培训来实现。每一职位上的人员必须称职，同时也不能随意免职。

（4）除了某些按规定必须通过选举产生的职务以外，管理人员是委任而不是选举的。

（5）管理人员管理企业或其它组织，但他不是这些企业或组织的所有者。

（6）组织中人员之间的关系是一种不受个人感情影响的非人格化关系，也就是说，他们之间是一种指挥和服从的关系，完全以理性准则为指导，由不同的职位和职位的高低来决定，个人之间的关系不能影响到工作关系。这种公正的态度，不仅适用于组织内部，而且适用于组织同顾客之间的关系。

（7）管理人员领取固定薪金，是一种"职业的"管理人员，有明文规定的升迁制度，按照年资、工作成绩、或两者的综合来考虑升迁。但管理人员是否升迁，完全由上级决定，下级没有发言权，以免破坏指挥体系。通过这种制度，在组织的成员中培养集体精神，鼓励他们忠于组织。

（8）管理人员必须严格遵守组织中规定的规则和纪律。这些规则和纪律是不受个人情感影响，并在任何情况下都适用的。组织要明确规定每一成员的职权范围和协作形式，以便各个成员正确行使职权，减少摩擦和冲突。

第三节　古典管理范式的特征

科学管理理论主要从个人的角度出发，侧重个人效率最大化问题，"自下而上"的归纳管理活动中一般性规律；古典组织理论主要从企业整体角度出发，从管理职能分析入手，"自上而下"确立管理的基本原则，偏重于企业的组织效率最大化；行政组织理论则从一个更为宏大的社会视角切入，在对社会权力合法性解读基础上，探索组织权威的具体运行机制与制度，继而"由一般到具体"聚焦于企业组织的应用与实施。虽然古典组织理论、行政组织理论与科学管理理论在切入点上有所不同，但三者所遵从的基本信念与方法论却存在共性，有着相同"知识硬核"，属于相同范式支配下的不同理论。

一、古典理论范式的基本信念

范式的确立为研究者提供着某种共同的基本信念。信念来源于无数经验的归纳，主要包含着管理研究者的认识论、人性观以及方法论。其中，认识论反映着研究者对管理知识与外部世界关系的总体看法；人性观渗透出研究者对自身本质的认同；方法论体现出研究者对于管理活动中主要矛盾的认识以及如何解决主要矛盾的态度。某一特定范式的基本信念或许并不符合真理，但通过学术共同体的作用，使得研究者们相信其真理性，并在相当长的时间内并不怀疑其真理性。在古典理论范式支配下的三个理论流派，都具有以下三方面相同的信念并构成了一个互为因果的完整逻辑。

1. 主客体二分性的认识论

原始未开化时期，由于人类的认识水平低下，对自然的干预能力有限，人在自然界的能动地位和相对于其他物种的优越性还不能够充分地体现出来，人类仍然把自身与自然物看作混沌不分的统一体。到了中世纪，宗教神学长期处于统治地位，抽象的主体性原则形式上得到了推崇，主体与客体的对立表现为天和人的对立、灵魂和肉体的对立、精神与自然的对立。欧洲文艺复兴运动带来了工商业的大力发展和科学的长足进步，人类认识水平获得了迅速提升，近代哲学探索主客体关系扬弃了过去的从客体入手的方法，转而从主体入手，形成了主体性原则与注重主体的倾向，自培根的"知识就是力量"、笛卡尔的"我思故我在"以来，人与自然之间的主客体二分性认识论，取代了传统文明中天人合一、人与自然不可分的思维方式，这是人类现代转换的重要标志之一，其历史的进步性和它对于近代工业文明的成长具有重要的影响。在这种人类以自我为中心的单向主体性意识的支配下，及"改造自然"、"征服自然"的现代技术行为方式的作用下，形成了近代西方社会对自然世界一种单向的客体化或对象化的征服与控制的社会行为模式。

泰勒、法约尔与韦伯等古典管理学家在管理主体与客体二分的基础上，主张管理职能在企业生产经营活动的独立，将管理的问题看作一个如何将生产要素进行最佳配置与合理充分地利用，从而获得更多的产出的科学性或技术性问题。需要指出的是，从这样的认识论出发，他们并不是把主体与客体之间的关系直接对立，而是强调管理主体与客体之间应该有着明确的边界，管理主体处于指挥地位，客体处于服从地位，他们之间是管理与被管理、改造与被改造、认识与被认识的关系，颠倒主次地位和作用，势必引起混乱，因而管理者必须要了解客体中人、财、物要素的特点，把握管理客体系统的运动规律与趋势，掌握管理的主动权。

2. "经济人"人性观

古典管理学家们继承了自亚当·斯密以来主流经济学对人性

的看法——"经济人"假设，其基本特征是：第一，经济人的行动只受个人利益的驱使，与情感无关，经济利益是其行动的根本动机，在经济生活中总是受到利己的动机所驱使，在做出一项经济决策时，总是深思熟虑地通过成本——收益分析或趋利避害的原则来对其面临的各种可能机会和目标以及实现目标的手段进行权衡，优化选择，以便找出一个方案，这个方案能够使他在预算的约束下，给自己带来最大限度的利益；第二，经济人具有理性，精于计算，根据市场和自身利益情况合理作出判断，只想以最小的投入获得最大的收益，消费者追求效用最大化，生产者追求利润最大化，雇主追求收入最大化；第三，经济人是一种无时不在、无处不到的不具任何特点但拥有完全信息的抽象的人；第四，经济人没有过去，也没有未来，他只存在于现在；第五，经济人是一个孤立、自由的、永恒不变的、始终保持平衡的人。

人的行动离不开动机的驱动，而动机是建立于需要的基础上的，当需要以兴趣、目的、愿望或意向等形式指向一定对象，并激发起人的行动时，就构成了人活动的动机。在历史的发展过程中，人的需要及满足随着生产力的发展与社会关系的变化而不断变化，会受到历史与现实、主观与客观、理性的与非理性等因素的制约与影响，它是复杂与多变的。因而，任何一种人性观都只是一种与特定情境相联系的工具性假设，难以具有普遍与永恒的适用性。古典管理学家们在对市场经济中人"利己"行为的经验考察中，尽可能准确地把握了当时历史情境下人性的复杂本质，即经济利益对人行为的驱动，体现了有效性与简洁性的平衡；并从"经济人"假设出发，构建了有效协调人与人、人与自然以及人与社会环境的关系的管理学范式。

3. 人机关系的方法论

在机器大工业生产条件下，企业生产与经营与市场供需的不确定性程度较小，古典管理组织理论虽然各有其不同的具体内容，但是古典管理学家都毫不例外地在管理主、客体二分性的认识论与"经济人假设"的人性观的基础上，秉承了可知论的世界观，运用人机关系的方法论，侧重于研究组织结构的合理化配置的技术问题，其目的是要提高组织运行的效率。他们认为，由于人是具有完全理性的，掌握完全信息，因而企业的生产与经营活动可以通过一系列契约在"事前"加以明确，而管理就是通过运用科学的方法在技术上使契约充分化与完备化，从而实现企业效率的提高。同时，管理客体都可以接受科学研究，都可以被人认识，管理活动中存在一般性的普遍规律，管理研究的任务就是要运用科学实证方法，从观察经验事实出发，研究和发展企业及管理领域内的一般性普遍规律；管理活动中，具有一定的素质，有一定权威的管理主体要严格按照规律和原则办事，采用理性的思维方式分析并解决管理问题。

二、古典管理范式的思维与分析方法

范式本身蕴涵着独特的思维与分析方法，当某个范式支配着一项研究的时候，这个范式所蕴涵的独特的思维与分析技术就贯彻在这个范式所支配的各种理论当中。古典管理范式的思维与分析方法体现出了很强实证主义特征。

实证主义方法通过归纳的思维方式，以观察事实和归纳逻辑为基础，透过现象的描述和解释概括出理论命题，最后再通过实际案例进行验证。一般首先找出研究对象中所涉及的有关变量，并仔细区分这些变量的重要程度；接着舍去次要变量，保留主要变量，规定一定的假设前提，并给研究变量定义；然后在此基础上运用逻辑推理，提出假说并对未来进行预测；最后用经验事实来验证预测，如果预测是对的，假说就成为理论，否则，假说被否定，或者进行修改，使之成为正确的理论。

古典学家在从事管理研究时，很少从先验性的猜想出发，通过逻辑思辨来得到新的理论，而更多的是从对现实世界观测、调查入手，一般不受个人的个性、知觉、态度、价值观等主观因素的影响，将个人行为及管理活动为具有内在因果关系的客观实在系统，倡导用自然科学或自然主义的方法来研究管理问题，将理论的形成视为概括构造的过程，强调依据观察收集的事实资料，并通过归纳形成定理或理论。因而，提出一系列理论是在一定的假设和定义下推导出来的，而假设和定义则是考察管理活动中客观现象的产物，这就意味着理论来源于实践；验证就是检验，经得起经验事实检验的假说才能成为理论，实践成为检验理论的标准。理论的目的，一方面是给管理活动指示一些必须遵循的准则，另一方面是为管理制度与政策提供理论依据。正如泰勒自己所说的"科学管理的实质并不是那些制度与方法，而是必须用准确的科学与知识来代替旧时的个人判断与个人意见"。[1]

三、古典管理范式的政策纲领

范式具有一套以基本信念为背景的纲领，这纲领是同一范式支配下不同理论中的共识的集中体现，而各种不同理论之间也正是基于这一纲领而在内容与形式上相互联系。古典理论范式共同的政策纲领总体性上体现出理性主义的特点，具体表现于以下四个方面：

1. 分工专业化

分工专业化包括下述两个方面：一是工人的专业化分工，即根据每个工人的体力和智力的具体条件，合理地进行劳动分工，以施展他们的特长，使其充分发挥出自身的最佳能力，从总体上达到提高生产效率的目的；另一方面是管理职能的专业化，首先是管理职能和作业职能（计划职能与执行职能）的分工，即把管

[1]　《科学管理原理》，中国社会科学出版社1984年版，第240页。

理职能从生产活动中分离出来，独立出来，并以受过专门训练的人担任这种管理职能，同时对管理人员进行职责分工，使每个管理人员都只执行某一项或某几项管理职能，并使最高经营者阶层只承担企业例外事项的处理，以提高管理效率。

2. 效率最优化

效率最优化是指企业经营过程的效率最大化，即在社会化大生产条件下，寻求一种最优的人员配置、组织结构与工作方法，以达到最优的生产效率。例如，泰勒提出时间研究的目的在于确定最优的工时定额、提出动作研究的目的在于寻求一种达到最优工时定额的最优操作方法，通过这两项研究，就能达到最优的生产效率；法约尔最关心如何通过计划、组织、协调、领导和控制，在总体上提高组织的效率；而韦伯的"理性化的组织形式"也即最优化的科层结构组织形式。

3. 作业标准化

古典管理范式所体现的作业标准化主要是指操作方法的标准化、作业量或作业速度的标准化和作业条件的标准化。把上述最优操作方法和作业条件作为标准加以推行即为标准操作规程；把上述最优作业速度或作业量作为标准加以推行即为基本工时定额或产量定额，因此，标准化思想是同最优化思想密切联系着的。最优化思想的贯彻为提高生产效率找到了科学的方法，标准化思想的贯彻则把科学的方法和条件作为管理上的要求，使之得以顺利实施，总起来说，上述专业化、最优化、标准化等思想都反映了一切社会化的机器生产普通的客观要求。

4. 结构等级化

结构等级化是指通过科层化制度和规则系统来控制组织中个体的行为。伴随企业规的扩大，企业的经营管理活动必须要建立在理性的基础之上，按照理性规则建立起来的等级化的科层组织中，由于职责被结构化到工作当中，工作在科层组织中进行，科层组织遵循技术规范和规则，而组织确定技术规范和规则的科学依据，在这种情况下，领导人权力的滥用可以降低到最小化，工人的机会主义行为也可以得到有效的监督与控制。在等级化的制度下，工作的精确性、规章性、连贯性、谨慎性、统一性、纪律性和摩擦减小都可以得到保障。

四、古典理论范式的学术建制功能

范式的学术建制功能，表现为对学术共同体内部人员的感召力。范式作为一门科学观念的母体，在一定时期内制约着该门科学的研究方法、技术手段以及学术语言，因此它必须要被学术共同体成员所拥护与运用，如果不存在一个具有感召力的科学范式，研究者就不会聚集起来，而是各有各自的观点、意见与理论态度，而科学的发展也就仍然处于一种前范式阶段。通常范式的学术建制功能是通过学术共同体与践行来发挥作用的。

古典理论范式的所具有的学术建制功能体现在七个方面：对管理研究的正式兴起；大学中管理学专业的开设与专业教师、研究者、学生的数量增加；古典管理学理论著作的大量出版与广泛传播；在世界各地，包括美国、英国、欧洲大陆、日本和前苏联管理实践；出现了权威性的管理学社团以及刊物；科学管理、古典组织管理与行政组织管理理论在其他领域的运用；厄威克和古利克等人对古典管理学理论的总结、集成与系统化。

总的来看，从 19 世纪末到 20 世纪初的一段时间里，古典理论范式的统治地位相当稳固。虽然也出现了反对一些对古典理论范式的"声音"，其中一些理论因为企业竞争中的失败而逐步丧失其影响力，一些因为缺乏检验与应用的条件无法形成相应的思想体系，有的则被吸收到古典理论范式中。

第四节　古典管理范式的形成分析

一、局部委托代理制度下的企业权力关系

19 世纪中后期，随着生产社会化程度的提高，西方国家的产业革命相继完成，所有权与经营权相分离的现代企业制度开始出现，与机器大工业生产相适应的社会分工促使所有者逐步从经营过程中退出来。

在这一时期，公司所有者虽然大多不再直接从事经营活动，但少数大股东（一般为本公司创业家族）通过持有较高比例的股票依然对公司的股份进行着控制，并对公司的经营战略、董事会和高级管理人员的任免有重大的有时甚至是决定性的影响，总之经营者还依附于所有者。同时在这一时期，科学技术不断进步，生产力有了迅速发展，生产和资本的社会化程度明显提高，生产规模扩大，企业内部和外部专业化协作程度较高，市场范围拓宽，竞争更为剧烈，对经营者知识化、专业化的要求愈来愈高。而所有者一方面由于自身知识素质、专业领域和管理水平的限制，往往难以胜任经营者的职能；另一方面又由于体力和精力的限制，即使再精明能干，也不可能亲自把企业一切对内、对外业务包揽无遗，而必须选择精通专业知识、会管理、忠诚、尽职的人才，实行经营者职业化，根据所有者的授权和委托，由经营者在其职权范围内，充分发挥其聪明才智，从而提高经营效率，实现企业的良性循环。

当时，作为代理人的技术官僚与专职经理，虽然掌握了企业经营活动中几乎全部的日常组织管理的控制权与部分决策权，但

他们却不具有任何剩余索取权，这样的控制权与剩余索取权安排，在局部委托代理关系的企业制度出现后的很长一段时期内是一种既定的制度；另外，在一般要素市场上，虽然经理人市场已经发育，但充满竞争性的、统一的、规范的代理人市场尚未完全形成。在代理人通过分成制等激励制度安排的显性激励机制，与通过竞争性的代理人市场的隐性激励机制都不存在的条件下，组织迫切需要具备一套有效管理知识，以适应这种局部委托代理制度下的企业权力关系。在当时机器大工业生产的背景下，企业在经营过程中所面临的不确定性以及市场的不确定性相对较小，因而在"经济人"假设的前提下，通过在"事前"建立一系列尽可能完备的代理契约来约束代理人行为，是使代理成本最小化，相对最有效的监督与激励的机制。而这一类型的代理契约在企业生产与经营过程中表现为管理工作标准化、程序化、系列化、数据化，决策科学化；以及通过建立内部纵向一体化的科层官僚控制结构，明确岗位职责与管理过程，建立技术与行政的连锁关系等管理模式。

在这种管理模式的应用过程中，一方面为企业所有者在管理上设置了一个"易出不易进"出口，使他们从日常经营管理领域退出成为可能，促进了企业规模的不断扩大；另一方面，也为技术官僚与专职经理提供了一个发送自身能力信息的信号工具，降低了在代理人市场尚未发育时选择代理人的成本，同时，他们所掌握的管理的专业知识与技能，也提高了自身拥有的人力资本的专用性程度，大大增强了"事前"谈判的能力，因而受到委托人与代理人的认可与欢迎。大量的相关调查与研究在西方企业界展开，一系列的相应的管理工具、模型与技术被开发出来，推动了"科学管理理论"与"古典组织理论"的形成，古典理论范式得以确立。虽然也有一些人试图从其他方面建立相关的管理学理论体系，例如工业心理学前期的行为科学研究等等，但在当时机器大工业生产与西方的市场经济和私有产权经济初步建立完善条件下，局部委托代理关系企业制度已经通过自发的契约谈判得以形成，并在与其他形式的企业以各自的行为的竞争中取得了优势，因而其他管理学理论与方法不能适应局部委托代理关系企业中委托人对代理成本最小化的要求，以及代理人市场尚未完全健全的条件下管理人员的自身需要，其他人的努力也就未能获得成功，古典理论范式的统治地位相当稳固。

二、规训技术的发展与扩散

在局部委托代理关系的企业制度下，古典理论范式形成具有其历史的必然性，而同时，规训技术不断向企业地扩散与延伸，为古典管理范式下的知识硬核的具体形成提供了具体的内容。

1. 规训与早期管理思想的形成

启蒙运动以前，权力是由某一个人或团体掌握（如国王与教会），在自给自足的自然经济条件下，在某种程度上，国王掌握"完全信息"，因为他们是作为上帝在世界上的代表，是决定真理的人。当时社会权力体现一种"个体性向上递增"特征，即越有权势的人越具有个体性，农民往往被看作是无差别的一群人。因而重要国家或君主的实力、财富与权力，而人民及其权力义务是不被看作是目的，而是被当作资源。通过对普通人及其行为加以利用、管理，来保障国家的生存与发展。

规训在这样一种社会权力结构下，作为权力的行使方式是以一种直接作用于身体的、野蛮的和公开的方式进行，当臣民反抗君主时，这种罪行必须是"记录"在罪犯的身体上的，并且公开展示，以表现王权的不可侵犯的性质和反抗王权的后果。因而，无论是在埃及的金字塔的修建、中国长城与运河的建造、还是中世纪的西欧教会的商业贸易中，早期的管理思想都表现为一种以严格社会等级制为基础的"统治术"的特征。

2. 启蒙运动后新型规训技术的形成

在启蒙运动后，社会权力关系由国王的神圣统治变成了民主制度的"空位"，国家怎样确定发展方向，怎样维护与运作仍然是一个问题。被清空的君主的权力位置需要有新的"隐形"权力来填补。然而，权力不属于任何人，不能被任何人单独占有，而是通过协调国家内不同领域、制度、行政机构和其他团体的关系来运作，这些权力关系并非固定不变的，权力会很快的从一个地点或领域转向另一个，因而权力又是易变的具有流动性，同时社会权力关系体现一种与原先相反的"个体性向下递增"特征。

在这种社会条件下，福柯认为，启蒙运动前的君主权力被他称为"生命权力"的东西所取代。"生命权力"是指随着社会与人类科学的兴起而发展出的科学，它把人类的身体和行为看作知识的研究对象。而这些知识又创造出不同的社会范畴（如好人与坏人、正常人与疯子等），从而制造出人们的主体性，同时这些知识又导致了各种机构与管理技术的兴起，它们管理并控制人们及其行动。与之相适应，规训作为权力的行使方式，形式也发生了变化，从作用于身体、野蛮并公开的方式，转变为"层级监视、规范化裁决、书写权力、考试/检查"为主的新规训技术，而这种新的规训技术更隐蔽、更有效且更加可行。

3. 规训技术的向企业的延伸

监狱是一种典型的规训作用形式，从公开处决到监狱刑罚的转变，是从一种惩罚艺术向另一种毫不逊色的精巧的惩罚艺术的转变，这是一种技术上的变化。他深刻指出，"当整个社会处在制定各种程序，分配人员，固定他们的空间位置，对他们进行分类，最大限度地从他们身上榨取时间和力量，训练他们的肉体，把他们的连续动作编入法典，维持他们彻底可见的状态，在他们周围形成一种观察和记录机器，建立一套关于他们的知识并不断积累和集中这种知识时，监狱已经在法律机构之外形成了。如果一种机构试图通过施加于人们肉体的精确压力来使他们变得驯顺和有用，那么这种机构的一般形式就体现了监狱制度"。[1] 监狱是对受规训者的所有方面全面负责，包括身体训练、劳动能力、日常行为、道德态度、精神状况；同时监狱又是一种封闭的规训，没有受到外界干扰，没有任何内部的断裂，直至目标实现。因此，监狱是一种不停顿的规训；监狱的规训对于罪犯实施的是一种几乎绝对的权力，它最大限度地强化了在其他规训机制中的各种做法，更为彻底和有效地实现规训的目标。可以认为，监狱是最为成熟、最为典型的规训体现，是规训技术的集大成。在监狱发展中引发并导致的"层级监视、规范化裁决、书写权力、考试/检查"等规训的技术，逐步传播到了学校、医院、军队等其他社会领域，并延伸到企业，规训的力量遍布西方文化与整个社会，只不过监狱与这些社会机构相比，规训程度更为彻底而严厉的而已。

当规训传播到教育领域后就不仅仅是一种权力方式，同时也是一种知识形式，带双重意义的规训，逐步渗透进个体，再传到社会。现在看起来，首批具有"知识"和"规训"双重意义的公共机构，是18世纪末期的精英学院。在这些学院里，"知识/权力"的新发明是把三种教育实践方式：频繁而严格的考试检查与评分、大量的学生书写作业和为学生而做的文书工作联系在一起，使知识的生产与传播在一套严格的学科规训下实现。古典管理学知识的形成，与规训在教育领域中应用具有直接的联系。

三、基于规训的古典理论范式知识硬核的形成

小艾尔弗雷德·钱德勒在他的名著《看的见的手：美国企业的管理革命》书中详细介绍了，马萨诸塞州斯普林菲尔德的美国陆军兵工厂的情况，该工厂有250名工人，是19世纪几十年来

---

[1] 米歇尔·福柯：《规训与惩罚》，上海三联出版社1999年版，第259页。

美国最大的金属制品工厂，钱德勒认为现代的工厂管理起源于美国斯普林菲尔德的兵工厂："严密的质量控制及存货盘存记账制等革新的方法，使斯普林菲尔德兵工厂在发展低成本、高生产率的'美式生产制度'中起了主要的作用，这是第一个利用可替换零件实现综合大规模生产的制度"[1]。钱德勒还提到了美国的铁路企业，他认为西部美国西部铁路公司，是美国大企业第一个使用现代化及有明确规定的内部组织结构。[2]

在重新的分析中，有学者发现在美国企业的这些管理变革之间，存在着相互关联的地方。首先，斯普林菲尔德兵工厂的经济突破和管理优势，并非来自使用可更替零件作大规模制造的技术成就，亦非存货控制所带来，而是由规训实践方式的应用所带来。1832 年，一名叫丹尼尔·泰勒的年轻陆军中尉在斯普林菲尔德进行了一项时间与动作研究。他花了 6 个月的时间，表不离手地测试每个生产程序，不仅是检测已完成工序的平均数，还计算了优秀工人正常工作能达到的定额，定出了公平的标准报酬率，他的研究比泰勒使用相同方法的"科学管理"要早 50 年。这个新方法最初受到工人的抵制，到了 1842 年才能实施。这方法实施不久，就制订并实行了生产及单位成本定额制。

铁路的情况也大致相同。早在 1839 年西部铁路开始运作时，就已经建立了生产与参谋并列的新体制。这个新组织制度的发展，要归功于另一名被调到铁路当总工程师的陆军军官惠斯勒。从一开始，惠斯勒所实行的制度便得到充分的发展。他领导一个包括一个中央办公室及三个执行部门的系统。铁路各部门直接向他负责，命令通过他亲自领导的中央办公室，下达给另两个部

---

[1] 小艾尔弗雷德·钱德勒：《看的见的手：美国企业的管理革命》（中文版），商务印书馆1987年版，第85—86页。

[2] 小艾尔弗雷德·钱德勒：《看的见的手：美国企业的管理革命》（中文版），商务印书馆1987年版，第95—111页。

门——运输及机械部的领导，下面的信息也是通过中央办公室往上传。各部门领导手下分别有三个分区经理，分区经理下面是当地经理。

作为技术官僚与支薪经理，斯普林菲尔德兵工厂及西部铁路的这两位先驱以前都从未经营过企业，他们的一个共同点就是都曾在美国西点军校当学员，是同班同学，接受过相同的专门训练，并于1819年同期毕业。他们进入西点军校不久，第四任校长塞耶刚到过欧洲公费考察教育新趋势，他从法国综合工科学校带回以不断地书写、考试及评级为基础的新科学化课程及规训教学法，运用从法国学到的经验，他把西点改造成一所纪律严明的现代化学校。

塞耶参照法国模式，不单创造了档案系统，用分数评估一切学术表现，记录学员的所有行为，还像一个现代行政总裁那样管理学校。他本人几乎从不亲自出面，只用书面形式在只有二百人左右的校园内下达命令。最特别的是，他推行了自己的生产与参谋并列体制，他把学校分成两个"部门"，每个部门设立一个部门管理系统（包含教员与学员）。每日、每星期、每月都要写书面报告，从上到下的指挥、从下到上的报告，都以书面形式接力传递。各级的信息、报告由各部门汇总，再上报"中央办公室"。中央办公室成员包括塞耶本人、他的私人秘书及两个经过仔细挑选的学员，惠斯勒便是其中之一。事实上，惠斯勒和泰勒把在军校学到的规训实践形式应用于商界，所以时间与动作研究及生产与参谋并列体制源于同一个制度，就是塞耶在西点军校所执行的制度。

19世纪30、40年代美国企业经过了最早的革新后，到了50年代，在结构上又有了重大的发展。在这些发展中，宾夕法尼亚铁路的贡献最大。宾夕法尼亚铁路建于1847年，当时情况非常艰难。铁路的起点原在费城以西五十英里处，50年代中期才迁至费城。因为管理得法、策略成功，到了 1870 年成为美国首屈一指的铁路。钱德勒甚至这样说："他们的成绩显著，使宾夕法尼亚铁路成了全国最大的企业，且以最有成效的管理著称。"[1]

当时，宾夕法尼亚铁路管理体系的构建者是总指挥豪普特。1849 至 1855 年间，他解决了两个关键问题：如何建立一个独立的交通部门，以及如何组织一个中央办公室，即一个能有效地处理日常的运作，又能制订成本、有竞争力的价格及扩展策略的办公室。豪普特改变了常规的企业管理，他把宾夕法尼亚铁路企业重组成一个积极进取，面向未来，以数字管理，完全按书写中心运作的组织。豪普特同时又对企业引入一套新的以可计量制度，他通过量度一系列活动而建立了一个成本分配制度，这一套简单可行的办法，能直接掌握运输成本与收益。

豪普特之所以这样做，是因为他同泰勒和惠斯勒一样，也是西点军校塞耶校长的又一个"成功作品"。不过他是第二代的学生，1835 年毕业，那时，塞耶已完善了他的训规制度，特别是把数字评分由学术表现扩展到行为方面，推行了操行缺点制，缺点累积超过 200 点就会立刻被开除。1831 年，豪普特进了西点军校，当时才 13 岁。一年级时他的表现不好，1833 年 6 月，到二年级学年期末，他的缺点已经累积到了 200 点。期末考试后，他觉得有一科考得很差，突然意识到这是自食其果，有可能被开除，他感到很惭愧，便暗下决心，只要不被开除就一定不再游手好闲，虚度年华。后来，他并没有违背诺言，开始严于律己，过着严格的规训生活。他加入宾夕法尼亚铁路工作之前，在办了一所私立学校，完全按照塞耶的原则管理，包括采用操行优点制。这就是豪普特为什么忠实执行规训原则的原因。

宾夕法尼亚铁路培养了一批卓越的人才，第一任总工程师汤

---

[1] Chandler, Alfred, The Railroads: Pioneers in Modern Corporate Management, Business History Review, 1965, pp. 16-40。

姆森（1850年被雇为站长，1858年为铁路的副总裁）；1862年南北战争时期被支持联邦政府一派任命为主管铁路的副部长的斯科特；还有斯科特的门生卡尼基，卡尼基后转到钢铁工业，并成功地把宾夕法尼亚铁路的管理制度引入钢铁工业，推行了一套优越的管理制度，因而成了美国管理史上举足轻重的人物。

200年来，西点军校为美国培养出了3位总统，5位五星上将，近4000名将军，不但如此，大批的西点军校的毕业生在企业界同样获得了非凡的成就，可口可乐、通用公司、杜帮化工的总裁都出身于西点。美国的商业年鉴显示：在美国的大企业当中，西点军校培养出来的董事长有1000多名，副董事长有2000多名，总经理、董事有5000多名。可以说任何一个商学院都没有培养出这么多优秀的管理人才。在19世纪美国大企业的兴起与局部委托代理关系企业制度的普及中，正是西点军校的毕业生们，将"层级监视"、"规范性裁决"、"书写权力"、"考试/检查"等规训制度，从军校引入到美国的军工企业和铁路公司的管理中，随后通过被它们训练并规训了的经理们的流动而溢出到美国的其他企业中，逐步形成了一种以规训为核心的企业管理知识硬核。

正如米歇尔·福柯所说指出的："权力和知识是直接相互连带的。不相应地建构一种知识领域就不可能有权力关系，不同时预设和建构权力关系就不会有任何知识，知识的形成和权力的增强有规律地相互促进，形成一个良性循环。"[1]科学管理理论，实际上就是对这种19世纪初期开始延伸到西方企业界的规训制度的总结。如果我们将科学管理与规训制度相对比就可以发现：泰勒所提出的定额管理、人事管理与差别计件工资报酬制度、职能管理、标准化管理分别是规训制度中"考试/检查"、"规范性裁决"、"层级监视"与"书写权力"的直接体现。古典理论范式实际上就是一种"全景敞视塔"的企业版本，是一种基于企业内部

---

[1]　米歇尔·福柯：《规训与惩罚》，上海三联出版社1999年版，第29页。

组织的规训技术的理论，是一种关于权力技术的知识。同时，古典理论范式确立过程中所形成的学术共同体，通过关乎知识的组织、大学制度、学术操控机构以及相匹配的控制方法等学科规训机制，来实现专门知识的生产与传播，并划定管理学知识的边界与制定"真理"的标准。古典理论范式的确立可以被看做是一个"关于规训的知识被纳入规训的结果"。

总而言之，古典管理范式的形成，是"知识硬核"、"学术建制"与"企业权力关系"三者由环境因素变化所驱动的演变中相互作用的结果。19 世纪末至 20 世纪初，"知识的需求与供给"、"研究纲领形成与转换"、"知识 / 权力循环"三个维度在同一时间与空间范围内实现了均衡。人们对企业管理实践与研究中的知识创新基于规训的知识硬核上展开；管理阶层的出现与职业经理人市场的发育，为学术共同体与管理创新实践者之间提供了联系的渠道，在实践中形成的关乎管理的知识，具有了学术建制上的保障，分散的研究者之间得以有效地联系，推动基于规训知识硬核的管理理论的传播；同时，在学术共同体内的管理知识创新，又完全适应局部委托代理制度下企业权力关系的实际需求，被企业与正在形成中的管理阶层所接受，在持续与广泛的实践检验中形成了完整的古典管理范式。

第三章　行为科学范式

行为科学的正式提出是在 1949 年。当时一批哲学家、社会学家、心理学家、生物学家和精神病学家在美国芝加哥大学举办了一次跨学科的科学会议，讨论了用现存的知识来发展关于行为的一般性理论的可能性，并首次提出行为科学这一名称。此后，行为科学的研究受到社会的广泛重视。作为一门综合性的学科，其本身有一个发展过程，因而对行为科学的涵义来说，有着各种不同的理解和解释。概括来讲，有广义和狭义两种理解。广义的理解，把行为科学解释为：包括研究人的行为以至动物的行为的多种学科，是一个学科群而不只是一门学科，所以在英文中用的是复数形式。狭义的理解，把行为科学解释为：运用心理学、社会学等学科的理论和方法来研究工作环境中个人和群体的行为的一门综合性学科，不是一个学科群，所以在英文中大都用单数形式。至于管理中所涉及的行为科学，则专指狭义的行为科学。为了区别于前面提到的广义的行为科学，一些学者在六十年代中期又采用了一个更有限制性的名称——组织行为学，来专指狭义的行为科学，即对组织内部的行为进行研究的学科；同时，现代的管理心理学也是行为科学主要的组成部分。在本书中所涉及的行为科学范式，主要是指狭义的行为科学范畴。

事实上，对管理中人的行为与心理的关注几乎与古典管理范式同时出现，社会学家与社会心理学家在霍桑试验以前已开始形成管理中的行为科学思想。但当时所进行的研究与试验的结果对古典管理范式只是形成了一定的挑战，范式竞争的格局并未形成。二战以后，行为科学理论的影响不断扩大，20 世纪 50 年代，逐步确立了其与古典理论范式相竞争的地位，并以此为开端，管理学的发展进入到一个范式竞争的时期。本章将在总结行为科学范式理论构成与特点的基础上，探讨行为科学范式形成的历史逻辑。

第一节 从古典管理范式到行为科学范式

丹尼尔·雷恩曾指出"管理思想中的时代从来不会在某一年份截然地开始和结束。相反的，存在着旋律的重叠，各种主题在大调、小调的各种调式的变换中演奏出来。社会人时代这一概念所反映的，与其说是管理行为所确立的准则，不如说是当时正在涌现出来的一种管理哲学。社会人产生于科学管理时代的后期，但直到三十年代才引起较多的注意"[1]。雷恩在管理思想史实分析中的发现，为我们展示了管理学的发展从"范式确立"到"常规科学"，再到"科学危机"所经历的过程。

由环境因素所决定的企业权力关系的改变往往不会是一蹴而就的，总是经历着量变到质变的过程。在这个过程中，知识的发展也与之相适应，理论变形的骤增，正是科学危机的一般迹象。在对古典管理范式的怀疑中在其诞生时就已存在，在对古典理论的不断完善与修正中，造成范式结构愈来愈模糊，基于共同信念的感召力在不断下降，学术规范学术变得愈来愈松弛，共同体成员出现了分裂，竞争的知识开始涌现了。在反思与争论中，使研究者失去稳定和方向，同时也给他们带来批判精神和创造精神。这也正是危机在管理学发展中起到的最积极的作用，它不仅是新范式出现所必要的前提条件，而且是新范式涌现的一种前奏。从古典管理到行为科学，从管理学的范式确立到范式竞争，前奏中变换着"人"与"社会"的旋律。

---

[1] 丹尼尔·雷恩. 管理思想的演变. 北京: 中国社会科学出版社, 1997, pp: 307。

一、早期的人本主义精神

罗伯特·欧文是 19 世纪初最有成就的实业家之一，是一位杰出的人本管理先驱者。他在人的因素与机器时代之间试图建立新的平衡关系，对工人的激励除了借助于金钱还想求助于人心，他对后来行为科学范式的影响是深远的。

1799 年，欧文同他的合伙人以 6 万英镑的价格购买了苏格兰格拉斯哥拉纳克镇外一英里的一家大型企业，它包括一个棉纺厂、一个机器制造厂和一个占地 150 英亩的村庄，这就是"新拉纳克纺纱公司"，也是欧文人本主义管理的试验区，1800 年，欧文卖掉了他在伦敦的工厂的股份，来到新拉纳克一心一意进行他的管理试验。根据欧文的自传，雷恩对他在新拉纳克纺纱公司管理试验的目的进行了总结：

> 欧文嘲笑他的制造商同事不理解人的因素。他指责说，他们宁愿花费数以千计的美元购买最好的机器，可是却只用最少的钱雇用劳动力。他们情愿把时间用来改进机器、使劳动专业化和减少开支，但是却不愿对人的资源进行投资。他要求利用人的爱钱财的本能。他说，如果把钱用来改善劳动的话，那么这笔钱给你带来的收益将不是你用去的资本的 5%、10% 或者 15%，而是 50%，在许多情况下甚至会是 100%。他宣称他在新拉纳克获得了 50% 的利润，而且还说不久就会达到 100%。他说，对人表示的这种关心是可以得到更多的好处的，而且也将有助于减轻"不断加剧的人的痛苦"。[1]

从对人力资源投资与改造的目的出发，欧文在工厂内推行了一种新的管理制度，其核心是废除体罚手段，强调道德观念对人

---

[1] 丹尼尔·雷恩. 管理思想的演变. 北京: 中国社会科学出版社, 1997, pp: 77。

的行为引导。他发明了一种"沉默监管方法"，根据工人在工厂的表现，将工人的品行分为恶劣、怠惰、良好和优质四个等级，用一个木块的四面涂上黑、蓝、黄、白四色分别表示。每个工人的前面都有一块，部门主管根据工人的表现进行考核，厂长再根据部门主管的表现对部门主管进行考核。考核结果摆放在工厂里的显眼位置上，所属的员工一眼就可以看到各人木块的不同颜色。这样，就能够很直观地对工人的劳动情况进行评价。刚开始实行这项制度的时候，工人表现恶劣的很多，而表现良好的却很少。但是，在众人目光的注视中和自尊心理的驱使下，表现恶劣的次数和人数逐渐减少，而表现良好的工人却不断地增多。为了保证这种考核的公正，欧文还规定，无论是谁认为考核不公，都可以直接向他进行申诉。同时，部门主管考核员工，经理考核部门主管，同时辅之以越级申诉制度

欧文还注重对企业环境的改善，使工人在有序而卫生的环境中工作与生活，增进人的满足感与幸福感，从而改变"罪恶的行为"，提高人力资源的素质。他提前更新旧机器，尽量改善设备布局，努力搞好清洁卫生，主动把工人的工作时间从 13～14 小时缩短到 10.5 小时；投资改善工人的居住环境，为了使工人的闲暇时间有正当向上的娱乐和学习，消除酗酒斗殴等不良风气，专门建造了供他们娱乐的地方等等。虽然，他采取这些措施必然会提高劳动生产率，但其主要目的不是提高劳动生产率，而是对人的改造。

除欧文之外，亨利·普尔也是一个重要的代表。他于1849-1862 年长期担任《美国铁路杂志》主编，是铁路企业管理经验的有力支持者和宣传者。在他的努力下，《美国铁路杂志》成为当时主要的商业刊物，为铁路投资者和经理人员提供大量可靠的管理信息。在他的管理思想中，非常注重企业中人的因素，寻求广泛的原则来消除"把人看作机器"的危险。他提出，领导

者应该灌输团结精神和克服单调无味，照章办事的情绪，保持人的自觉性，各部门的生气和服务精神。"如果把人看成是机器，那么只要支付工资就能使一个人具有做一名听话的仆人所需要的全部品德。但是，对任务不能总是做出硬性规定，最宝贵的东西常常是自觉自愿。如果对任务做出严格规定以及对管理实现官僚体制化，那么就将会减弱激励因素，并且按照普尔的看法，必然会使铁路遇到军队和政府的那种由于死板的管理结构而必然产生的同样问题。普尔的解决办法是培养一种能通过向组织灌输团结精神而克服掉单调无味和照章办事的情绪的领导"[1]。

　　早期的人本主义先驱者在员工激励和通过观察获得管理经验方面展现了先见之明，直到过了一个世纪以后才被人们所欣赏。虽然在实践中取得了很好的效果，但同时代的工厂主却很少采用他们的主张。他们的观点被认为太超前、太激进的原因在于，人本主义思想与当时历史情境下的企业权力关系存在着难以调和的冲突与矛盾，导致广泛应用和实践检验的缺失，加之没有相应的学术建设保障，只能停留于个案与经验当中。

二、古典管理范式下对心理与社会因素的研究

　　在19世纪末至20世纪初，古典管理范式的发展处于常规科学时期，心理学家和社会科学家从科学管理上获得的灵感被运用在员工选拔与教育的大量系统研究当中，其中最具有代表性的是胡戈·蒙特斯伯格和玛丽·福莱特。

　　胡戈·蒙特斯伯格是工业心理学的主要创始人，被尊称为"工业心理学之父"。他1863年出生于德国但泽，1882年毕业于德国但泽大学预科学校，继而先后求学于瑞士日内瓦大学、德国莱比锡大学和海德堡大学，师从现代科学心理学的创始人、德国著

---

[1] 丹尼尔·雷恩. 管理思想的演变. 北京: 中国社会科学出版社, 1997, pp: 107。

名心理学家威廉·冯特。蒙特斯伯格在德国莱比锡大学的心理学实验室中受到了正统的学术教育和训练，于 1885 年获得心理学博士学位。1892 年应美国著名心理学家威廉·詹姆斯的邀请来到哈佛大学，建立了心理学实验室并担任主任。在那里，他应用实验心理学的方法研究了大量的问题，包括知觉和注意等方面的问题。蒙斯特伯格对用传统的心理学研究方法研究实际的工业中的问题十分感兴趣，于是他的心理学实验室就成了工业心理学活动的基地，成为后来的工业心理学运动的奠基石。

　　1912 年，蒙特斯伯格出版了《心理学与经济生活》一书，他认为，心理学应该为提高工人的适应能力与工作效率作出贡献，并提出了与泰勒的科学管理密切相关的思想，主要包括三个方面：第一，最适合的人，即研究工作对人的要求，识别最适合从事某种工作的人应具备什么样的心理特点，将心理学的实验方法应用在人员选拔、职业指导和工作安排方面，根据个体的素质以及心理特点把他们安置到最适合他们的工作岗位上；第二，最适合的工作，即在什么样的心理条件下可以让工人发挥最大的干劲和积极性，从而能够从每个工人那里得到最大的、最令人满意的产量。他发现，学习和训练是最经济的提高工作效率的方法和手段，物理的和社会的因素对工作效率有较强的影响，特别是创造工作中适宜的"心理条件"极为重要；第三，最理想的效果，即怎样的情绪能使工人的工作产生最佳的效果。蒙斯特伯格对于这几个目标中的每一个目标，即在挑选工人时采取测试方法的研究方面，在培训工业人员中应用关于学习的研究方面，在对增加工人干劲和减少疲劳的心理方法的研究方面都提出了明确的建议，并用从研究电车司机、电话接线员和高级船员搜集的证据来具体地说明他的建议。

　　总的来看，蒙斯特伯格的主要研究对象是如何实现个人在工业中的最高效率和创造最适宜的工作环境条件。他认为，个人在工业环境中的最高效率，只有确保他在那种环境中获得最满意的适应时才能实现；选择适应个人体力、心理特征的工作条件，这不仅是生产力增长的重要因素，也是减少工人同企业主矛盾冲突的重要因素。他的研究成果在一定范围内被应用于职业选择、劳动合理化，以及改进工作方法、建立最佳工作条件等方面。

玛丽·福莱特是一位著名的社会学家、政治学家和社会工作者，她将自己在其他领域中取得的知识和经验引入到了商业组织与管理之中。她认为，正如在政府和社会工作中那样，对于企业来说，团体工作和借助团体的自我管理可以确保获得最大的满意度和成效。她涉及管理研究的时候恰逢美国工业的高速增长期，社会环境不可避免地受到这方面影响，管理问题自然随之增多，在古典管理范式确立的条件下，福莱特扮演了一个建立管理哲学的角色。尽管她自己并没有从事过企业管理的具体工作，但很多企业家和经理人还是经常向她请教自己所遇到的冲突、权力、威信、领导、控制等方面问题。她自然而然地将自己在社会科学方面的知识和心得运用到解决这些问题当中，她在研究中注重从局部和整体两方面加以调查，掌握相关技术、人性的复杂性和市场需求之间动态的相互作用，在总体上进行分析的基础上，进而提出解决方案，并放到企业的实践中去检验其可行性。

福莱特认为，社会的基本单位不应该是一个个孤立的个人，而应该是群体中的个人，个人需要通过所归属的群体去获得认同并发挥潜能。她将管理者和被管理者基本视为同一类型，科层制组织中的层级管理，并不会对现实和人们日常所需产生什么大的影响，控制和权威对于建设性地解决冲突而言，也没有什么长期效力，冲突双方必须各自寻求自己的解决方案，直到达成一个双方都满意的结果。她提出"权力分享"的概念，强调管理者应与员工分享权力，而非凌驾于员工之上的做法来发展和统一群体的思想，基于服从主义对权威的粗暴使用对员工有害无益，不可能成为有效管理的基础，配合与协作会比等级控制给每个人带来更大的好处。因而，管理的权力与职责应当分散到整个企业，而不要集中于最高领导层。最高领导者在预测下一阶段企业发展状况的同时，应当处理好分权和明晰职责的问题，以使整个组织进入群体行动和思考的状态。在此基础上，福莱特总结了进行有效管理的四项基本原则：协调要考虑某种情境中的所有因素之间的相互关联性；协调要通过相关责任人之间的直接联系来实现；协调要始于设计项目或形成政策的最初阶段；协调是一个持续的过程，即没有已经实现的一致性，只有不断趋于一致的过程。

蒙特斯伯格与福莱特的思想超前于他们所处的那个时代，他们着眼于心理与一般社会问题，为古典管理范式下管理的研究引入了一种新的社会学与心理学维度，推动了对科学管理的质疑与修正的展开，为古典管理范式的科学危机埋下了行为科学的"种子"。

三、人际关系学说

如果说古典管理范式下对心理与社会因素的研究是行为科学范式的"种子"的话，那么人际关系学说的提出可以看作是这颗"种子"破土而出标志。

人际关系学说的形成源自"霍桑实验"。从 1924 年开始到 1932 年结束，美国西方电气公司在芝加哥附近的霍桑工厂进行了一系列实验。整个实验共分 4 个阶段：车间照明变化对生产效率影响的各种实验；工作时间和其他条件对生产效率的影响的各种实验；了解员工工作态度的会见与交谈实验；影响员工积极性的群体实验。这次实验最初的目的是根据科学管理原理，探讨工作环境对劳动生产率的影响。实验结果出乎研究者预料，不论照明程度提高还是降低，产量都增加了，当时实验者无法对此做出合理解释。

从 1927 年开始，梅奥和罗特利斯伯格参加到该项实验中，他们研究了心理和社会因素对工人劳动过程的影响。1933 年，他们出版了《工业文明的人类问题》，这本书包含了许多有关霍桑实验的短文和演讲稿，基于所发现的一些重要的实证性依据，总结了有关的精神病学、心理学、生物学、政治理论、社会人类学、生物化学、经济学和社会学方面的理论与研究发现，从人的行为与心理的一般规律出发，提出了一系列不同于古典管理范式的新思想，即人际关系学说。其主要内容包括两个方面：

1. 人际关系技能

梅奥等人认为，传统社会和小集体中的社会合作源于人们对社会规范的无意识遵守，而现代社会破坏了传统的规范，导致大量不适应社会环境的个体的出现。工人过去一直不能为他们在职业生涯中表达个人问题和不满找到出路，问题在于管理阶层认为工业问题关乎技术效率的发挥，而实际上却在于人和社会方面，要解决这个问题要依靠经过良好训练的管理精英，由他们来发展和促进社会合作的技术与途径。

他对比了霍桑实验中继电器装配实验室和继电器绕组实验室的情况：装配实验室工人们具有良好的满足感和适应性，产量得到节节提升，因为管理者无意识地创造了一个培养社会团体的积极环境；而绕组实验室管理者却并没有这样做，工人由于缺乏满足感和适应性，生产效率不高。据此，他提出，要给工人更多的自由去决定他们所处的工作环境条件和建立他们自己的产出标准，来提高满意度；要增强管理者和工人的互动与合作创造出较强的凝聚力；产出取决于工人的心理条件而不是物理工作条件。因而，他强调管理者必须考虑工作场所的人性维度和社会维度，不能只是沉迷于对组织技术工作的控制，而要在技术化组织和人性化组织之间争取到一种平衡。管理者需要在理解工人的个人问题以及学会倾听和并在交流技巧方面得到训练，不应该冷漠，而要更多地以人为本，表现出对员工的关心，提高处理人和社会关

系方面的技能，如理解人的行为、劝说、激励、引导和交流方面
等技能。

2. 非正式组织

通过对投入产出关系的分析，梅奥等人认为，工人在企业内
部共同劳动的过程中，必然会发生一些工作以外的联系，这种联
系会加深他们的相互了解，从而能形成某种共识，逐渐发展成为
一种建立于社会性规范基础上的相对稳定的小集团，即非正式组
织。这类组织中有一个为其成员所广泛认同的产出标准，在内部
团结并敌视管理者的基础上发展出一套自身的行为准则，企业的
产出与生产效率往往是由这种非正式组织决定的，而不是正式组
织。作为企业员工间情感交流的主要渠道，其意义与作用不可低
估：首先，它保护工人免受内部成员疏忽所造成的损失，如生
产过多以致提高生产定额，或生产过少引起管理当局的不满，并
加重同伴的负担；其次，它保护工人免受非正式组织以外的管理
人员干涉所形成的损失，如降低工资率或提高生产定额。因此，
管理人员应该正视这种非正式组织的存在，在效率与情感之间保
持平衡，不能用严厉的技术控制来与其对抗，这样会增加群体的
失败感，而要运用人际关系技巧增加工人与管理层之间的相互信
任、相互协作的关系，创造良好的工作环境并充分发挥每个人的
作用，利用非正式组织为正式组织的活动和目标服务。

霍桑实验及人际关系学说随着时间的推移及其影响而逐步扩
大，并逐渐在社会科学家、工会以及管理阶层中成为一种常识。
许多的管理学家、社会学家和心理学家在霍桑实验的基础上，从
行为的特点、行为与群体、行为和环境、行为的过程以及行为的
原因等多种的角度开展对人的行为的研究，以此为转折点，推动
了行为科学范式的形成。

第二节　行为科学范式的理论构成

管理活动中涉及人的心理、行为与社会的因素庞杂且复杂，这也是行为科学范式下有着众多理论的原因，包括管理学家、社会学家、心理学家及精神病学家在内的众多社会科学研究者从各个方面，运用多种方法，开展大量的理论与实证研究，取得了丰富的成果。本节将从个体行为、群体行为及领导行为三个领域对此加以总结。

一、个体行为研究

个体作为组成组织的最小单元，也是组织活动的具体执行者和组织活动的基础。个体会对激励产生反应，并采取相关的行动，因而研究人的需要，寻求激励的因素、条件和方法，对于调动人的积极性，提高组织效率有着重要的作用。在行为科学范式下，个体激励是核心问题之一，这方面的研究，主要集中于解释支配人的行为动机是什么，并从中寻找出如何激励人的积极性的基本原理。主要包括需要层次理论、双因素理论、行为假设理论与期望理论。

1. 需要层次理论

个体受到激励的过程是一个内在的心理过程，无法进行客观地测量，只能通过人的行为去加以判断。要实现对个人的有效激励，必然需了解人的需要，通过外部创造外部条件去满足人的需要，继而实现有效的激励。同时，个体的激励又是一个持续性的过程，只有尚未得到满足的需要，才会对个体行为产生激励的效果。亚伯拉罕·马斯洛亚于 1943 年在《人类激励理论》论文中提出了需求层次理论，并由后来的心理学家进一步并发展成为行为科学范式的基础理论之一。

（1）马斯洛的需要层次理论

马斯洛在亨利·默里在 1938 年把人的需要分为 20 种的分析研究基础上，提出了人类的基本需要等级论即需要层次论。他把人的各种需要归纳为 5 大类，这 5 大类需要是互相作用的，按其重要性和发生的先后次序进行，可排成一个需要的等级：

第一级：生理上的需要。包括维持生活和繁衍后代所必须的各种物质上的需要，如衣食住行、生育等。这些是人类生存与发展的最基本的需要，如果这些需要任何一项得不到满足，人类个人的生理机能就无法正常运转，人的生命就会因此受到威胁，因而，生理需要是推动人们行动最首要的动力。只有这些最基本的需要满足到维持生存所必需的程度后，其他的需要才能成为新的激励因素，而到了那时，这些已相对满足的需要也就不再成为激励因素了。

第二级：安全上的需要。人的整个有机体是一个追求安全的机制，人的感受器官、效应器官、智能和其他能量主要是寻求安全的工具，甚至可以把科学和人生观都看成是满足安全需要的一部分，因而人有着免除危险和威胁的各种心理上与物质上安全保障的需要，如防止工伤事故和有伤害的威胁，资方的无理解雇、生病、储蓄和各种形式的保险，都是这一级所要考虑的。

第三级：感情和归属上的需要。人人都希望得到相互的关心和照顾，感情上的需要比生理上的需要来的细致，它和一个人的生理特性、经历、教育、宗教信仰都有关系。这类需要比上两类需要更精致，更难捉摸，但对大多数人来讲是很强烈的一类需要，如果得不到满足，就会导致精神不健康。

第四级：尊重的需要。人都希望自己有稳定的社会地位，要求个人的能力和成就得到社会的承认。尊重的需要又可分为内部尊重和外部尊重：内部尊重就是人的自尊，一个人希望在各种不同情境中有实力、能胜任、充满信心、能独立自主；外部尊重是指一个人希望有地位、有威信，受到别人的尊重、信赖和高度评价。马斯洛认为，尊重需要得到满足，能使人对自己充满信心，对社会满腔热情，体验到自己活着的用处和价值，但这类需要很少能得到满足，因为它是无止境的。

第五级：自我实现的需要。这是最高一级的需要，指一个人实现个人理想、抱负，发挥个人的能力到最大程度。自我实现境界的人，接受自己也接受他人，解决问题能力增强，自觉性提高，善于独立处事，要求不受打扰地独处，完成与自己的能力相称的一切事情的需要。马斯洛提出，为满足自我实现需要所采取的途径是因人而异的。

马斯洛认为以上五类的需要像阶梯一样从低到高，按层次逐级递升，但这样次序不是完全固定的，可以变化，也有种种例外情况。一般来说，某一层次的需要相对满足了，就会向高一层次发展，追求更高一层次的需要就成为驱使行为的动力；相应的，获得基本满足的需要就不再是一股激励力量。因而，在实践过程中应该对需要管理的人员依具体情况进行不同的分析和对待。

（2）麦克利兰的成就需要理论

美国哈佛大学教授戴维·麦克利兰通过对人的需求和动机进行研究，于20世纪50-60年代提出了成就需要理论。他认为人类的许多需要都不是生理性的，而是社会性的，而且人的社会性需求不是先天的，而是后天的，得自于环境、经历和培养教育等。

在生存需要基本得到满足的前提下，他提出人的最主要的需要有权力需要、社交需要、成就需要三种平行的需要：权力需要包括个人权力需要和追求社会权力的需要，人们总是依赖别人到相信自己，到控制别人，再到自我隐退来追求社会权力，具有较大权力欲望的人热衷于施加影响和控制表达，这种人追求领导者的地位，爱辩论、健谈、头脑冷静、有能力并善于提出要求；社交需要对不同社会地位的人有不同的体现，对于领导者而言是为了取得社会的理解和支持；成就需要是对实现自己目标的需要，急需成就的人，对成功有着强烈的要求，同时也非常担心失败，但他们愿意接受挑战，为自己树立一个具有一定难度的目标并为之努力。

这三种需要在人们需要结构中有主次之分，作为人们的主要需求在满足了以后往往会要求更多更大的满足。也就是说，拥有权力者更追求权力、拥有亲情者更追求亲情、而拥有成就者更追求成就。很难从单个人的角度归纳出共同的、与生俱来的心理需要。时代不同、社会不同、文化背景不同，人的需求当然就不同，所谓"自我实现"的标准也不同。作为一名企业家来说比较明显的是具有高成就的需求者和具有较高的权力欲望，但社交需要的表现却比较少；小企业的经理具有很高的成就激励，大公司的总经理则较为一般，而追求权欲和社交的劲头却比较大。处于中上层的经理们的成就激励比他们的上司要高得多，组织上应该为这种人安排具有挑战性的工作，并给予一定的自主权，这样就能发挥他们的积极性。

2. 双因素理论

20世纪50年代，美国临床心理学家弗雷德里·赫茨伯格对匹斯堡200名工程师和会计师进行了调查，并在此基础上提出了激励因素——保健因素理论。他认为引起人们工作动机的因素主要有两个：一是保健因素，二是激励因素。只有激励因素才能够给人们带来满意感，而保健因素只能消除人们的不满，但不会带来满意感。

保健因素是指与一个人工作的环境方面有关的因素，主要包括公司政策、行政管理、监督程度、工作环境、职位、安全性和薪酬等，这些因素的特点是它们本身不能促进工作满意度，它们的主要作用是防止对工作的不满意，就如同好的卫生保健条件本身并不能产生很好的身体健康状况，但如果缺少这些条件，就将引起疾病。赫茨伯格也把它们称之为"不满意因素"或"维持因素"，因为当它们只能保持员工的满意度而不能促进他们改善自己行为时，这些保健因素的缺乏或不足就会引起工作中不满意。

激励因素是指能使员工感到满意的因素，是适合人的心理成长因素，如成就、对成就的认可、工作的本身、责任心、发展与成长的可能性等，激励因素与一个人在工作中干什么相关，而与工作环境无关，它们为个人提供长期的满意，促进人的积极性不断地提高。如能得到满足，可以激励个人或集体以一种成熟的方式成长，改善工作能力。

3. 行为假设理论

1960 年美国社会心理学家道格拉斯·麦格雷戈在《企业中人的因素》一书中，系统地阐述了人的行为假设理论：X 理论与Y 理论。他认为，管理者的基本信条对于组织的运行方式有着决定性的影响，而管理者的基本信条的核心又在于对人的行为的假设，继而他把这些假设分为两大类：X 理论和 Y 理论。

X 理论是一种传统的领导和控制的理论，它的基本假设主要包括：一般人天生不喜欢工作，只要有可能就会逃避工作；大多数人需要管理、控制和监督，以威胁或惩罚使之为组织目标的实现付出足够的努力；人们缺乏雄心壮志，喜欢被管理，尽量避免责任，认为安全是最重要的。因而，基于 X 理论的管理方式要求管理者实施专制的控制，在明确任务、以惩罚威胁或者许诺更多的薪酬作为激励的基础上，实施紧密而且严格的监督，但这样管理会遭致猜疑和愤恨。他也认为"胡萝卜加大棒"的方法会有一定的效果，但当人们的动机主要是追求社会性和自我实现等更高级的需要而不是生理需要的时候，效果就不明显了。

其次是 Y 理论，它有着与 X 理论一系列相反的假设：工作中消耗的体力和脑力实质上与游戏或者休息时所耗费的一样，大部分人并非天生厌恶工作，工作也许会成为人们满足的来源，也许会成为一种惩罚，这取决于控制的情况；外在控制和惩罚的威胁并非是促使人们为组织目标服务唯一的方法，人们愿意实行自我管理和自我控制以完成应当完成的目标；完成目标需要将回报和成绩相联系，个人自我满足和自我实现的满足，都能推动组织目标的实现；普通人在适当的条件下，不仅学会了接受职责，而且还学会了谋求职责，缺乏进取心和强调安全只是基于经验，而非人的本性；在解决组织问题时，大部分人而不是少数人拥有相当高的想象力和创造力；现代工业生活的条件下，大部分人的智能潜力只是得到了部分的发挥。因此，管理者应该和员工之间建立一种更为合作的关系，组织的主要任务是对个人目标和整体目标的整合，鼓励人们参与自身目标和组织目标的制定，把责任最大限度地交给工作者，相信他们能自觉完成任务，用启发式代替命令式，用信任代替监督的方法来促使人们，既为了组织目标，也为了自己的目标而努力工作。在《企业中人的因素》一书中，麦格雷戈承认 Y 理论并不能"包治百病"，但有助于在管理中抛弃具有局限性的 X 理论，考虑利用 Y 理论的技巧，获得管理的改进。

4. 期望理论

期望理论，是由美国心理学家和行为科学家维克托·弗鲁姆于 1964 年在《工作与激励》中提出来的个人激励理论模型。在书中，弗鲁姆将激励的中心问题定义为：解释有机体不同于自发反应所做出的选择，为理解这些选择是如何做出的，他定义了三个概念：效价、期望值和激励力，并描述这些因素是如何作用于人们未来的决策行动。

效价是表示一个人对某种结果的偏好程度，受个人价值取向、主观态度、优势需要及个性特征的影响。可以根据行为的选择方向进行推测，如个人可以自由地选择 X 结果和 Y 结果中的任意一个，在相等的条件下，如果选择 X，即表示 X 比 Y 具有正效价；如果选择 Y，则表示 Y 比 X 具有正效价。效价也可以根据观察到的需求完成行为来推测，如果一个人喜欢其可得的结果，则为正效价；如果个人漠视其结果，则为零值；如果不喜欢其可得的结果，则为负效价。效价越高，激励力量就越大。

期望值是人们判断自己达到某种目标或满足需要的可能性的主观概率，效价大小直接反映人的需要动机强弱，期望概率反映人实现需要和动机的信心强弱。弗鲁姆认为，人总是渴求满足一定的需要并设法达到一定的目标。这个目标在尚未实现时，表现为一种期望，期望的概念就是指一个人根据以往的能力和经验，是在一定的时间内所希望达到目标或满足需要的一种心理活动。

期望的东西不等于现实，期望与现实之间一般有三种可能性：期望小于现实，期望大于现实，期望等于现实。这三种情况对人的积极性的影响是不同的。期望小于现实，在正强化的情况下，有助于提高人们的积极性，增强信心并激发力量；在负强化的情况下，会使人感到失望，因而产生消极情绪。期望大于现实，在正强化的情况下，便会产生挫折感；在负强化的情况下，有利于调动人们的积极性，因为这时人们作了最坏的打算和准备，而结果却比预想的好得多。期望等于现实是人们预料之中的事，一般地说，也有助于提高人的积极性，但如果从此以后，没有继续给以激励，积极性则只能维持在期望值的水平上。

弗鲁姆认为，个人行为是某方面激励力作用的结果，每种激励力都有方向和大小，激励力的大小取决于该行动所能达成目标并能导致某种结果的全部效价乘以他认为达成该目标并得到某种结果的期望概率。对于管理而言，该理论主要运用于绩效考核和工作薪酬设计方面，即管理者致力于激励更好的工作绩效，通过给予合适的报酬让员工效用最大，并通过研究发现每个人更好的报酬是什么。奖励与报酬应该与员工行为明确挂钩，员工的行为要符合公司的战略并有助于公司的成功。

二、群体行为研究

群体行为的研究是沿着霍桑实验提出的"非正式组织"这一条线索发展起来的，同时也是对个体激励研究扩展到群体的结果。有关这一领域的理论主要包括群体动力学和敏感性训练理论。

1. 群体动力理论

库尔特·卢因是当代实验社会心理学的创始人，他认为人们的行为被他们所面临环境的合力所影响，行为是现实环境的函数，一个具体的人在一个具体的环境中完全可以精确地被代表，据此他独创性地提出了人行为"场论"，并用受控实验法对复杂的社会现象进行研究，特别是在非正式组织群体、目标、规范、压力、内聚力等方面。1944 年，卢因首先使用"群体动力学"术语表示群体中人与人相互接触、影响所形成的社会程序，并创立麻省理工社会动力研究中心。他的主要著作有：《群体决策研究》、《持续冲突工业的解决方案》等。卢因的群体动力学要点如下：

第一，群体动力学中的"群体"指非正式组织，是处于相对均衡状态的各种合力的一种力场，是一种生活场所或自由运动场所。人们结成群体，不是静止不动的，而是处于一个不断相互作用、相互适应的过程当中；群体行为不是简单的算术相加，而实际上是一个有机体，是各种相互影响的力的一种错综复杂的结合，这些力相互作用，既涉及群体活动的环境，也涉及群体成员的个性、情感以及相互之间的看法和关系。

第二，群体有三个要素：活动、相互影响与情绪，三者综合就构成群体行为。活动指人们在工作和日常生活中的一切行动；相互影响指人们在组织中发生各种作用的行为；情绪指人们各种内在的、隐性的心理活动，这些心理活动可以从人所要进行的各种活动和他们直接的相互影响中判断出来。群体内各个成员的活动，相互影响和情绪的综合，就构成了团体行为。三个要素并不是孤立的，而是紧紧联系在一起的，只要其中一项发生变化，其他两项也会随之变化。

第三，群体除正式组织的目标以外，还有其自己的目标以维持群体的存在。群体不会过度追求正式组织的工作目标，否则有损于群体内聚力，有效群体的成员之间能推心置腹的交谈，以减少冲突与对立，增加成员的满意度和群体的内聚力。因此，管理者应该注意到正式组织目标与群体目标之间的协调，过度追求正式组织的目标可能有损于群体的效率，阻碍正式组织目标的实现。

第四，群体有非正式的结构，包括正常成员、非正常成员和领导成员。正常成员接受并遵守群体规范、非正常成员接受其中的某些规范，但可能会因为拒绝某些规范而受到挖苦或排斥，但仍是群体成员之一，领导成员保持群体的团结，减除群体的内部张力，向正式组织领导人提出群体的要求。领导方式有专制的、民主的和自由放任的三种形式。民主式的领导方式使群体成员的权力和地位比较平等，比其它两种领导方式能吸引更多成员来参与群体活动。

第五，群体有不同的领导方式。卢因将其分为三种：专制式、民主式和自由放任式。专制式领导方式指决策由领导一个人做出并要求成员绝对服从，这造成群体成员完全依附于领导者，领导不在时，活动就陷于停滞，因此效率一般不高；民主式领导方式指领导者通过讨论和意见征求，吸收群体成员看法和建议，鼓励成员参与决策，这种方式领导与成员关系比较和谐，成员间关系也比较协调，即使领导不在场，工作也能顺利地进行且效率较高；在自由放任式领导方式下，领导者的角色类似信息中介，为成员提供资料和情报，不进行什么管理，因此工作进展不稳定且效率也不高。

第六，由于非正式组织的实质在于人与人之间的相互关系和作用，群体规模以小为好。其研究结果表明：当群体的主要任务是作复杂决策时，七至十二人规模最为合适，且有正式领导人；主要任务是解决矛盾和冲突时，最好三至五人组成，不要正式领导人；两种任务都存在时，最适当的规模是五至七人。

从上述要点出发，1954 年卢因提出了组织变革三阶段理论："解冻——变革——再冻结"。他认为，为了取得有效的管理变革，有必要观察从现有状态到期望状态的所有选择，然后权衡每一个选择的可能性并决定最优选择，而不是简单地确定一个期望目标然后采取最直接、最容易的路径来实现。这种变化管理模型是与他的力场分析相联系的，鼓励管理者意识到两个相互抵触的力，一个是源于社会习惯和习俗的，另一个是内在产生的反抗。这两种相互作用的不同驱动力，根植于群体之中，只有驱动力才能破坏习惯，挑战兴趣。当大多数成员想遵守他们的群体行为准则时，个体对变革的反抗将随着个体更加远离现有群体的价值观而增强，这种反抗方式会降低群体价值观水平，甚至改变群体价值观，这是一个复杂的、分步骤的"解冻——变革——再冻结"过程。

2. 敏感性训练

利兰·布雷福德是卢因的一位学生，他继承了卢因的组织变革三阶段理论，1946 年他与他的同事们在进行"无领导讨论小组"的研究时，无意之中发现了敏感性训练的技术。1947 年布雷德福在美国缅因州贝瑟尔建立了第一个"敏感性训练"实验室，又称为"国家训练实验室"。1964 年他在《培训小组：理论与实验方法》一书中正式提出了敏感性训练的概念与理论。

敏感性训练又叫做实验室训练，通常在类似于实际工作环境的实验环境中进行，其目的是通过受训者在团体学习环境中的相互影响，提高受训者对自己的感情和情绪、自己在组织中所扮演的角色、自己同别人的相互影响关系的敏感性，进而改变个人和团体的行为，达到提高工作效率和满足个人需求的目标。

敏感性训练一般由3个阶段组成。第一阶段是原有态度的解冻阶段，在训练的前几天，原有的领导形式和观念都被废除，原有态度开始解冻；第二阶段是敏感性增强阶段，受训者互相影响，开始改变过去的观念和态度，建立起新的相互关系；第三阶段是新态度巩固阶段，把新建立起来的态度巩固下来并保持下去，并在未来的工作和人际关系中收到实效。一般而言，经过敏感性训练的人员回到工作岗位上后，人际关系的敏感性能继续保持，特别是高层管理人员，他们的管理技巧和民主作风会明显的改变，对于满足个人需求和实现组织目标都会起到很好的帮助，因而在"美国管理协会"、"国家训练实验室"以及各大学和管理咨询机构中被广泛地应用。

三、领导行为研究

在任何人类社会群体中，一般都存在领导现象，领导行为是管理研究中的重要内容。领导特质理论是20世纪初期最流行的领导理论，也是最早对领导活动及行为进行系统研究的尝试，研究依据及方法是从优秀的人物身上寻找共同的东西。因为人们希望了解：为什么他们能够成为领导？什么是领导力的决定因素？领导者和普通人的区别到底是什么？然而，现实中领导者与非领导者在特质方面的差异，在各种场合并非固定不变。一个具备领导特质的人，在某种场合可能成为领导者，在另外一种场合却未必能够成为领导者，不同特质领导者却能够在相同情境下取得成功。因而从20世纪40年代起，领导行为的研究逐步取代了特质的研究。

从行为科学研究视角出发，领导是一种动态的行为过程，是领导者与被领导者在交互作用的过程中的一种人际关系，领导者运用自己的权威及影响力引导和影响被领导者的思想和行为，建立起追随关系，使之为完成一定的目标而努力工作的行为过程。领导行为研究也是行为科学范式下最为活跃的研究领域。

1. 领导方式连续体理论

坦南鲍姆和沃伦·施密特于 1958 年在发表的《怎样选择领导模式》论文中提出了所谓"领导方式连续体理论"。他们认为，在企业中，从专权式的、以上司为中心的领导方式到民主的、以员工为中心的领导方式，在这两个极端之间，存在着各种各样由领导者权力和下属权力结合的不同领导方式，并形成了一个连续统一体。在这个连续统一体中，并不存在所谓"最好的"领导方式，一切都取决于领导者和被领导者所处的环境要求、员工特征和管理者特征。其中，环境要求包括：环境的大小、复杂程度、目标、结构、组织氛围、技术、时间压力和工作本质等因素；员工与管理者的特征包括：背景、教育、知识、经验、价值观、目标和期望等因素。因而，领导方式决策的基本变量就是管理者运用职权的程度与给予下属享有自由度之间的比例。

在这个连续统一体中按照领导者权力由大到小，下属权力由小到大的顺序，他们在专权和民主的领导行为之间划分出 7 种主要的领导方式：

第一种，领导做出决策并宣布实施。领导者确定一个问题，并考虑各种可供选择的方案，从中选择一种，然后向下属宣布执行，不给下属直接参与决策的机会。

第二种，领导者说服下属执行决策。领导者承担确认问题和做出决策的责任，但他不是简单地宣布实施这个决策，而是认识到下属中可能会存在反对意见，于是试图通过阐明这个决策可能给下属带来的利益来说服下属接受这个决策，消除下属的反对。

第三种，领导者提出计划并征求下属的意见。领导者提出了一个决策，并希望下属接受这个决策，他向下属提出一个有关自己的计划的详细说明，并允许下属提出问题。这样，下属就能更好地理解领导者的计划和意图，领导者和下属能够共同讨论决策的意义和作用。

第四种，领导者提出可修改的计划。下属可以对决策发挥某些影响作用，但确认和分析问题的主动权仍在领导者手中。领导者先对问题进行思考，提出一个暂时的可修改的计划，并把这个暂定的计划交给有关人员进行征求意见。

第五种，领导者提出问题，征求意见做决策。下属有机会在决策做出以前就提出自己的建议。领导者的主动作用体现在确定问题，下属的作用在于提出各种解决的方案，最后，领导者从他们自己和下属所提出的解决方案中选择一种他认为最好的解决方案。

第六种，领导者界定问题范围，下属集体做出决策。领导者已经将决策权交给了下属的群体。领导者的工作是弄清所要解决的问题，并为下属提出做决策的条件和要求，下属按照领导者界定的问题范围进行决策。

第七种，领导者允许下属在上司规定的范围内发挥作用。如果领导者参加了决策的过程，他应力图使自己与团队中的其他成员处于平等的地位，并事先声明遵守团体所做出的任何决策。

在上述各种模式中，坦南鲍姆和施密特认为，不能抽象地认为哪一种模式一定是好的，哪一种模式一定是差的。成功的领导者应该是在一定的具体条件下，善于考虑各种因素的影响，采取最恰当行动的人。当需要果断指挥时，他应善于指挥；当需要员工参与决策时，他能适当放权。领导者应根据具体的情况，如领导者自身的能力，下属及环境状况、工作性质、工作时间等，适当选择连续体中的某种领导风格，才能达到领导行为的有效性。

2. 支持关系理论

支持关系理论是由美国密歇根大学社会研究中心主任，行为科学家伦西斯·利克特创立的。1947 年起，密歇根大学社会研究中心运用取样原理、统计分析、面谈技术、数学模拟等定性和定量方法，对管理活动中关于人的复杂问题开展了大规模研究。研究课题包括组织结构、领导原理和方法等；研究范围包括各行各业，囊括了汽车制造、电子仪器、化工、家用电器、纺织、铁路、公用事业、医院以及政府部门等；研究项目的主要目的在于考察、衡量、测评不同组织的领导方式与领导风格，对管理状况好的组织与管理状况坏的组织进行比较，通过理论的实际应用，来检验研究所获得的结论。在 1961 年出版的《管理的新模式》和 1967 年出版的《人群组织：其管理和价值》等著作中，利克特对其进行了详细的介绍与总结。因而，支持关系理论又被称为"密歇根研究"。

从对管理实践的考察与研究出发，利克特认为，在所有的管理工作中，对人的领导是最重要的内容，其他工作都取决于它，即使在做同一工作的各个单位，有的生产率高，有的生产率低，究其原因主要是领导方式的问题。组织中的领导方式主要分为两类："以工作为中心"和'以员工为中心"。效率不高、成绩不佳的企业往往采取传统的领导方法，一切从完成工作任务出发，以任务为中心，监督严格，重视按照规定行事；而效率高、管理得法的企业则往往采取以员工为中心的领导方法。因此，领导者要考虑下属的处境、想法和希望，支持员工实现其目标的行动，让员工认识到自身的价值与重要性，认识到自己工作中的经验有助于个人价值的实现。由于领导者支持员工，就能激发起员工对领导者采取合作的态度，持有信任感并支持领导者，这就是支持原则。

他把企业管理中的领导方式分为 4 种类型：专权命令式、温和命令式、协商式和参与式。第一种方式是传统的领导方式，第二、三种方式虽然有程度上的不同，但无本质上的差别，都属于权力主义的管理方式，只有第四种参与性的管理方式才是效率高的管理方式。因为，参与式管理使员工同上级、工作及组织之间容易行成相互信赖的关系；员工能明确了解组织目标；工作群体的成员之间具有高度的群体忠诚心，组织的上下级之间呈现出积极的和信任态度，表现出对团队的重视，以及在个人的相互作用和群体的活动等方面表现出高水平的技能。同时，采用参与式的管理，组织效绩的主要用来自我激励，而不是用于外部控制。选择参与式领导方式的管理者在处理上下级关系时，还必须努力做到尽力以易于感受的、体贴的方式对待下属，支持、关心和帮助他们，努力为下级、为公司的最佳利益服务；信任下属的能力，因为只有信任才会使下属人员的培训、提高，使其能适应更高层次的工作；对于不适合于其工作岗位和不能胜任自己工作的下属，要努力帮助其找到适合于他们位置的工作，并切实安置好。

此外，利克特还设计了一种以他的名字命名的调查表，用以调查员工对领导、激励、信息交流、决策、相互作用与影响、目标设定与控制过程等方面的意见，现已成为社会学研究中广泛使用的一种标准调查工具。

3. 二维结构领导模式

自 1945 年起，美国俄亥俄州立大学的工商业研究所，以沙特尔与斯托格第尔两位教授为核心，通过对各种企业员工发调查表的方法，对企业领导行为进行了一系列的实证调查，并根据调查研究的结果，提出了领导方式的二维结构模式。

他们认为，组织中的领导行为包含两个主要维度：主动结构与体谅。主动结构是以工作为中心，它强调的是组织的需要，领导者主要依靠给员工提供结构来使之获得满意的成绩，而所谓提供结构就是确立目标、制定计划、安排日程、发布指示和对员工的活动进行监督、控制等等，凡是在计划、联系、安排日程等方面能力强的领导者，在主动结构维度上得分就高。体谅是以人际关系为中心，它强调的是员工的个人需要，所以关心员工、尊重下级意见和能造成一个互相信任的工作气氛的领导者，在这一维度上的得分就高。

他们还发现，同一个领导者通常是两方面维度兼而有之的综合体，只不过可能他在其中一方面比重大，而另一方面比重小。根据这个结论，他们用两根轴线的图示法来表示领导能力，画出表示结构和体谅两个维度的多种结合的四分图，如图3-1所示。

体谅结构	高	高度体谅 低度主动结构 II	高度体谅 高度主动结构 I
	低	低度体谅 低度主动结构 III	低度体谅 高度主动结构 IV
		低	高
		主动结构	

图3-1 领导行为四分图

在第四象限领导人最关心工作；第二象限的领导人员关心的是领导与部属间的关系，互相尊重的气氛较浓；第一象限的领导人往往既关心工作又关心与该工作有关的下属；第三象限的领导者往往无为而治，让员工随意工作，不加干预和过问，并且极少公开发表意见。具体是哪一种比较好则视具体情况而定。

4. 管理方格论

布莱克和穆顿在1964年出版的《管理方格》一书中，就企业中的领导方式提出了"管理方格论"。在"九九方格图"中横轴表示对生产的关心，自左向右程度由低到高，纵轴表示对人的关心，自下而上由低到高，并将横、纵轴分成 1-9 个标度，作为衡量关心度的标准，由此全图就划分为 81 个小方格，每一小格均表示这两个因素以不同比例结合的领导方式。如图 3-2 所示：

	高	9	1.9							9.9
		8								
对人的关心		7								
		6								
		5				5.5				
		4								
		3								
	低	2								
		1	1.1							9.1
			1	2	3	4	5	6	7	8	9

低　　　　　　　　　　　　　高

对 工 作 的 关 心

图 3-2 管理方格图

图 3-2 中（9.1）管理方式是偏重于工作的管理，领导方式专制，不大注意人的因素，员工丧失进取精神；（1.9）管理方式是一团和气的管理，认为只要员工心情舒畅，生产一定能搞好，而对指挥监督等不大重视；（5.5）管理方式是中间型的管理，这种方式缺乏革新精神，员工的创造力得不到充分发挥，在激烈的竞争中难免失败；（1.1）管理方式对人和生产都很少关心，必然导

致失败，这是少见的极端情况；（9.9）管理方式能使组织目标和个人需求最理想、最有效地结合起来，它要求创造出一种使得员工了解问题，关心工作成果的条件，这样他们就会以自我指挥和自我控制的方式从事有价值的工作，是理想的管理方式。此外还有其他几种中间类型的管理方式。

管理方格论不仅对各种领导方式进行了明确的分类，有助于领导者检查和改进自己的领导方式使其向"理想型"方式发展；同时，还可以运用这种理论评价、选拔和培养各级领导人员。因此，在美国和很多发达国家都受到了管理学者和企业家的重视。

第三节　行为科学范式的特点

霍桑实验以来，围绕着解决管理中存在的效率与人性的矛盾，心理学与社会学等社会学科的理论与方法被引入到管理问题的研究当中，出现了很多关于个体行为、群体行为及领导行为的理论，在实践中得到较广泛地应用与传播，并推动了 20 世纪40—60 年代行为科学范式的形成与迅速发展。虽然，从内容与形式上而言，行为科学研究成果相对分散，存在着术语不统一、观点差异性等问题，但总体上，它们在基本信念、分析方法、政策纲领和学术建制方面具备了相对一致的范式特征，是现代管理学的重要组成部分与研究基础。

一、行为科学范式的基本信念

在古典管理范式那里，人仅仅看成是整个组织"机器"中的一个"齿轮"，是一种被动的生产要素，行为科学则开始认识到，组织的一切制度、计划、工作和方法都要靠人来执行，而作为具有个性、欲望、感情、需要与动机的人，他们的行为与他们所在的集体与社会环境存在着密切的联系，而这些与社会关系密切联系的需要、感情与欲望通过影响人的行为，继而影响人的劳动生产率。组织应该被视为一个有机的社会系统，而不是一部"机器"，一个组织效率的高低，很大程度上取决于人，取决于人群关系。

1. 人本主义认识论

在认识论上，行为科学范式不是从外部世界对人的发展所提出的要求来看待人及其行为，而是从个体自我实现的角度出发，更加关注人本身及其发展。他们认为，要理解管理活动中的人及其行为，就必须从行为主体的角度来看待事物。因而，重要的不是外部事物，而是外部事物对行为主体的意义，要改变一个人的行为，就必须首先改变他的信念和知觉，当他看问题的方式不同时，他的行为也就不同。

古典管理范式从主客二分性的认识论出发，把重点放在管理主体对客体的控制上，强调标准化、有效的组织系统和明确的职责分工，忽视个人的主动性和创造性。行为科学范式则从人本主义的方法论出发，认识到一切事情都要靠人去做，一切产品的生产都要靠人去实现，一切组织目标都需要人实现。现实中的人并不是消极、被动地适应管理的要求，而是具有主观能动性：对于管理决策与指示，既可以拥护、支持，也可以对抗与斗争；既可以积极主动地执行，也会阳奉阴违、消极应付；甚至可以提出各种建议，使管理者做出新的决策；同时，在执行决定与指令时，人能够创造性地完成自己的工作。因而，管理者需要把重心放在人及其行为管理上，从组织目标出发，对人及其行为进行有效预测、激励和引导，调动人的主动性和创造性，充分发挥出人的潜力，通过对人的有效控制，实现对事和物的有效控制。人的行为离不开动机，动机的基础是需要，因而重视人的需要是管理好人的关键。行为科学范式从心理与社会学的视角来揭示人的需要，并借助于这种规律性的认识来预测和控制人的行为，内容涉及个体行为、群体行为与领导行为等不同层面。

2. "社会人" 人性观

"社会人" 的提出最早来自于霍桑实验，梅奥认为管理中的人不完全是受金钱刺激的 "经济人"，更不是李嘉图所说的 "群氓"，应该把工人视为社会群体中的社会人。此后，行为科学研究者们进一步丰富并完善了 "社会人" 的内涵：马斯洛的需要层次论加深了人们对人性的进一步认识；麦格雷戈 Y 理论要求在管理中对员工给予极大的信任，鼓励他们参与自己和企业目标的制定，把个人的需要与企业的目标有机的结合起来，以期个人和组织目标的共同实现；沙因提出了 "复杂人" 的假设，认为人的需要是多种多样的，时刻变化并相互作用，因而人是会因时、因地、因各种情况会采取适当反应的 "复杂人"。

"社会人" 人性观是作为 "经济人" 人性观的对立面出现的，它扭转了对人的工作动机的看法，看到了社会因素和心理因素对人的工作积极性的影响。从这样的人性观出发，人不是机器和动物，作为一个复杂的社会成员，金钱和物质虽然对员工积极性的产生具有重要影响，但是起决定因素的不是物质利益，更重要的是心理和社会方面的需求得到满足，即追求人与人之间的友情、忠诚、关心、理解、爱护、安全感、归属感，渴望受人尊敬等。同时，企业中除了正式组织以外，还存在非正式组织，非正式组织有其内部的规范和舆论，影响着其成员的行为。行为科学范式强调人不仅有物质需要，还有精神追求，只有关心人、尊重人，通过构筑和谐融洽的人际关系，增强团体的凝聚力与向心力，鼓励员工参与和民主管理，才是提高劳动生产率的最有力的手段。

3. 人际关系方法论

企业归根结底是由人组成的，而人的行为是复杂，伴随着企业内外环境的深刻变化，古典管理范式所遵从的人机关系方法论出现了危机。工作方法的科学化、劳动组织的专业化、作业流程的标准化，虽然在一定程度上能协调与解决物与物、人与物的矛盾，但机械与呆板的管理制度、管理方法和僵硬的组织结构也同时会窒息人的创造性，挫伤人的积极性，单纯依靠经济上的刺激并不能有效实现对人的激励。行为科学范式从人的社会性特征出发，在人本主义认识论基础上，从解决人与人的矛盾入手，强调管理活动要以协调人在组织中的行为，满足人的全面需要并调动人内在积极性为出发点，在情感、理想目标、价值观念上建立相互协调、相互促进的机制，从整体上保障管理效率的提高。

应该说，人际关系是客观存在的现象，企业中任何物与物、人与物关系背后都隐含着人与人的关系。从人机关系到人际关系方法论，是以"物"为中心的管理向以"人"为中心的管理的转变；由监督与控制的管理向以动机激发、行为引导的管理的转变；从专权式管理向到参与式管理的转变，是管理思想发展与演变过程中的一个重要的里程碑。

二、行为科学范式的思维与分析方法

行为科学的主要研究对象是人及其行为，人是一种复杂的存在，人心理具有主观性，难以直接观测，影响人行为的因素也极其复杂，人与人之间在遗传条件、年龄、经验、需要、知觉、情感、个性等方面都存在差异性，没有完全相同的两个人，即使同一个人在不同情境下也会有不同的行为。同时，人是具有价值观和道德感的研究对象，行为科学中研究者与研究对象的关系不是人与物的关系而是人与人的关系，这使研究者很难保持价值中立，完全抛弃感情去进行观测和分析。因而，与自然科学研究对象的客观性、同质性与无价值性等特征相比，行为科学的研究对象具有较强的主观性，在思维与分析方法上，需要兼顾科学与人文两方面的诉求，保证研究的规范性和准确性。

行为科学范式的思维与分析方法以两个基本条件为前提：一是源于实践经验的升华，紧紧围绕行为现象，分析行为发生与发展的轨迹，探索其特有的规律；二是借鉴其它学科的研究成果，在借鉴心理学、社会学、人类学、生理学等相关学科有关行为研究成果的基础上形成具有一般概括性的基础原理以及定性与定量相结合的方法。在研究过程上往往首先由表入里、深入剖析个人的行为现象，理清行为机制；继而总结出行为发生及发展的基本因素和稳定关系，最终应用于管理实践。

行为科学研究承认人类行为具有规律性与可控性，可以用科学方法探索这种规律，通过揭示行为规律，描述行为现象，解释行为原因、评判行为效果，控制和改善人的行为轨迹。从这一基本逻辑出发，行为科学研究中首先观察在特定管理情境中人的行为，尽可能测定这些行为，从中找出一般规律并记录下来。由于人类行为的规律具有复杂性和不确定性，对人的行为及其规律的准确观测、重测、验证与描述并不是一件容易的事情，为保证研究结论的科学性，行为科学在这方面进行了有益的探索，在借鉴多学科知识的基础上形成了一些行之有效的定性与定量的方法，例如：社会调研、现场实验、心理测验、抽样理论、问答设计、量表技术、行为数据的编码与多元统计分析等实证分析方法；以及生物化学激活法、极限法、心理诱导法等特殊方法。在掌握行为规律的基础上，行为科学研究通过对行为发生与发展的机制的因果关系分析，从行为机制的各个变量上，弄清行为发生的根本因素和次要因素，对行为者的行为动机与效果予以价值分析，并分析管理活动中如何调整变量，来对未来的行为进行调节和矫正，实现改善工作绩效的管理目标

三、行为科学范式的政策纲领

行为科学范式包含的内容比较丰富，研究主题涉及激励、领导、群体、组织设计、组织变化与发展等多个层面。在管理政策纲领上，强调组织目标与个人目标相结合，在管理工作中从人的行为本质中激发动力，通过改善劳动条件，提高劳动者工作生活的质量，培训劳动者的生产技能，调动人的积极性，进而提高劳动效率。具体表现在以下几个方面：

1. 人性化管理

管理中要以人为中心，重视人的需要。"人"是管理中最重要、最活跃的因素，应将"人性"融入管理活动中，使员工在有"人情味"的管理制度下，自觉遵守各项规章制度，形成良好的人际关系与氛围。从人的社会性特征出发，重视非正式组织的作用，采取各种各样的激励措施，极大地调动人的主动性、积极性，唤醒员工身上潜在的巨大能量，提高劳动生产率，为企业创造最大的利益。

2. 参与化管理

不同程度上让员工和下属参与到组织的决策过程及各级管理工作中；研究和讨论组织中的问题时，要让下级和员工与企业管理者处于平等的地位，以改善上下级之间的关系。这样，员工会感到上级主管的信任，从而体验出自己的利益与组织发展密切相关，而形成强烈的责任感。同时，要为员工提供取得别人重视的机会，从而给他们一种成就感，这样员工因为能够参与商讨与自己有关的问题而受到激励，从而激发他们的积极性、创造性。管理的参与化既对个人产生激励，又为组织目标的实现提供了保证。

3. 自主化管理

把个人目标和组织目标融合起来。管理者要调动员工的主观能动性，给员工较大的自主性，消除员工对工作过分单调的感觉，通过提升工作的乐趣激发人的内在潜力，从而实现有效地激励。同时，让员工承担自己这一部分工作的计划、组织和控制的职能，做到责任权利的有机统一，运用员工内在的约束性来提高责任感，使他们从内心发出"我要干"、"我要干好"的愿望并以此指导自己的行为，这样他们能有更大的机会实现个人的成就，从而使其感觉到得到重视，更负责任，有更多的机会提升和发展。

4．个性化管理

人作为一种复杂的社会存在。在管理中，必须对各种环境因素加以考虑，结合情境分析人的特定行为产生原因，有针对性激发员工正确行为动机，建立保持员工正确行为的管理模式，根据员工的个性、工作任务的性质、领导者拥有的职位权力、组织内的人际关系等具体情况，采用不同的领导方式，以创造一种良好的激励环境，使人们能够持久地处于激发状态下工作，保持高涨的情绪、饱满的兴致、十足的干劲、舒畅的心情，主观能动性得到充分的发挥。

四、行为科学范式的学术建制功能

以霍桑实验作为开端，行为科学理论范式的学术建制功能逐步开始体现。西方一些大学也开始设立相应的课程，设立研究机构进行相关研究，例如：美国的芝加哥大学设立了"工业人际关系委员会"，培养了大量专家，虽然芝加哥学派在 1948 年解散了，但其"信徒"将行为科学的思想与研究方法传播到其他许多地方。除此之外，在哈佛大学、麻省理工学院、密歇根大学以及英国的塔维斯托克学院，都有一大批专家与研究机构。同时，行为科学的理论逐步地进入了企业，在哈德伍德制造公司、美国的饭店行业、布雷克鞋业等许多企业进行了有关行为科学的实验与实践。

1948 年美国成立了全国性的工业关系研究会。1949 年被定名为行为科学以后，福特基金会成立了行为科学部，次年建立了行为科学高级研究中心，并在 1953 年拨款委托哈佛大学、斯坦福大学等高等学府从事行为科学的研究。此后，洛克非勒基金会、卡耐基基金会也相继拨款支持行为科学的研究，1956 年美国出版了第一期《行为科学》杂志。在上个世纪初期，许多的管理学家、社会学家和心理学家从行为的特点、行为和环境、行为的过程以及行为的原因等多种的角度开展对人的行为的研究，形成了一系列的理论与专业研究团体，出版和发表了大量的理论著作与文章。

第四节 行为科学范式的形成分析

行为科学范式的形成脱离不了"企业权力关系—知识硬核—学术建制"的框架，与 20 世纪初期西方企业局部委托代理向完全委托代理企业制度转变存在重要的联系，是管理理论发展与演变的必然结果。

一、局部委托代理到完全委托代理——"经理革命"

西方国家企业制度由局部委托代理关系到完全委托代理关系的转变，始于 20 世纪初，完成于 20 世纪 30 至 60 年代。在这一时期内，一些西方企业的控制权，包括企业总体经营决策权和企业资产控制权逐步从企业资产所有者手中转移到企业的经理人员手中。企业控制权的这种重新安排，被称作"经理革命"。

在这一时期，新的科技革命推动着生产力日新月异的发展，生产能力和生产规模达到了很高的水平，企业内部和企业之间的分工协作严密而细致，统一的世界市场初步形成，市场竞争空前激烈且复杂多变，迫切需要具有高水平的管理才能、强烈的事业心和远见卓识、敬业爱岗的专业人才独立自主地从事经营活动，确立经营者的中心或主导地位。在这一时期，随着生产的进一步社会化，资本的社会化也达到了一个崭新的阶段，股权多元化、法人化和微观分散化的进程显著加快，少数大股东（包括公司的创业家族）持有公司股票的份额下降，法人所有权已独立于终极所有权，资产的价值形态已与实物形态相分离，股东一般已不再对公司实物形态资产进行支配，而是关心价值形态资产的保值和增值（股票价格的波动、派息率分红率的高低等），将法人所有权授予或委托给了经营者。作为法人代表的经营者在保证所有者的资产在价值形态上保值增值的前提下，对公司的资产有独立占有、支配和处置权，能独立从事业务活动，能以民事主体的身份在法院起诉应诉等。同时股票市场的完善，进一步加大了股权的分散可能性，推动局部委托代理制度走向完全委托代理。美国经济学家阿道夫·伯利和加德纳·米恩斯在 1932 年出版的著名的《现代公司和私有财产》一书中指出，公司所有权与经营权的完全分离在 20 世纪 30 年代发展到高潮。

战前担任西方国家公司负责人的基本条件，一是股份的大小，二是家族裙带关系，而这二者往往又是结合在一起的。这种人事制度划地为牢，人为的堵塞了人才路，使许多人才难以脱颖而出。战后西方国家公司负责人主要由有真才实学、远见卓识、功绩显著的专家担任。这种公司人事制度的变革主要是通过两种途径完成的，一种是以美国为代表的"非强制"式，即一些原垄断了公司领导岗位的家族适应生产现代化、专业化、知识和技术密集化的要求，全部或部分退出公司领导岗位，而由专家取而代之。这种退出，往往是自觉的、非强制性的。第二种是以日本为代表的"强制"式。即在解散财阀的过程中，通过人事"整肃"，解除战前财阀家族对公司人事的控制。1946 年 7 月，美国占领军司令部指令日本政府，将财阀家族及其任命的人从公司负责岗位上排除出去，并中止对兼职领导人的任命。从1945年9月至1950年3月，占领当局下令解除了632家大公司的2210名主要负责人的职务，另有245个公司的1535名主要负责人被日本政府勒令辞职或被解职。[1]

60年代中期，美国经济学家罗伯特·拉纳以阿道夫·伯利和加德纳·米恩斯30年代的考察材料为基础，对美国200家最大的非金融公司的治理结构进行了一次新的考察，并于1966年9月在《美国评论》杂志第4期上发表了《200家最大的非金融公司的所有权与控制权，1929—1963年》一文。该文被西方经济学界称为"对伯利——米恩斯模型的新发展"。拉纳指出，伯利和米恩斯曾说，1929年，在美国最大的非金融公司中，有44％的公司和58％的公司资产是由经营者控制的，而到1963年，这两个比例分别上升到84.5％和85％。据日本商社1966年底对有形资产在50亿日元以上的492家日本大公司的调查，家族支配型仅占16.8％，其余83.2％的公司均由经营者支配。在这类完全委托代理型企业中，资产的所有者只掌握企业资产的所有权和由此派生出的审定企业重大决策及选择企业经营者的权利，而企业经营者则掌握着企业资产的控制权、企业的经营决策权和企业经济活动的组织管理权。

二、完全委托代理制度形成初期的企业权力关系

完全委托代理制度与局部委托代理相比，第一企业权力关系的变化，是股东的权力相对缩减。虽然，法律上规定，股东大会是公司的最高权力机构，经营者必须对股东负责。但随着产权的社会化、微观分散化和法人化，以及市场竞争的激烈和行情的多变，使公司经营不仅在技术和经济上难度更大，而且时效性也更

---

[1] ［日］持股公司委员会编：《日本财阀及其解体》，原书房1975年版，第158页。

强，企业的管理往往是股东难以胜任的。如果广大股东都参与日常经营，那么意见难以统一，导致延时误事，加上广大中小股东势单力薄，监控经营者成本高等，这些都对股东过问公司经营造成了障碍。法人股东虽然要对公司的经营进行监督和制约，但这些机构持股的目的，主要在于建立长期稳定的关系，形成利益共同体或命运共同体，而不在于通过持股控制对方的股东大会和董事会，从而操纵对方公司。所以，除特殊情况外，法人股东一般也不会干预公司的经营活动，被称为"沉默的机构投资者"。

这种情况下，通常股东大会的权力仅具有象征意义。作为非常设机构的股东大会一般每年才召开一次，美国公司一次股东大会持续的时间一般为 2—3 小时，日本公司一般为 30—45 分钟，其中在 30 分钟以内散会的占 60％以上，最短的只有 8 分钟。从股东大会的召集到大会内容的确定，乃至董事候选人的提名和通过，一般都由经营者操纵。许多股东往往不参加股东大会，而由其代理人或受托人来参加大会。股东或其代表在股东大会上一般都会批准经营者的动议，也就是说，股东大会对经营者动议的审批只是一种形式，履行一道手续而已。

股东的权限分为两方面，一方面是共益权，即通过行使表决权对公司经营进行控制；另一方面是自益权，即利润分红和剩余财产分配等。股权分散的情况下，股东的共益权出现弱化，而偏重于自益权。随着由资本确定制过渡到授权资本制，像公司资本增加，如发行新股或债券等这样的大事的决定权也由股东转向经营者，股东由于没有条件、没有能力或不愿意对公司经营进行干预，股东对"用手投票"的兴趣减退；而主要关心其价值形态资产的安全性和利得性，即股价和分红派息率的高低，主要通过"用脚投票"，即买入或抛售股票，改变股票的组合来表达自己的意志，也就是自益权得以强化。

第二个权力关系的变化，是经营者的权利开始扩张。经营者的稳定性比战前显著提高了。虽然经营者持股率很低，但经营者具有独立自主性和配置公司资源的权力。公司的人、财、物等各种资源，供、产、销各环节实际上都是由经营者调配的。即经营者拥有对公司资产的占有、支配和处置权，大部分计划的决定权由总经理或经理的常务会议控制。经营者不仅负责公司的日常经营业务，而且对公司战略性的问题有自主决策权。在公司正常运营时，股东一般不会对经营者的行动进行干预。另外权力的扩张还表现在名誉和社会地位的提高、事业心的满足、资源调配权的膨胀等方面。

第三个企业权力关系的改变，是劳资关系的变化。1929 年严重的世界性经济危机和随后将近十年的经济大萧条造成大批工厂倒闭，企业大量裁员。为挽救处于危机中的美国经济，罗斯福政府改变过去自由放任的经济政策，大规模地干预经济和社会生活。新政主要内容之一，是缓解非常紧张的劳资关系。当时资方越来越多地雇用武装保镖去对付工会，而劳工拿起武器来对付雇主的情况越来越普遍，为了避免更多的劳资冲突，罗斯福政府在《全国复兴法》中加上了工人有集体谈判的权利这一条，并于 1935 年通过了《国家劳工关系法》。这一法案赋予工人加入工会以及工会代表工人进行集体谈判的权利。自此以后，雇主就不能以参加工会为理由解雇工人，也不能拒绝与工会谈判。为了保证工人的权利，联邦政府成立了国家劳工关系委员会，专门负责处理工会与资方的关系，监督工会投票过程，防止劳资双方以任何方式作弊。资方不得威胁工人，工会的支持者也不得要挟自己的工友。一旦投票通过，该委员会便通过官方手续承认工会的存在。如果雇主在工会投票胜利后仍然不承认工会，双方就要到劳工委员会去寻求裁决。该委员会的裁决具有法律效力。上述政策与立法的一个直接结果，就是产业工会的迅速兴起，全美工会的会员从 30 年代的 350 万人增加到 1939 年的近 900 万人，工人在

20世纪30年代通过立法获得了重大的权力。政府作用的加强以及有组织工会的增长，使得管理者不能只仅仅关心生产问题，还必须考虑处理新的关系——劳资关系。

三、局部委托代理向完全委托代理制度转变中的行为科学范式

随着企业规模及其经营领域的进一步扩大，以及古典理论范式支配下的相关理论在企业中的运用与实践，在日益庞大的科层结构下，首先，企业内部代理形成了管理层次多级叠加的局面，代理经营权与决策权在纵向上被分解开来，并归属于不同的管理层，委托人与代理人的关系变得更为复杂，从企业组织结构的纵向上看，某一管理层的人可能既是委托人又是代理人。其次，社会生产力的发展和市场化程度的提高，企业生产与经营活动中的不确定性因素增加，集权的计划部门掌握内外部信息的完备程度下降，委托人与代理人之间"事前"建立一系列代理契约的成本便逐步上升。第三，企业所有者的完全退出与企业股权的分散又导致"谁来监督与约束代理人"问题的产生。在此情况下，委托人开始重新审视原先形成的对代理人进行监督与激励的机制，不得不实行分散权力，赋予组织中下层部门与员工更多的权力与责任。

显然，这种权力的分散能够有效降低代理成本中的监视费，即"事前"成本的降低，然而却也有造成"事后"成本提高的风险，一旦代理人发生"损公肥私"行为，委托人则难以及时察觉与获得补偿，可能会遭受到更大的损失。而在"经济人假设"前提下，代理人是以追求自身效用最大化为目标的，这与企业所有者追求利润最大化的目标，存在着激励相容的矛盾；同时而随着企业规模的扩大与不确定性的提高，人们也意识到"经济人假设"中所隐含的"人应该是具有完备信息的完全理性的人"的假

设也与现实不符。

"经济人假设"与完全委托代理关系企业制度下的监督与激励机制之间的这种矛盾，促使一部分管理学者仍然从古典管理学范式出发，强化管理的标准、制度、工具与技巧，以及纵向一体化与横向一体化的结构性控制等方面，避免代理人"逆选择"与"道德风险"行为的收益过大；另一部分管理学家则开始怀疑并否定"经济人假设"，而从个体、组织与领导的角度，从人性研究入手，利用许多学科的知识来研究人类行为的产生、发展、变化的规律，以预测、控制和引导人的行为，以达到充分发挥与调动企业中员工的积极性与创造性，实现有效地自我监督与激励的目的，这种思路在不断的调查、研究与分析中逐步发展成为行为科学范式。

总的来说，局部委托代理向完全委托代理关系企业制度转变的过程中，一方面，通过剩余索取权与内部控制权相匹配，以及经理人要素市场上的外部竞争来激励约束经理人的治理机制尚未健全；另一方面，法律赋予劳工更大的权力。行为科学范式正是在适应这一企业权力关系的要求中逐步形成并发展起来的。

首先，该范式下的管理理论，能很好的满足完全委托代理关系企业制度形成过程中企业所有者与职业经理的需求。这主要体现在解决代理人选择方面，行为科学提出了符合经营权与所有权分离条件下相关标准，例如：应具备优秀性、开放型、多面型的素质。应该有战略头脑和远见卓识，有哲学思辨能力；有敏锐的观察力，能洞悉环境因素及其变化对本公司的影响；有很强的应变能力，能在变化不定的环境中反应迅速；有强烈的社会责任感和献身精神；有实现权力分散下放的民主精神和容忍反对意见的胸怀；工作热情高；善于接受新事物和新思想，勇于探索和创新，头脑灵活；有坚强的意志、稳定的感情和强健的体魄，能经受紧张、压力和挫折；有合理的知识结构，掌握最新科学，有强烈的学习愿望；在员工中威信高，有人情味，善于做人的工作，善于沟通人际感情，能理解下属的心理需求，对他们的反应、情绪和困难十分敏感，创造条件使他们对工作满意并忠于职守，同时善于理解和沟通各种不同的文化和价值观念；有高超的语言技巧等等。一方面，与古典理论范式中"监工"描述相比，这些标准所要求的人力资本的资产专用性更高，有利于在谈判中"讨价还价"，为职业经理获取企业剩余索取权创造可能，因而受到职业经理欢迎。另一方面，所有者按照这些标准选择代理人，委托人可以降低人才的搜寻成本与代理成本，同时也有利于有真才实学的人的发现与选拔，安心下放权力。

其次，很好适应了完全委托代理关系形成初期劳资关系要求。对于职业经理而言，虽然掌握企业经营权，但单独依靠自己的力量，还不能实现企业的兴旺发达。由于毕竟不是所有者，他们所拥有的排他性产权是其所具备的经营能力，在完全委托代理关系企业制度普及初期这种能力尚未被完全认同，加之这种资产不具备"固化"的载体，其资产专用性要低于物质资本，其产权在经济上的实现程度与其经营绩效相关，甚至这种权力的界定也不总是通过明确的契约形式来实现。因而，从所有者手中获得企业的控制权，并不意味能够在组织结构没有任何阻碍的行使。在股权分散的条件下，员工会发现并没有所谓人格化了的"终极权威"，如果采用古典理论范式提供的"硬"规训手段，在新的权力结构下的反抗几率会加大，影响代理人的业绩，因而需要采用一种相对"软"的规训手段。从根本上看，行为科学理论范式并没有跳出规训的框框，"考试/检查"、"规范性裁决"、"层级监视"与"书写权力"仍然存在，只不过形式更为隐蔽：监视的重心由正式组织转向非正式组织；对行为的裁决转向了对人心理上的裁决；对劳动的考试/检查转向了对人本性的考察。这些手段无非是一种更巧妙的增加劳动强度的方式，它使雇佣人员的知识、能力以至于个人品质、长处都成为被规训的对象，使雇佣劳动者将经营者的利益看作是自己的利益，从而带着感激的心情忠诚地、积极地工作。

由于上述两方面的原因，行为科学理论范式得以形成相应的学术共同体，并且学术上的研究边界得到了界定，特定研究行为准则体系和支撑学科发展的学科建制也随之形成。在 20 世纪初由局部向完全委托代理关系的企业制度转变开始对古典理论范式的权威地位形成了挑战，并随着完全委托代理关系的企业制度的普及而影响扩大，到 20 世纪 50 年代企业制度转变基本完成时，确立与古典理论范式相竞争的地位。

第四章　组织管理范式

　　以行为科学范式的兴起为开端，管理学的发展进入范式竞争的时期。20世纪的50—80年代，在完全委托代理关系的企业制度普及的同时，管理学发展也进入到一个新的时期，这一时期的显著特点是：一方面，古典管理与行为科学范式下常规性研究非常活跃，出现了许多受已有范式支配的管理理论、方法与工具；另一方面，在对古典管理学范式与行为科学范式反思的基础上，形成了一些新的管理学范式，从而导致企业管理思想体系的多元化局面。管理学家孔茨形象的称之为"管理学理论丛林"。本章主要介绍在战后完全委托代理制度对应的企业权力关系下，所新出现的组织管理范式的构成、特征及其形成原因。

第一节　古典与行为科学范式下的
常规研究与新范式的形成

对于一种社会科学范式而言，只要其蕴含的方法论原则仍然能够令人满意的提供分析的手段，范式的发展就会持续下去，即使分析的逻辑结果与管理实践经验不一致，以至于当运用现有的范式所提供的方法来解决问题频频失败的时候，在一系列学术规范与学术建制的作用下，学者们往往不是怀疑范式本身的问题，而是怀疑自己对范式理解的不够正确，把握范式和运用范式本身存在问题，因此，他们通常是讨论与修正自己对范式的理解，直到最终能够将反常的现象纳入到既定的范式所蕴含的逻辑空间中进行分析为止。因而，在战后，依然有众多的管理研究者，遵循古典与行为科学范式所树立的基本信念与分析方法，对管理问题进行了深入的研究，为组织管理范式的形成奠定了坚实的理论基础。

一、古典管理范式下的常规研究

古典管理范式的广泛传播与应用，使人们在实践中对计划、组织和控制的管理职能已达成了较高认同；而在古典管理范式发展过程中形成的学术共同体，也在不断调整与完善整个知识体系，力图维持范式的适用性与有效性。因此，二战后，古典管理范式并未退出历史的舞台，其常规研究的进展主要体现在管理职能论与数量管理论。

1. 管理职能论

管理职能理论，也称为管理过程论，源于古典理论范式中法约尔一般管理理论和厄威克、古利克的管理职能学说。该理论从管理实践出发，认为管理就是在组织中通过或同别人一起完成工作的过程，通过分析管理过程和管理人员的职能，然后从理论上归纳划分职能，提出每项职能的特点、目的、结构、技术和方法，分析实施每项职能的障碍及其排除方法，并用总结概括出的概念、原理、方法指导管理实践。代表人物有詹姆斯·穆尼、拉尔夫·戴维斯、哈罗德·孔茨以及威廉·纽曼等人。

管理职能论认为，各种企业和组织以及组织中各个层次的管理环境都是不同的。例如，工商企业、政府机构或其他事业单位，高层、中层或基层单位的管理环境各不相同。但是，管理则是一种普遍而实际的过程，同组织的类型或组织中的层次无关。管理知识中有一个纯属管理的核心部分，如直线和参谋制、部门化、管理幅度、管理评价、管理控制技术等，就是普遍适用于各种组织和组织中的各个层次的。把这些经验加以概括，就成为基本管理理论。有了管理理论，就可以通过对理论的研究、实验和传授，改进管理的实践。

管理职能论是以七个基本信念为依据的：第一，管理是一个过程。这个过程可以通过分析管理人员的职能，从理性上很好地加以剖析；第二，根据人们在各种企业和组织中长期从事管理的经验，可以总结出一些基本管理原理。这些基本管理原理对认识和改进管理工作能起一种说明和启示的作用；第三，可以围绕这些基本管理原理开展有益的研究，以确定其实际效用，增大其在实践中的作用和适用范围；第四，这些基本管理原理只要还没有被证明为不正确或被修正，就可以为形成一种有用的管理理论提供若干要素；第五，就像医学和工程学那样，管理是一种可以依靠原理的启发而加以改进的技能；第六，有时在实际管理工作中，会违背某一基本管理原理而造成损失，或采用其他办法来弥补所造成的损失，但管理学中的一些基本原理，正如生物学或物理学中的原理一样，是可靠的；第七，管理人员的环境和任务虽然受到文化、物理、生物等方面的影响，管理理论也从其他学科吸取一些有关的知识，但所吸收的只限于同管理有关的，而并不包括社会学、经济学、生物学、心理学、物理学、化学等的全部知识。这是为了知识领域的划分和使管理理论易于理解和掌握。

2. 数量管理论

数量管理论也称管理科学或运筹学。研究者一般从"经济人假设"的前提出发，认为组织是一个追求经济利益的系统，又是一个由物质技术与决策网络组成的系统，管理就是制定和运用数学模型与程序的系统，用数学符号和公式表示计划、组织、控制、决策等合乎逻辑的程序，求出最优解答，以实现组织目标。研究中一般以计算机为工具，注重经济技术问题，追求量化解答管理问题。应该说，数量管理论是对科学管理的继续与发展，因为他们都力求抛弃凭经验、凭主观判断来进行管理，而提倡采用科学的方法，探求最有效的工作方法或最优方案，以达到最高的工作效率，以最短的时间，最小的支出，得到最大的效果。不同的是，管理科学的研究，已经突破了生产操作方法、作业研究的范围，而向整个组织甚至社会系统的所有活动方面扩展。发展成熟的方法有：盈亏平衡分析，库存控制模型、决策树、计划评审法、线性规划、马尔可夫分析、排队论、对策论、模拟论等。数量管理论拥有一支庞大的学术群体，代表人物难以逐一而述。

数量管理论把现代科学方法运用到管理领域中，为现代管理决策提供了科学的方法。它使管理理论研究从定性走向定量，其应用对企业管理水平和效率的提高有着重要的作用，因而，其科学性被普遍承认。但也存在一定的局限性：首先，适用范围有限，并不是所有管理问题都是能够定量的，这就影响了它的使用范围；其次，实际解决问题中存在许多困难，实践中的管理人员可能对复杂、精密的数学方法很少理解，无法做出正确评价，数量管理专家一般又不了解企业经营的实际工作情况，因而提供的方案不能切中要害，双方就难以进行合作。

二、行为科学范式下的常规研究

随着技术进步与社会发展，如何将管理工作与复杂、多变的环境相联系，如何领导组织在日益激烈的竞争中生存与发展，成为企业经理们所面对的一个重要课题。从这种特征的知识需求出发，二战后，行为科学范式的常规研究进展，主要体现在领导行为的研究领域，具有代表性的是经理角色理论与领导行为权变理论。

1. 经理角色理论

经理角色理论形成与 20 世纪 70 年代，代表人物是亨利·明茨伯格。它以对经理所担任角色的分析为中心来考虑经理的职务和工作，以求提高管理效率。该理论所指的"经理"是指一个正式组织或组织单位的主要负责人，拥有正式的权力和职位，而"角色"这一概念是从舞台术语中借用的，是指属于一定职责或地位的一套有条理的行为。

明茨伯格认为，传统的管理职能和人们所认识的管理工作大不一样，传统的管理职能研究不能全面地将理论与实际结合，没有对经理的工作进行深入的研究，缺乏有效的证据，不能反映出经理工作的真正面貌和实质，需要把权力与行为相结合进行分析与归纳，这样才能得出对实践有指导意义的理论。他采用日记的方法对经理的工作活动进行系统的观察和记载，在观察的过程之中及观察结束以后对经理的工作内容进行分类，这样既得到有关经理工作特点的资料，又得到有关经理工作内容的描述。通过对搜集的材料进行总结，然后得出规律性的东西。

明茨伯格认为，经理工作通常有 6 个特点：工作的紧张和繁重；工作的简短、多样和琐碎；把现实具体活动放在优先地位；

爱用口头交谈方式；处于组织和外界联系网络的"瓶颈"；权力和责任混合一体。

经理一般都担任 10 种角色：挂名首脑角色；领导者角色；联络者角色；信息接受者角色；信息传播角色；发言人角色；企业家角色；故障排除角色；资源分配角色；谈判者角色。10 种角色是相互联系的整体，不能割裂开来。经理职务的类型主要有 8 种：联系人、政治经理、企业家、内当家、实时经理、协调经理、专家经理与新经理。

从组织角度看，经理是一个全面负责的人，而同时，经理的工作也是专业化的，因此，经理的工作具有 6 项基本指标：经理必须保证组织实现其基本目标——有效率地生产出某些产品或服务；经理必须设计和维持他的组织的业务稳定性；经理必须负责他的组织的战略决策系统，并使他的组织以一种可控制的方式适应于其变动的环境；经理必须保证组织为控制它的那些人的目的服务；经理必须在他的组织同其环境之间建立起关键的信息联系；作为正式的权威，经理负责他的组织的等级制度的运行。

通过对经理 6 大特点、10 种角色、8 个类型与 6 项目标的研究，明茨伯格提出了一些不同于以往的新观点并得出相应结论。在《经理工作的性质》一书中，他把自己的研究结论归纳为十个方面：与下属共享信息；自觉克服工作中的表面性；在共享信息的基础上，由两三人分担经理的职务；尽可能地利用各种职责为组织目标服务；摆脱非必要的工作，腾出时间规划未来；以适应于当时具体情况的角色为重点；既要掌握具体情节，又要有全局观点；充分认识自己在组织中的影响；处理好对组织施加影响力的力量关系；利用管理科学家的知识才能。

2. 领导行为权变理论

领导行为权变理论认为，传统的领导理论过于简单，并不存在一种普遍适用的最好的或者不好的领导方式，领导者在从事领导行为的选择与运用时，必须对各种环境因素加以考虑，一切以企业任务、个人和团体的行为特点以及领导者和员工的关系而定。最具代表性的权变领导理论主要有：艾凡雪维奇的情景因素说；菲德勒的权变领导理论和豪斯的途径目标理论。

艾凡雪维奇等人认为领导者在选择与运用领导行为时，应注意管理者的特性、部署特性、团体特性和组织特性这四项情景因素。管理者的特性主要包括：人格特质、需要与动机、过去的经验与强化。部署特性主要包括：人格特质、需要与动机、过去的经验与强化。团体特性主要包括：团体发展、团体结构、团体工作等。组织因素主要包括：权力基础、规则与政策、专业主义、时间。艾氏的理论使人们意识到，领导行为最重要之处就在于适应情景，配合情景因素以发挥领导效能。

菲德勒理论的基础是认为领导者对其所领导的群体应根据领导者本身的需要结构，以及在特定情景下的控制及影响程度而权变。菲德勒指出，影响领导形态的情景因素主要有：职位权力，即职位本身所具有的权力；工作结构，即群体工作任务的例行性程度即可预测性；领导者与部属关系，即领导者与下属相处及下属对领导者信任与忠诚的程度。这一理论对于下属生产力的提高及员工满足感的增进，具有相当价值。

豪斯的途径目标理论基本上是根据弗鲁姆的期望理论引申而来。豪斯认为，领导者的主要功能在于影响部署的偏好与预期，假若领导者能够增进部署对达成目标的偏好，以及祛除达成目标的各种障碍，并增进预期达成的几率，将会使部署更努力工作，并使下属有较高的满足感。目标途径理论认为领导行为有工具行为、支持行为、参与行为和成就导向行为等四种。这四种行为可由同一领导者依情景的不同而选择采行，而对于情景因素的考虑，只要有三类：部署的特性，包括部署本身的能力、需要和动机等；工作环境的特性，包括部署的工作和工作团体等；组织因素，包括对部署工作的约束程度、紧急情况、稳定的情景等。豪斯的途径目标理论所提出的领导行为较具弹性，依情景因素的不同而选择适当的行为，各种领导行为在不同情景下考虑不同的选择。

三、古典管理范式与行为科学范式的危机

随着古典管理范式与行为科学范式下常规研究的持续，既定范式可被利用的逻辑空间越来越小，可供研究者调整自己观点的余地也变得越来越狭窄。当人们开始把理论及解释和预测实际管理问题的再三失败，归咎于现有的范式本身的时候，议论、批评、定性判断和选择的学术论战代替了常规研究的逻辑和经验分析，许多相互竞争的信念、观点和理论派别开始产生。于是，出现了两种情形：一是，由于常规研究过程中积累起来的管理学知识对实际管理活动的解释能力、预测能力日渐衰退，不着边际，一些研究者会试图对原有范式的知识硬核与保护带进行调整与整合，或引入新的辅助性假设，以提高理论的适用性；二是，实际管理过程的剧烈变革和发展，新的情况、新的问题在原有分析范式的逻辑空间之外不断发生和积累，这就导致新的管理学理论范式的兴起。对这一情况的一个有力的证明是社会系统理论的提出。

1938 年，巴纳德发表了《经理人的职能》一书，在这本著作中，他对组织和管理理论的一系列基本问题都提出了与传统组织和管理理论完全不同的观点。他认为，组织是一个复杂的社会系统，应从社会学的观点出发，把各类组织都作为协作的社会系统来分析和研究管理的问题。1938 年正处于行为科学学派的发展初期，人际关系学说的兴起，使管理学者已经开始注意使用社会学、心理学的方法来分析和处理管理问题，注意协调好组织中的人际关系。但在巴纳德看来，梅奥等人的人际关系学说研究的重点只是组织中人与人之间的关系，这种人际关系强调的是行为

个体相互之间的关系，并没有研究行为个体与组织之间的关系协调问题。而如果将组织看作是一个复杂的社会系统，要使系统运转有效，则必然涉及到组织中个人与组织间的协调问题。这符合系统论的基本观点，即系统之间的协调。它不仅包括各个子系统之间的协调也包括各个子系统与大系统之间的协调。当时的管理实践中也暴露出了某些单纯以人际关系学说为理论指导而不能解释的管理问题。正是基于这样的历史背景，社会系统理论得以产生，并将协调组织中个人与组织之间的关系作为其研究的主导方向，对管理理论的演变与发展产生了深远的影响。

社会系统理论的主要内容可以归纳为以下几个方面：第一，组织是一个是由个人组成的协作系统，个人只有在一定的相互作用的社会关系下，同他人协作才能发挥作用；第二，组织作为一个协作系统都包含三个基本要素：信息交流、作贡献的意愿与共同的目的；第三，组织是两个或两个以上的人所组成的协作系统，管理者应在这个系统中处于相互联系的中心，并致力于获得有效协作所必需的协调，因此，经理人员要招募和选择那些能为组织目标的实现而做出最好贡献并能协调地工作在一起的人员。为了使组织的成员能为组织目标的实现做出贡献和进行有效地协调，巴纳德认为应该采用"维持"的方法，包括"诱因"方案的维持和"威慑"方案的维持。"诱因"方案的维持是指采用各种报酬奖励的方式来鼓励组织成员为组织目标的实现做出他们的贡献，"威慑"方案的维持是指采用监督、控制、检验、教育和训练的方法来促使组织成员为组织目标的实现做出他们的贡献。

巴纳德的社会系统理论既吸收了古典管理范式的合理成分，又融合了行为科学范式的观点，强调管理的科学性与艺术性的结合，并综合运用社会心理学与系统分析的方法，为后续的常规与非常规管理研究奠定重要的基础，无论是与原有的古典管理范式、行为科学范式，还是此后形成的组织管理范式之间都存在着较深的渊源。

四、新管理范式的形成与发展

特定的管理学范式是特定的历史时期和历史条件的产物。管理理论发展，其持续的推动力并不是来自于管理思想本身，而是来自于客观实际的经济过程的发展和变化。在历史中发生的经济过程是管理实践活动的基础，也是管理理论建构的实践基础。所以，一个新的管理理论范式，对于管理的阐述和预测也必然要面临经验事实的检验；如果这些由实际经济过程提供的，并且在历史时间中不断增加的经验事实都同既定解释和预测相符合，则这一分析范式的合理性增加。反之，其合理性就会下降，人们就会怀疑甚至抛弃这个既定的分析范式。

战后的企业经营环境因素变化，对管理学知识提出了很多新的要求，例如：企业规模的不断扩大与内部管理复杂化，跨行业的大型企业应用什么样的管理理论来指导；其次，跨国经营应该如何在全球范围内实现资源优化配置；伴随着人的生活水平提高，对具有多样性需求的人如何进行管理；另外，随着组织规模的扩大，要如何保证管理的效率等等。这些新要求促使管理学所研究的问题需要从原先工厂管理层面上升到经营管理的层面，由原先对人、财、物等资源配置的效率管理上升到对组织系统运营的效率管理。

在企业内外环境因素的重大变革的背景下，针对大量新的情况、新的问题，创新性的管理研究尤如雨后春笋，滋生蔓延，茁壮成长，呈现出五彩缤纷的繁荣局面。这些研究，与古典管理范式与行为科学范式下的创新研究不同：第一，大多排除对人性模型中的心理性与社会性因素的探究，把人的行为看做是（部分）理性作用的结果，将管理过程、决策与经营战略作为研究对象，由单纯的工厂管理知识上升到经营管理知识。这样，其逻辑空间就能够覆盖比旧范式更加宽阔的内容；第二，大多运用了战后兴起的系统论、信息论、运筹学、控制论、耗散结构论、协同论与突变论等现代自然科学理论作为其方法论上的有力支持，这同管理学知识系统之外的其他知识形态和思想形态的主流相吻合；第三，较好地同这一时期社会经济发展水平、社会生产方式下的企业权力关系相适应，能更好地满足组织对管理知识的需要。

20世纪60—80年代，这些新的理论观点获得多数人的拥护，在西方企业界广泛应用，并形成了相应的学术共同体以及学科建制，总体上具备了管理范式的特征。一系列著名管理工具不断被开发出来，如"波士顿矩阵"、"行业结构分析"、"产品生命周期曲线"、"学习曲线"等等。很多企业组织结构也由纵向一体化转向由战略经营单位（SBU）相组合的横向一体化形式，即使在20世纪70年代"石油危机"与西方各国经济"滞胀"的情况下，企业管理者坚信只要他们能够认清企业内外部环境、发现正确的战略、制定明确的系统目标、并当结果与目标发生差异时调整系统变量，他们就能赢得可持续的竞争优势。然而，在信息日益剧增的现代社会中，要认清极其复杂且不断变动的企业经营的内外部环境是非常困难的，实践的结果并不尽如人意，加之随后西方企业权力关系发生一些新的变化，这些思想与理论的竞争性与影响力在20世纪80年代后开始下降。

第二节　组织管理范式的理论构成

20世纪50—80年代出现的系统管理理论、决策理论、目标管理以及战略管理理论，主要以企业组织、经营活动为研究对象，结合自然科学的理论与方法，将管理活动视为一个企业资源配置的规划与优化过程，在洞察环境与辨析机会的基础上明确组织目标，通过科学决策来确定战略、组织结构、实施策略、规章制度与管理流程，以实现组织长期发展。这些理论相互之间存在着相互影响、相互依赖、相互渗透、互为前提的关系。从研究对象上来界定，本书将其所构成的范式称之为"组织管理范式"。

一、系统管理理论

"系统"一词由来已久，科学家和哲学家常用系统一词来表示复杂的具有一定结构的整体。最早明确地把系统作为研究对象的是美国生物学家贝塔朗菲。1937 年，他首次提出"一般系统论"，1945 年后，他陆续发表论著，阐述该理论的基本原理。

一般系统论认为，系统是由相互联系，相互作用的若干要素结合而成的、具有特定功能的有机整体。它不断地同外界进行物质和能量的交换，而维持一种稳定的状态。20 世纪 60 年代，一些研究者运用一般系统论的原理与方法来分析和研究管理问题，逐步形成了系统管理理论。其中具有代表性的是约翰逊、卡斯特和罗森茨韦克，他们于 1963 年出版了《系统理论和管理》一书，从系统概念出发，建立了系统管理理论。

1. 企业系统论

约翰逊等人不同于巴纳德把企业看作一个封闭式的系统，也不同于西蒙把企业看成开放的动态系统入手研究管理问题，而是侧重于对工商企业的组织结构和模式进行分析，并从系统概念考察计划、组织、控制等企业的基本职能。他们认为，企业是人们创造出来的一个由相互联系而共同进行工作的各个要素（即子系统）组成的开放系统，其目的是实现组织和个人的预定目标。它同周围环境之间如顾客、竞争对手、政府部门等存在着动态的相互作用，并具有内、外两部分的信息反馈网络，能够不断地自行调节，以适应环境和自身的需要。企业中系统管理的要素有以下几个方面：一是人，这是最重要的要素，系统的一切活动都靠人来进行，只有充分调动人的积极性，人尽其才，才能提高管理水平和生产效率；二是物资，包括原材料、能源、半成品、成品等；三是设备，这是生产建设的物质技术基础，包括机械、电气、动力、运输等设备，还包括工具、仪器仪表、仓库或场地的面积和容量等；四是资金，包括固定资金、流动资金等，资金的利用务必要讲求经济效益，提高资金的利用率；五是任务，包括上级下达的项目、指标和与其他单位订立的合同。任务一定要明确，并要有数量和质量上的要求；六是信息，包括原始记录、统计资料、情报、规章制度等。信息在系统中是个很重要的因素，信息必须及时、畅通，便于做出正确的决策。上述这些要素相互联系、相互作用，共同在企业系统管理中发挥作用。

　　企业的生产过程也是个完整的系统，同时也是一个管理信息系统。首先，高层管理者在下属部门的建议和协作下，就企业的产品、工作规划、作业系统、人事任免等做出决策。决策做出后，生产计划部门负责配备设备、器材和人力，并提供技术保障。然后，信息部门提供的信息被输入生产系统，经过整理调节被加工成产品。同时生产监督控制部门对产品进行量度，与正常的生产标准比较，进行必要的修正。最后产成品进入经营销售部门，整个过程才算完成。而且整个企业系统的设计组成还要经常接受检验，必要时对各个组成部分重新加以安排，更好地提高生产效率。

　　从静态角度看，企业管理系统是由垂直和水平两个系统构成的。企业垂直系统主要有四大项职能：生产职能、销售职能、财务职能、人事职能，它们之间关系的协调与否对企业的发展至关重要。水平系统有三个层次：高级管理层制定战略决策、经营方针和目标，制定长期计划和预算，确定新产品开发计划，拟定投资方案等；中级管理层在战略计划指导下制定管理目标，拟定实施方案，按部门分配资源，协调各部门之间的关系，制定生产程序及评价办法；基层管理层主要是按上级指示的目标、程序进行生产组织和实施生产作业，完成规定的任务。

系统管理论认为，企业管理活动大致经历以下几个阶段：第一是计划，即确定目标，选择最优方案，并确定达到预期目标所用的手段；第二是执行，即由具体部门实施计划规定的事项；第三是控制，也就是考察执行的结果，找出偏差，及时纠正。这三个阶段是连续循环，呈螺旋式上升的，而且一次比一次更高，正是由于这一过程，企业系统的管理水平才得以不断提高。

2. 系统动态学

与约翰逊等人同时期，美国麻省理工学院教授弗莱斯特也提出了工业动态系统理论，并将系统管理理论具体化。该理论研究的是工业系统的行为，考察工业企业的政策、决策、结构等因素之间的相互关系及其对企业成长和稳定的影响。它利用电子计算机等先进手段，通过模型来研究工业企业系统的行为及各种变化情况，以达到改进政策，提高企业经营管理水平的目的。它主要解决以下的问题：系统结构、管理政策和时间延误之间的相互作用如何影响系统的动态特征；系统结构及所取政策有关的系统增长性预测定量化和实践问题；如何确定一个基本结构以便有利于各种管理职能的有机结合；在企业、公司、国家经济部门或其他系统内，信息、货币、定货、材料、人员和设备等各种流程之间是如何相互影响的；如何更有效地设计工业和经济等复杂的大系统；如何把人的判断力经验和严密的逻辑推导结合起来等等。

弗莱斯特等人认为，建立工业动态模式可以按照6个步骤进行：第一步，对工业企业的具体情况进行分析，确定工业企业管理中的问题所要达到的目标；第二步，系统地表达企业系统特有的各种主要因素的相互依存关系；第三步，建立数学模型；第四步，用电子计算机对数学模型进行运算分析；第五步，依据实验的资料对数学模型进行修改，以保证企业行为尽可能一致；第六步，运用模型确定各个参数最适宜的变化范围，以便改进企业行为，并把这些变化从计算机语言翻译成日常生活中的通用语言，供企业管理者利用。

系统管理理论抽象性程度很高，可变因素太多，过于复杂，操作起来较为困难，在六十年代末逐渐趋于衰退。

二、决策理论

决策理论与社会系统论、系统管理理论存在着密切的联系。二战后，由美国卡内基·梅隆大学教授赫伯特·西蒙等人在吸收行为科学、系统理论、运筹学和计算机科学等学科的内容基础上发展起来的，在管理学界与企业界有着较大的影响。西蒙也因其在管理决策研究方面突出成就，于 1978 年获诺贝尔经济学奖，代表作包括：《管理行为》（1945）、《组织》（1958）、《管理决策新科学》（1960）、《公司行为的一种理论》（1963）等。

1. 管理即决策

西蒙等人认为，组织就是作为决策者的个人所组成的系统。一个组织的任何一个成员的第一个决策是参加或者不参加这个组织。在他做出这个决策的过程中，他既要对他为组织所作的贡献（劳动或资本）和从组织得到的诱因进行比较。如果诱因大于贡献他就参加。组织的成员在做出了参加组织的决策以后，还要作出其它种种决策。而在一个人参加某一组织以后，虽然他的个人目标依然存在，但逐渐退居第二位，顺从属于组织的目标。组织有必要把其成员的某些决策权接收过来而代之以组织的决策过程。因为，任何孤立的个人的决策决不可能达到高度的客观合理性。于是决策就成为组织中许多集团所参与的结果，成为一种"混合的决策"。所以，要了解一个组织的结构和职能，就必须分析其成员的决策和行为，受组织的影响，还必须研究影响人群行为的复杂的决策网状结构。

组织的全部管理活动都是集团活动，其中心过程就是决策。制定计划的过程是决策；在两个以上的备选计划中选择一个，也是决策；组织的设计、部门化方式的选择、决策权的分配等，是组织上的决策问题；实际成绩同计划的比较、控制手段的选择等，是控制上的决策问题。所以决策贯彻于管理的各个方面和全部过程，管理就是决策。

2. 决策过程

西蒙等人认为，决策决不只是从几个备选方案中选定一种行动，而是包括几个阶段和涉及许多方面的整个过程，决策过程包含4个阶段：收集情报、拟订计划、选定计划和对已定计划进行评价四个阶段。

收集情报阶段就是对企业所处环境中有关经济、技术、社会等方面的情报并加以分析，以便为拟定和选择计划提供依据，在这一阶段的任务是探查环境，寻求决策的条件，可以称之为情报活动。拟定计划阶段以企业所需解决的问题为目标，依据第一阶段所收集到的情报，拟定出各种可能的备选方案，这一阶段的任务是设计制定和分析可能采取的行动方案，可以称之为设计活动。选定计划阶段就是根据对当时的情况分析和对未来发展的预测，从各个备选方案中选定一个，这一阶段的任务是从可供选择的各种方案中选出一个适用的行动方案，可以称之为抉择活动。最后一个阶段是对已定的方案进行评价，可以称之为审查活动。

上述4个阶段中的每一个阶段本身都是一个复杂的决策过程。例如，在收集情报阶段，面对大量的情报，就要加以分析，决定取舍，其中就有决策。拟订计划阶段，决策的性质更为明显，所以不可以认为只有选定计划阶段才有决策。事实上，管理者在前两个阶段做好了，才能在第三阶段做出正确的抉择。至于审查和评价的阶段也是离不开决策的。解决问题按照："问题是什么——备选方案是什么——哪一个方案最佳”的步骤进行。

3. 决策准则与类型

关于作出决策的准则，西蒙认为，并不是像有的人主张的那种"绝对的理性"。以往的经济学和管理学都把人看成是以"绝对的理性"，按照最高准则行动的"经济人"，但这是做不到的。因为，要做到"绝对的理性"就要有三个前提：一是决策者对于所有可供选择的方案及其未来的后果要"无所不知"；二是决策者要具有无限的估算能力；三是决策者的脑中对于各种可能的后果有一个"完全而一贯的优先顺序"。由于决策者在认识能力上和在时间、经费、情报来源等方面的限制，不可能具备这些前提。所以，事实上不可能做出"完全合理"决策。人类实际的理性既不是完美无缺的"绝对理性"，也不是非理性。人们在决策时，不能坚持要求最理想的解答，常常只能满足于"次优"决策。因为，他没有求得"最优化"的才智，只能满足于"符合要求的"这一准则。

因此，西蒙以"管理人"来代替按最高准则行动的"经济人"。这种"管理人"要求第一，用"足够好的"准则代替最高准则；第二，不考虑一切可能的复杂情况，只考虑与问题有关的特定情况。对工商企业来说这种"足够好的"准则就是"适当的市场份额"、"适应的利润"、"公平的价格"等。而一个组织存在的意义和目的也就在这里。因为，组织的主要职能之一就是"弥补个人的有限制的理性"，从而能做出"足够好的"决策。

西蒙把一个组织的全部活动分为两类：一类是例行活动，这是些重复出现的例行公事，如定货、材料出入等。有关这类活动的决策是经常反复地而且有一定的结构。对此可以建立一定的程序，当这类活动重复出现时予以应用，不必每次都做新的决策。这类决策叫做程序化的决策。另一类是非例行活动。这类活动不是重复出现的，也不能用对待例行公事的办法来处理。这类活动有许多都具有很大的重要性，如新产品的研究和发展、企业经营的多样化、工厂的扩建等。有关这类活动的决策是新出现的、不能程序化的。这类决策叫做非程序化的决策。

4. 组织设计

西蒙等人认为，一个企业的组织机构的建立，必须同决策过程联系起来考虑，所以他反对传统管理学派提出的部门化原则。他指出，一个组织划分为各个单位，必须以所要做出的决策类型为依据，而评价一个机构的主要标准就是它对行为的影响。

一个组织一般有三层机构；基层机构从事于直接生产过程，获取原材料制造并储运产品；中层机构从事程序化决策，管理生产和分配系统的日常工作；上层机构从事非程序化决策过程，设计整个系统，确定其目标，并监督其实施。西蒙认为，决策过程中电子计算技术等先进技术的运用并不会改变上述三层机构的划分，而只会使之更加明确清楚。所以未来的组织机构仍将是层级制的，虽然其具体形态可能同现在有重大的差别。

一个组织中集权和分权的问题也不能脱离决策过程而孤立地存在。有关整个组织的决策必须是集权的，因为由于个人的认识、情报来源、能力、知识、经验等方面的限制，下级人员可能不如高层领导那样，能够做出更适合于整个系统的决策，各级管理人员的决策要同他们的情报来源和职能相适应。同时，由于一个组织内决策过程本身的性质，分权也是必需的。因为个人的认识能力是有限的，所以在做出重大的新决策时，必须实行适当的分权，由各个单位和各个等级的经理人员来参与决策。特别是在探求各种不同的方案进行比较，并向最高领导推荐上更是这样。对于那些复杂的、具有多方面因素的问题，个人不可能同时了解和分析其各个方面。因比必须把它分解为各个因素，由不同的专业部门来研究并尽可能采用电子计算机等先进技术来协助计算，分析各种参数，以便尽可能了解各方面的因素和影响做出较为合理的决策。

关于直线领导和参谋人员的关系问题，西蒙认为，应该从决策过程的观点来看。传统管理理论为了维护指挥的统一，坚持只有直线指挥人员有权做出决策，参谋人员不能直接做出决策。如果这一原则贯彻到底，可能在有些领域中能够胜任的人不能作决策，而不能胜任的人却来做决策。为了解决直线指挥人员和参谋人员的矛盾，西蒙给出了两条建议：一是"狭义的指挥统一"，即一个人可以服从几个上级接受命令，但当这些命令发生冲突时，他只服从其中一个上级的命令；二是"权力的分工"，即每一个单位在某一特定的领域内具有全权，在这个领域内它发出的命令是必须服从的。这两条可以单独使用或合并使用。

三、目标管理理论

目标管理理论，是美国管理学家彼得·德鲁克在 20 世纪 50 代出版的《管理实务》一书中首次提出来的，以后奥迪奥恩在 1965 年出版的《目标管理》一书中又作了进一步的阐述。其主要内容包括：

1. 目标管理导向

德鲁克认为，在任何企业中均存在着三种对管理人员的错误引导：上司的错误引导；各管理阶层之间的差异引导；工资报酬的错误引导。这些问题都会使管理人员对自身和企业做出不同的价值判断和行为选择，造成企业中的混乱和各种错误倾向。因此，并不是有了工作才有目标，而是相反，有了目标才能确定每个人的工作。所以企业的使命和任务，必须转化为目标，如果一个领域没有目标，这个领域的工作必然被忽视。

传统的专业化分工所带来的最大危险在于，每个部门都致力于提高本部门的专业水准，这可能导致员工的努力偏离了组织的整体目标，而把职能性工作本身当成目的。这种状况下，每个部门各自为政，只关心自己的专业领域，互相猜忌提防，致力于扩张各自的势力范围，而不是建立整个公司的事业。于是，各部门的努力难以形成合力，造成巨大的资源浪费，甚至成为组织分崩离析的离心力。目标管理通过员工参与制定企业的目标，能够让员工清楚地知道企业的整体目标以及自己对于企业总目标的贡献，能够克服因对于企业总目标的无知而造成的只关注自己的专业领域，各部门各自为政，错把手段当目的的局面。另一方面，目标管理以企业整体目标为导向，必然将资源集中使用在对组织目标有贡献的领域，更合理地配置和利用人力、物力和财力，做到人尽其才、物尽其用，有效避免资源浪费。

德鲁克认为，任何一个企业必须形成一个真正的整体。企业每个成员所做的贡献各不相同，但是他们都必须为着一个共同的目标做贡献。他们的努力必须全都朝着同一方向，他们的贡献都必须融为一体，产生出一种整体的业绩。没有隔阂，没有冲突，没有不必要的重复劳动，从而提高有效性。因而，企业的运作要求各项工作都必须以整个企业的目标为导向，吸收全体人员参与目标管理实施。

2. 目标管理体系

德鲁克认为，在目标管理过程中，应通过自上而下或自下而上层层制定目标，在企业内部建立起纵横联结的、完整的、全过程与多层次的目标管理体系，把企业中各部门、各类人员都严密地组织在目标体系之中，明确职责、划清关系，使每个员工的工作直接或间接地同企业总目标联系起来，从而使员工看清个人工作目标和企业目标的关系，了解自己的工作价值，激发大家关心企业目标的热情。

每一位管理人员，都必须明确制定其目标：高级管理人员负责制定战略目标和高级战略目标；中层管理人员负责中级策略目标；基层管理人员负责初级策略目标；一般员工负责方案和任务。这些目标不但要规定该人所管理的单位应达到的成就，还必须规定他在帮助其它单位实现其目标时应做出什么贡献，上下级各目标共同形成一个有机目标体系，而所有这些目标又都是以企业的总目标为依据的，通过各个个体目标的实现来促进企业总目标的实现。目标分解到哪里，权力和责任就下放到哪里，企业的组织结构根据目标体系来构建，这样，每个部门都有明确的目标，每个目标都有人明确负责，事事有人做，人人有其责，办事有标准，检查有根据，从而把每个人的工作目标与总体目标紧密联系起来，形成一个责、权、利分明的目标体系。杜绝遇事无人负责，互相扯皮的现象。

德鲁克认为成功的目标管理，需要具备以下六个先决条件：

第一，高层领导人员的参加。组织的高层领导人员必须积极参加制定和实现单位的战略目标和高级策略目标。

第二，下级人员必须积极参加目标的制定和实现。目标管理计划之所以能起激励作用并改善人际关系，就因为它能吸引各级人员和广大员工参加制定目标并为目标的实现承担责任。

第三，有充分的情报资料。要制定有效的目标就要求有充分而精确的情报资料。各级人员如果不了解高层领导制定的目标，就不能适当地制定他们自己的目标。此外，各级人员还必须掌握与组织有关的各个方面的情报资料。

第四，对实现目标的手段有控制权。否则，目标虽然制定了，却并不能影响管理行为并取得成果。

第五，对由于实现目标管理而来的风险要予以激励。以往一贯是按照各人做的工作来对员工进行评价的，至于是否达到一定的目标，员工并不承担什么责任。实行目标管理以后，每个人都要为实现一定的目标而承担责任。否则，有的人口头上赞同目标管理，实际上却不积极，甚至暗中抵制。

第六，对员工要有信心。相信员工能制定目标并承担实现目标的责任，相信人的本性愿意承担责任、能够自治、愿意上进和发展，重视上下级之间的协商，尊重员工的个人意志和愿望，改变由上而下摊派任务的传统做法，调动员工的主动性、积极性和创造性。

3. 目标管理过程

目标管理的第一阶段是制定目标。整个单位制定一年或一个时期的战略目标，各级管理部门制定本部门要实现的策略目标，每个员工制定自己的目标。这样就形成一个目标体系。这一阶段十分重要，目标愈是明确、具体、数量化，则实现目标的过程管理和对成果的检查与批评也愈容易。这一阶段又分五步：准备；由高层领导制定战略目标；在管理阶层制定试探性的策略目标；各级人员提出各种建设，相互讨论并修改；对各种目标和评价标准达成协议。制定目标是一个不易解决的问题。德鲁克对此提出了一种有效的方法，即分别确定每个领域内要衡量的是什么以及衡量的标准。八个需要设定具体的目标领域是：市场营销、创新、人力资源、财务资源、物质资源、生产率、社会责任和利润要求。并且德鲁克提出了制定目标的四个主要原则：目标要具体化；目标要具有超前性；目标要具有平衡性；目标要注意目标之间的逻辑顺序。

目标管理的第二阶段是实现目标的过程。它一般是在监督下为实现目标而进行的过程管理。这种过程管理同传统的管理方法不同，主要由员工自主管理或自我控制，上级只是根据例外原则对重大的问题过问和干预。因为每个员工都有由他自己制定的目标，能充分发挥其积极性、创造性和主动性来实现他自己的目标。由于员工的个人目标和各级管理人员的策略目标是以整个组织的战略目标为依据的，所以当员工的个人目标和各级管理人员的策略目标实现时，组织的战略目标也就实现了。为了使目标管理计划贯彻于日常生活中，必须以计划为依据，作为逐日的安排，各级管理人员和每个员工每日在开始工作时要问一问自己，我今天能够具体做些什么来为实现自己的目标做出贡献？今天的时间应该怎样最好地予以利用？有哪些工作本来是自己做的，现在可以授权别人去做？如何防止干扰？有哪些特别耗费时间的活动可以减除等等。

目标管理的第三阶段是对成果进行检查和评价。把实现的结果同原来制定的目标相比较，对做得好的，肯定成绩，予以各种形式的奖励；对做得不好的，一般并不予以惩罚，而是尽量使各级管理人员和员工自己总结教训，上级予以辅导，以便将来更好地发挥自己的能力，做出贡献。评价必须基于绩效。评价是一种判断，总是需要有清楚的标准，才能下判断；缺乏清晰、明确的公开标准而做的价值判断是非理智而武断的，会影响判断者和被判断者。德鲁克认为，关乎组织成员切身利益，同时又极易引发冲突与争议的奖惩制度必须取决于其对组织贡献的大小。目标管理的核心理念之一就是以实现"目标"的成果来评价其贡献大小，这种基于客观绩效的评估结果，能让员工心服口服。与传统的领导根据个人好恶来对员工进行评判相比，更能彰显公平，对于员工也有更好的激励作用。最后，把这一个周期中总结出来的经验和教训应用到目标管理的下一个周期中去，以便不断地提高目标管理工作的质量。

四、战略管理理论

战略管理理论形成于 20 世纪 60—70 年代，研究者普遍强调战略的重要性，即在动态多变的内外部环境下，企业要求得长期生存与不断发展，必须要进行总体性的谋划，战略管理决定着组织生存和发展的态势。它与系统管理理论、决策理论、目标管理理论存在着密切的关系，有很多不同的流派，其中设计学派、计划学派、学习学派与资源学派影响范围最大。主要内容包括：资源配置战略、产品—市场战略、竞争战略、业务组合战略与核心能力战略等等。

1. 资源配置战略

1962 年艾尔弗雷德·钱德勒在《策略与结构：工业企业史的重要篇章》一书中，分析了环境、战略和组织之间的相互关系，提出了"结构追随战略"的论点。他认为，企业经营战略应当适应环境，满足市场需求，而组织结构又必须适应企业战略，随着战略的变化而变化。

钱德勒给企业战略下的定义是：决定企业长期基本目标与目的，选择企业达到这些目标所遵循的途径，并为实现这些目的而对企业重要的资源所进行的配置。并且他区分了管理措施与战略之间的区别：管理措施着眼于日常经营活动中的事务处理，以保证经营的高效与顺畅；而战略则关乎于如何利用"看得见的手"实现资源配置的问题，更关注于企业长期发展。一般认为，钱德勒的研究是战略管理理论的起点。

2. 产品—市场战略

1965 年美国加州国际大学的战略管理教授安索夫出版了《企业战略论》一书，他提出，战略管理是企业制胜的关键的论点，并把战略定义为一个制定产品——市场方案的决策过程，这是一个根据实施的情况与方案目标不断调整的动态过程。在 20 世纪 70 年代，企业战略理论几乎已成为美国与日本企业界经营战略结构框架。产品——市场战略矩阵见图 4-1：

产　品 市　场	现有产品	新产品
现有市场	市场渗透战略	产品发展战略
新市场	市场发展战略	多元化经营战略

图 4-1　产品—市场战略矩阵

（1）市场渗透战略

企业通过目前现有的产品针对现有的客户群进行市场推广。换句话说，就是通过诸如产品促销，品牌的重新定位等一些方法增加企业的利润。该战略适用于产品并没有改变，并且也并没有寻找到任何新客户的情况。

（2）市场发展战略

企业通过将现有的产品归类于新的市场来进行市场推广。也就是说，产品没变，但是它会面向新的客户进行市场的扩张。

（3）产品发展战略

企业通过一种新的产品推向原有的客户群来进行市场推广。通过一种具有创新性的产品来代替以前原有的产品。而这种经过加工后的产品仍将推向原有的客户群。产品发展通常会与市场的自身发展相结合，也就是说现有的模式已经经过改良或替代并且仍然推向现有的客户群。

（4）多元化经营战略

以全新的产品推向新的客户群。有两种多元化经营的模式：相关多元化经营和不相关多元化经营。相关多元化经营是指我们仍然在一个我们所熟悉的市场或产业里。而不相关的多元化经营是指我们进入到一个与原先的产品和市场完全没有关系的产业或市场中。

3. 竞争战略

1980 年和 1985 年波特先后出版了《竞争战略》和《竞争优势》两书，提出了"行业五种竞争力量模型"以及经营战略的关键是确定企业的竞争优势。

（1）行业 5 力模型

波特提出，定企业获利能力的首要因素是"产业吸引力"。企业在拟定竞争战略时，必须要深入了解决定产业吸引力的竞争法则。竞争法则可以用五种竞争力来具体分析：防止潜在竞争者进入行业的壁垒高度；有可能代替该产品的代用品的威胁程度；企业与供给原材料部件等供货者的讨价还价能力；企业与购买者的讨价还价能力；行业内部对抗竞争的方式与强度。

这五种竞争力能够决定产业的获利能力，它们会影响产品的价格、成本、与必要的投资，也决定了产业结构。企业如果要想拥有长期的获利能力，就必须先了解所处的产业结构，并塑造对企业有利的产业结构。

（2）一般性战略

企业为确定竞争优势而采用的竞争战略可分为三种基本类型：成本领先战略；产品差异化战略与重点集中战略。

成本领先战略就是最大努力降低成本，通过低成本降低商品价格，维持竞争优势。要做到成本领先，就必须在管理方面对成本严格控制，尽可能将降低费用的指标落实在人头上，处于低成本地位的公司可以获得高于产业平均水平的利润。在与竞争对手进行竞争时，由于你的成本低，对手已没有利润可图时，你还可以获得利润。你就主动，你就是胜利者。

产品差异化战略是公司提供的产品或服务别具一格，或功能多，或款式新，或更加美观。如果别具一格战略可以实现，它就成为在行业中赢得超常收益的可行战略，因为它能建立起对付五种竞争作用力的防御地位，利用客户对品牌的忠诚而处于竞争优势。

重点集中战略是主攻某个特定的客户群、某产品系列的一个细分区段或某一个地区市场。其前提是：公司能够以更高的效率、更好的效果为某一狭窄的战略对象服务，从而超过在更广阔范围内竞争对手，可知该战略具有赢得超过行业平均水平收益的潜力。

4. 业务组合战略

业务组合是集团企业战略的核心内容之一，即确定公司选择进入哪些业务、退出哪些业务、向哪些行业投入资源。企业往往会将其资源投放在几种不同的业务上，以形成自己的业务组合。这样就可能有效地避免市场风险，保证其资源得到合理的运用，使企业在市场上始终保持有利的竞争地位。业务组织战略的确定与实施一般通过 SWTO 分析和矩阵方法来实现。

（1）SWOT 分析

SWOT 分析是企业内部优势（Strengthens）与劣势（Weaknesses）和企业外部机会（Opportunities）与威胁（Threats）综合分析的代名词。SWOT 分析作为一种能够迅速掌握、容易使用的企业竞争态势分析系统和分析工具，其主要目的在于对企业综合情况进行客观公正的评价，以区别优势与劣势、机会与威胁因素，并特别地将其中与战略相关的因素分离出来。

SWOT 方法还可以作为企业战略制定的一种方法。因为它还为企业提供了四种可以选择的战略：SO 战略、WO 战略、ST 战略、WT 战略，如表 4-1 所示：

表 4-1 SWTO 战略

	内部优势	内部劣势
外部机会	SO 战略 依靠内部优势 利用外部机会	WO 战略 利用外部机会 克服内部弱点
外部威胁	ST 战略 依靠内部优势 回避外部威胁	WT 战略 减少内部弱点 回避外部威胁

进行 SWOT 分析时，首先，分析环境因素，运用各种调查研究方法，分析出公司所处的各种环境因素，即外部环境因素和内部能力因素。外部环境因素包括机会因素和威胁因素，它们是外部环境对公司的发展直接有影响的有利和不利因素，属于客观因素，一般归属为经济的、政治的、社会的、人口的、产品和服务的、技术的、市场的、竞争的等不同范畴；内部环境因素包括优势因素和弱点因素，它们是公司在其发展中自身存在的积极和消极因素，属主动因素，一般归类为管理的、组织的经营的、财务的、销售的、人力资源的等不同范畴。在调查分析这些因素时，不仅要考虑到公司的历史与现状，而且更要考虑公司的未来发展。

其次，构造 SWOT 矩阵，将调查得出的各种因素根据轻重缓急或影响程度等排序方式，构造 SWOT 矩阵。在此过程中，将那些对公司发展有直接的、重要的、大量的、迫切的、久远的影响因素优先排列出来，而将那些间接的、次要的、少许的、不急的、短暂的影响因素排列在后面。

最后，制定行动计划，在完成环境因素分析和 SWOT 矩阵的构造后，便可以制定出相应的行动计划。制定计划的基本思路是：发挥优势因素，克服弱点因素，利用机会因素，化解威胁因素；考虑过去，立足当前，着眼未来。运用系统分析的综合分析方法，将排列与考虑的各种环境因素相互匹配起来加以组合，得出一系列公司未来发展的可选择对策。

（2）波士顿矩阵

波士顿矩阵又称产品系列分析法，是一种指导公司实行产品战略组合的有效方法。产品系列分析法 1970 年由美国波士顿咨询公司、通用电气公司和哈佛大学合作开发的。这种方法的核心在于解决两方面的问题：一是，如何使企业的产品的品种及其结构适合市场需求的变化问题，只有这样，企业的生产才有意义；二是，如何将企业有限的资源有效地分配到合理的产品结构中去，以保证企业收益，是企业在激烈竞争中能否取胜的关键。

波士顿矩阵认为一般决定产品结构的基本因素有两个：即市场引力与企业实力。市场引力包括企业销售量（额）增长率、目标市场容量、竞争对手强弱及利润高低等。其中最主要的是反映市场引力的综合指标——销售增长率，这是决定企业产品结构是否合理的外在因素。企业实力包括市场占有率，技术、设备、资金利用能力等，其中市场占有率是决定企业产品结构的内在要素，它直接显示出企业竞争实力。销售增长率与市场占有率既相互影响，又互为条件：市场引力大，销售增长率高，可以显示产品发展的良好前景，企业也具备相应的适应能力，实力较强；如果仅有市场引力大，而没有相应的高销售增长率，则说明企业尚无足够实力，则该种产品也无法顺利发展。相反，企业实力强，而市场引力小的产品也预示了该产品的市场前景不佳。

通过以上两个因素相互作用，会出现四种不同性质的产品类型，形成不同的产品发展前景：销售增长率和市场占有率都高的产品群称为明星类产品；销售增长率和市场占有率都低的产品群称为瘦狗类产品；销售增长率高、市场占有率低的产品群称为问号类产品；销售增长率低、市场占有率高的产品群称为现金牛类产品。如图4-2所示：

销售增长率	高	风险产品（Ⅱ）	明星产品（Ⅰ）
		滞销产品（Ⅲ）	厚利产品（Ⅳ）
	低	低	高
		市场占有率	

图4-2　波士顿矩阵

波士顿矩阵的优点是简单明了，可以使集团在资源有限的情况下，合理安排产品系列组合，收获或放弃萎缩产品，加大在更有发展前景的产品上投资。一个企业，如果其全部产品都分布在下面销售增长率——市场占有率矩阵上的I、II、IV象限内，并各占30％、20％和40％，则这种产品结构是非常理想的，这样就可以利用厚利产品的强大的市场地位所产出的大量现金，投资于明星产品与风险产品，这是一种理想的产品发展与资金运作方式。

（3）麦肯锡矩阵

在波士顿咨询矩阵的基础上，美国通用电气公司聘请麦肯锡咨询公司共同开发了麦肯锡矩阵，也称为行业吸引力——经营实力矩阵或 GE 矩阵。

与波士顿矩阵不同，在这个模型中，行业吸引力代替了销售增长率作为一个评价维度，它包含了更多的考察的因素，如市场规模、市场成长率、市场收益率、定价趋势、竞争强度、行业投资风险、进入障碍、产品 / 服务差异化机会、产品 / 服务需求变动性、市场分销渠道结构与技术发展等

在麦肯锡矩阵中，经营实力代替了市场占有率作为另外一个维度，由此对每一个事业单元的竞争地位进行评估分析，同样，经营实力较之市场份额亦包含了更多的考察的因素，如资产与实力、品牌 / 市场的相对力量、市场份额、市场份额的成长性、顾客忠诚度、相对成本结构、相对利润率、分销渠道结构及产品生产能力、技术研发、产品 / 服务质量、融资能力和管理能力等等。此外，麦肯锡矩阵对行业吸引力和经营实力的大小，经过判断决策定出高、中、低三类，因而有 9 个象限，而波士顿矩阵只有 4 个象限，这使得麦肯锡矩阵结构更复杂、分析更准确。如图 4-3 所示：

经营实力	高	投资与发展	选择性发展	选择
	中	选择性发展	选择	获益/撤退
	低	选择	获益/撤退	获益/撤退
		高	中	低
			行业吸引力	

图4-3 麦肯锡矩阵

5. 核心能力战略

1990年普拉哈拉德与哈麦尔在《哈佛商业评论》发表了"企业核心竞争力"一文，提出了企业核心能力战略理论。该理论一经提出，便引起广泛关注与研究，并迅速占据了战略管理的主导地位，成为指导企业经营和管理的重要理论之一。它的产生代表了一种企业发展的观点：企业的发展由自身所拥有的与众不同的资源决定，企业需要围绕这些资源构建自己的能力体系，以实现自己的竞争优势。

关于核心能力，从不同的角度出发有不同的理解，但总体而言，核心能力是指组织内部一系列互补的技能和知识的结合，它具有使一项或多项业务达到竞争领域一流水平的能力，使公司在竞争中处于优势地位的强项，是其它对手很难达到或者无法具备的一种能力，从而可以给企业带来长期竞争优势和超额利润。核心能力涉及企业的技术、人才、管理、文化和凝聚力等各方面，关乎各种技术和对应组织之间的协调和配合，是企业各部门和全体员工的共同行为的结果，也是企业持续竞争优势的源泉。企业核心能力理论框架如图4-4所示：

核心能力战略对于企业的长远发展具有重要的意义，它超越了企业之间具体的产品和服务，以及企业内部所有的战略单元，将企业之间的竞争提升为企业能力之间的对抗，企业的竞争成功不再被看作是资源配置或战略经营的结果，而是一种企业能力作用的结果。因此，在企业取得和维持竞争优势过程中，企业核心能力的培养和运用是最为关键的因素。核心能力的寿命比任何产品和服务都长，关注核心能力比局限于具体产品和业务单元的发展战略，能更准确地反映企业长远发展的客观需要，使企业避免目光短浅所导致的战略短视，而经营战略不过是企业充分发挥核心能力并把其运用到新的开发领域的活动和行为。

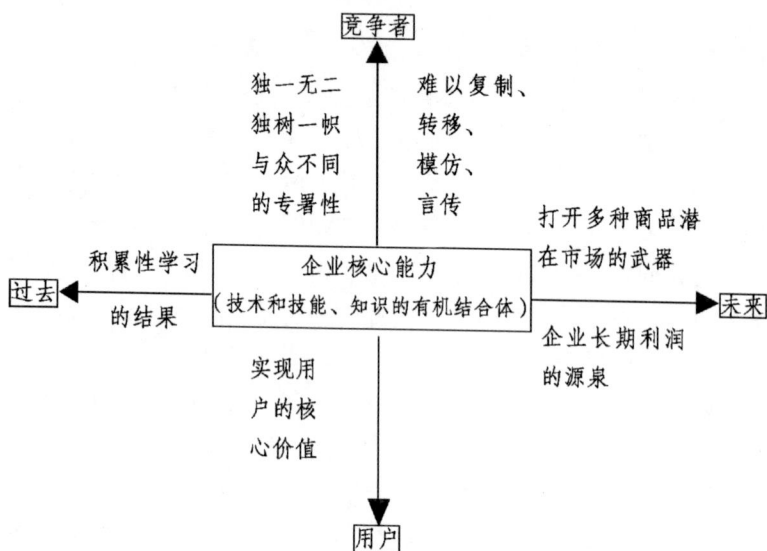

图4-3　核心能力理论框架

第三节　组织管理范式的特点

二战后，基于"经济人"人性观的古典管理范式与基于"社会人"人性观的行为科学范式的相互竞争中，一些管理学家开始思考能否排除对人性中心理与社会性因素的探讨，将过程、决策与经营战略等客观的管理实践作为研究对象，利用理性自然科学的研究方法，另辟蹊径构建一类新的管理学知识。因为要从心理和社会性因素出发认清人性的本质，建立一个全新的、动态的、高度抽象的人性模型，确实是非常困难的。而战后系统论、信息论、运筹学、控制论、耗散结构论、协同论与突变论等现代自然科学理论的发展和创新，又为这一的思路提供了工具与方法论上的有力支持。

一、组织管理范式的基本信念

战后，在技术、制度、市场与社会等企业内外环境因素巨大变化的背景下，企业生产与经营中出现的一系列新问题、新现象，要求管理者在充分辨析内外部环境的基础上，对组织运行的全局进行合理的规划，明确战略、策略与流程，并有效付诸实施、控制和评价，以实现企业的长期生存与发展。系统管理理论、决策理论、目标管理理论以及战略管理理论，虽然其研究的视角、侧重点与方法各有不同，对管理的含义与理解也存在着差异，但无一不是对这一动态管理过程理论化表现，而具有相同的范式层面上的特征。

1. 系统认识论

组织管理范式从系统认识论出发，将管理的主体与客体都视为由一系列要素所构成的系统，每一个基本要素都不是孤立的，它既在自己的系统之内，又与其它系统发生各种形式的联系，管理实践是基于特定目的或意图，在一定理论、知识、方法指导下，运行把主体与客体、理论与行动联系起来，并形成相互作用的过程。

首先，组织管理范式认为管理的主体是一个系统。随着企业规模的扩大与管理职能的扩充，在大量的管理活动中，管理的主体常常不是一个人，而是一个集体或者集团。这个集体或集团分工协作，各司其职，形成一个管理主体系统。由于管理对象不同，管理主体也有各自不同的特点，对于一个规模企业而言，管理主体系统至少包括：（1）管理决策系统，他们在管理主体系统中居于中心地位。因为决策系统要根据现有的主客观条件和备选的方案，提出整个管理活动的目标并制定实现目标的计划和方案。这个目标既是管理主体的，又是管理客体的，关系到主客体这个矛盾统一体的前途和发展方向。（2）执行系统，其主要职能是贯彻实施解决方案，进行人力、物力和财力等具体组织工作，对计划、目标贯彻实施进行指挥和协调。（3）参谋系统，其职能是为决策出谋划策，提供情报和决策理论和方法支持，运用集体智慧和专业知识提供多个优化的备选方案，帮助决策者实现管理目标。（4）监督系统，主要根据决策者的规定和意图，对管理活动的各个方面进行监督，一方面了解解决方案的实施进度；另一方面还要及时地把出现的问题反馈给决策系统与智囊系统，从而使执行中所出现的问题和偏差及时得到纠正和调整。（5）信息系统，其职能是为管理者的管理活动提供及时、准确、完整、适量、可行的信息资料，作为管理活动的重要依据。各个系统之间存在着相互区别、相互依赖、分工协作的辩证关系。

其次，组织管理范式从系统层面来认识管理客体。企业组织被当做一个由相互联系而共同工作的各个要素所组成的系统，它由不同的子系统构成：（1）目标子系统，包括企业的战略目标、各部门的策略目标和员工的个人目标。一般企业通常具有多种目标，如：获得较高的投资报酬率、新产品的研究和发展、开辟国际市场、创造商业信誉、增强在企业界的地位等。由于企业是一个系统，各个部门的策略目标是相互关联的，必须相互支援，共同为企业的战略目标服务，才能使企业整体得到最大的利益。同时，短期目标和长期目标之间也必须全面考虑，统一部署。（2）技术子系统，包括机器、工具、程序、方法、专业科技知识。这个子系统基本上是由生产上所需的技术与知识所构成。（3）工作子系统，包括企业成员从事产品生产所需进行的各种工作。这个子系统同技术子系统有着非常密切的关系，如使用机器或工具的种类与方法，能对工作的进行和结果产生很大的影响。（4）结构子系统，包括各种工作单位或部门的工作组合，相互联系的工作组合，即工作流通程序的设计，工作上的惯例，职权系统，以及有关联系、协调、控制、决策的程序和实际工作。结构子系统同工作子系统、技术子系统之间有密切的联系。（5）人际社会子系统，包括企业成员的技术与能力，领导的指导思想和领导方式，正式组织子系统、非正式组织子系统等。（6）外界因素子系统，包括情报资料的搜集与获得，如市场调查资料、人力与物力资源的获得、外界环境的影响外界需要的反映等。

第三，组织管理范式将管理过程看作是一个系统。强调从整体性出发，将人、财、物、技术、信息等资源，结合成为一个达到一定目标的系统，使得管理者不至于因为只注意一些专门领域的特殊职能，而忽略了总体目标。从系统观点来考察和研究管理问题有助于提高企业的整体效率。按系统观点组织资源和企业，并不会消除企业的各项基本管理职能，但能更清楚地把握企业中的各个子系统及相互关系，计划、组织、控制和信息联系等基本职能不是孤立的，而是围绕着系统及其目标而发挥作用。

2. "理性人"人性观

"理性人"是指作为经济决策的主体都是充满理智的，既不会感情用事，也不会盲从，而是精于判断和计算，其行为是理性的，或者是追求理性的，由于受到信息不完备与不确定性的制约，而只能达到部分理性。在经济活动中，主体所追求的唯一目标是自身经济利益的最优化。

组织管理范式吸收了大量的数学和计算机科学等自然科学领域的内容，使管理的技术和手段进一步现代化和科学化。无论是系统管理理论、决策理论，还是目标管理理论与战略管理理论，它们基本都是从系统认识论出发，以人境关系为一般方法论来研究管理问题，他们只相信复杂的结构周密的计划和自上而下的控制等理性手段，把组织看成由经济、技术和人等系统构成的大系统，强调战略规划和经营，重视科学决策和预测，主张运用数学手段和定量分析的方法来进行管理，把规章制度和有形结构当作控制员工的主导力量，把利润和成本、市场占有率和财务目标当作支配企业的唯一动力。组织管理范式强调理性因素，崇拜逻辑与推理，贬低直觉和热情，其主题是理性化、定量化和科学化。

总体来说，"理性人"的人性观的提出的目的，在于排除对人性的心理与社会因素的探究，降低人性模型的复杂性，以利于抽象得出的一套明确的管理规章、制度和方法。因而，从"理性人"假设出发，将管理过程、决策与经营战略作为研究对象，在某种程度上压仰了人们在社会中生动活泼富于生命力的因素，忽视了价值观、信念乃至文化传统对人的行动和管理的重要作用。

3. 人境关系方法论

古典管理范式从人机关系方法论出发，侧重于解决管理过程中存在的人与物的矛盾；行为科学范式从人际关系的方法论出发，侧重于解决管理过程中人与人的矛盾；组织管理范式则主要基于人境关系方法论，侧重解决管理活动中组织与环境之间的矛盾。

伴随科技的飞速发展，时代的不断进步与市场竞争的日趋激烈，企业的生产与经营活动日益受到技术、制度、文化等复杂多样、不断变化环境因素的影响。企业管理者在实践中逐渐意识到，机器大工业生产方式与卖方市场背景下形成的机械、封闭的思维方式越来越无法满足组织对管理的需要，仅仅考虑目标、效率和结构等技术指标，并不能使企业保持长期的发展和成功；一个组织能否动态地适应外界环境的变化成为生存与发展的前提，组织与环境之间的矛盾已取代组织中人与物、人与人矛盾，成为管理研究中首要解决的问题；在正确地认识和把握组织自身与环境的关系的基础上，确定清晰的目标，制订出正确的战略规划与管理方案，是解决组织与环境动态交互过程中所出现问题的一个重要途径。

人境关系方法论的形成，改变了人机关系方法论从静态的、非此即彼的、单一化角度来考察与研究管理问题，而上升到动态的、综合整体的客观系统化的层面；同时，对组织、环境及管理活动的实证性研究取代对人、人性及行为的规范性研究，在一定程度上排除了人际关系方法论以感情代替理性，片面倚重"满足——效率"假设等弊端。它不仅从系统层面的来看待组织本身，从组织与环境的关系上去探索管理实践中客观规律，而且从整个组织及其环境的相互作用中看待管理的方法，力求通过建立组织与环境间的相互适应、相互作用关系，提升企业生产与运营的效率，在激励的市场竞争中争取主动。

二、组织管理范式的思维与分析方法

组织管理范式借鉴与吸收了系统论、信息论、控制论、耗散结构论、协同论与突变论等自然科学研究成果，在思维与分析方法上表现出有整体性、相关性、动态性、有序性以及多元化的特征。

整体性表现在观察问题时，组织管理范式往往立足于整个企业组织以及与环境的联系，统筹安排，自上而下，由总及细来展开研究，即从整体出发，从组成整体的各个要素的结合上，来保证整体的良好运行。整体是主要的，企业中的各要素必须服从整体的需要，并且围绕着实现整个系统的目标而发挥作用；各组成部分的性质和职能由它们在整体中的地位所决定，其行为则由整体对部分的关系所制约，一切都应以整体作为前提条件，然后演变出其各个部分及各个部分之间的相互关系。基于整体性思维与分析方法，组织管理范式强调从企业的总体目标与战略规划出发，根据整体与部分的关系，对总目标与战略进行分解，确定各方面管理的子目标，这样就组成了一个相互联系、相互作用的目标系统，各管理的子目标必须服从总体目标与战略的要求，保证整体最优化。

相关性特征表现在组织管理范式注意研究企业中各要素之间多方面的复杂联系。从传统的单一对象的管理研究转向对多个对象的管理研究，从线性研究进入非线性研究，从组织结构研究转向了多层次组织过程研究，以求合理处理企业管理中各方面的关系，保障企业的长期生存与发展。基于相关性思维与分析方法，组织管理范式强调要掌握企业管理中各个层次、各个专业职能之间的相互依赖、相互影响的关系，使管理活动能由点到面，由浅入深，由单一到复杂。由低层次到高层次，逐步形成多层次的综合管理体系，这样才能保证整体性的目标与战略能够层层分解、执行与考核，显著提高管理的效率。

动态性的特征表现在运用运动、变化、发展的观点来认识与处理企业组织与环境之间的矛盾，组织管理范式将企业视为一个动态的开放系统，强调组织与环境要素之间的动态联系，认为企业组织通过与环境的相互作用而存在和发展，企业从外部环境接受能源、信息、材料、人员等的投入，经过转换又向外部环境输送产出。因此，企业要适应外部环境的动态变化，管理活动要发挥其与环境间进行资源与信息交流的动态职能。

有序性特征表现在在看待企业管理工作时，组织管理范式强调掌握企业内部各要素之间和管理活动间的先后顺序，在认识事物发展的过程的基础上，按照科学的逻辑结构，开展管理活动。例如在进行战略规划、决策和目标确定上，组织管理范式都强调遵循一定程序，系统性地展开。

　　多元化特征是指组织管理范式下既存在着理性主义分析方法，也存在经验主义的分析方法。理性主义代表是系统管理理论，他们认为管理活动本身是多变的、不可靠的，感觉经验归根结底是个别、相对和偶然的，因而不足以充当普遍必然的科学知识的坚实基础，管理理论必须是对管理普遍本质和一般规律的认识，因而他们从科学原理出发、将科学方法和工具应用于管理的各种活动，强调对管理领域的各个要素和环节进行系统的定量分析，通过演绎力求将管理过程显现为纯逻辑的过程，以此来弥补管理的不确定性，进而做出最优规划和决策，以便得到最大的经济效果。经验主义相信，管理理论只能来自于经验世界，不能超出经验范围，管理理论只能是对经验现象的描述，知识的检验也必须依赖于经验，在经验范围内进行，主张一切管理知识都来源于管理中的感性经验并且以经验为基础，任何脱离经验事实的管理理论和概念都是不能被验证的。由此，经验被他们塑造为一个独立、可靠和客观的形象，唯有经验才可以保证管理知识的客观性和真理性。因此，经验主义分析方法从实证出发，通过归纳以事实、经验、感觉作为管理理论的合理性根据，以直接经验作为检验认识真理的标准，以经验观察作为其证实理论合理性的最终依据，主要代表是德鲁克等人。

三、组织管理范式的基础政策纲领

　　总的来看，组织管理范式面向企业经营管理的全过程，主张以组织整体为对象，从企业系统与外部环境的动态关系出发，在深入调查与分析的基础上，形成明确的组织目标与战略规划，根据企业系统结构对目标与战略进行逐层分解，形成相应的管理方案，最大限度整合企业内外部资源，并对执行的过程与结构进行考核与评估，以实现目标、战略、管理过程与决策的持续性优化。主要表现在：

1. 以目标为中心

组织目标是企业未来一段时间内要实现的目的，它指明了组织发展的方向，确定了组织应在哪些领域取得成就的标准，它是管理者和组织成员的行动指南，是组织决策、效率评价、协调和考核的基本依据。任何一个组织都是为一定的目标而组织起来的，目标是组织的最重要条件。确定目标是组织的战略、计划和其他各项管理活动的基础，只有把笼统的目的化为具体的目标，组织实现预期的效益才有实现的可能。

组织必须有一个明确的、贯穿于组织的各项活动的整体性的总目标，组织的总目标下要根据组织系统的特征，形成分层目标的体系。各个层次的目标要相互联系、相互制约、有主有次、共同反映组织的整体特征。同时，组织目标的产生受社会环境因素的影响和限制，环境需要不仅规定了组织目标的范围，而且规定了组织目标的时限，因此，目标应随环境、时间以及条件变化不断调整，其确定大致可分三步：内外部环境的分析，总体目标的确定、总体目标的分解和协调。

2. 以战略为导向

企业战略是根据组织的目标体系对实现目标的轨迹进行的整体性、指导性、科学性、系统性与长远性的谋划，针对的是企业的总体活动，追求的是企业的总体客观成就和客观效果。企业战略活动中要看待整体性、系统性与科学性的关系。没有整体性和系统性式支离破碎、主观片面、眼光短浅的规划，是谈不上科学性的。但注意了规划的整体性、系统性，还不等于完全体现了科学性，因为科学性的内涵是十分丰富的，它包含了对历史问题的理解性、对现实问题的领悟性、对未来问题的预见性、对复杂全局的把握性、对矛盾冲突的调整性、对问题解决的创造性等等。

以战略为导向包括战略设计、战略实施和战略评估三方面内容。战略设计是指提出组织业务的主要任务，确认外界机会与威胁，内部的强项和弱势，建立一个长远目标，形成可供选择的几种战略和选择可操作的战略方针。战略实施是指通过相应的政策，激励员工和有效调配资源，以保证建立的战略能够实施；战略评估是指在战略实施过程中不断修改变化着的目标，回顾和评价外部和内部的因素，判断战略实施的成绩和争取正确的行动解决实施过程中所出现的未曾预料的各种问题。三方面内容相辅相成，融为一体，战略设计是战略实施的基础，战略实施又是战略评估的依据，而战略评估反过来又为战略设计和实施提供经验和教训。三个阶段的系统设计和衔接，可以保证取得整体效益和最佳结果。

3. 以决策为内容

决策是为了到达一定目标，采用一定的科学方法和手段，在若干种可供选择的方案中选定最优方案的过程，以实现企业内部各环节生产技术经济活动的高度协调及资源的合理配置与利用。决策是一个提出问题、分析问题、解决问题的过程。包含着以下这些特性：决策是行动的基础；决策有明确的目的；决策有两个以上可行的方案；决策要因果分析和综合评价；决策要经过方案的优选过程。

决策是管理的核心内容，贯穿于管理的全过程，管理的全过程就是一个完整的决策过程，不仅选择行动方案是决策，制定计划是决策，行动的组织、实施、控制等等每个环节都存在着决策问题。决策的正确性和科学性对管理活动的成败起着决定性的作用，直接关系到企业或一个组织的生存和发展，因此，决策是管理者的主要职责和工作内容

4. 以系统为对象

管理必须着眼于企业整体以及系统各部分之间的相互作用，管理中的每一个基本要素都不是孤立的，它既在自己的系统之

内，又与其它要素发生各种形式的联系。因此为达到管理优化的目标，必须系统的层面来看待管理的主体与客体，对管理进行充分的系统分析。

企业组织是一个由目标价值、技术、社会心理、结构和管理等子系统组成的有机整体，整体不是个体的简单相加，而是有机整合。组织各子系统之间，组织同社会环境之间，存在互相依赖、互相作用，这种作用的结果将影响组织的整体功能，只有适应社会环境的变化才能生存。从系统分析的基本方法来看，任何组织系统，都是同社会环境之间形成"输入→转换→输出→反馈"的闭环关系，进而产生作用的。组织并非消极地对社会环境做出反应，它也起着变革现状的作用。管理中以系统为对象，管理者必须以综观全局的姿态，建立组织与环境的和谐关系，设计和安排组织内部的各个分系统，有效地运用计划、组织、控制、信息沟通和决策等手段，达到组织的高效率、高效能，同时又能实现使组织参与者高度满意等各种目标。

四、组织管理范式的学术建制功能

二战后，科技与生产迅速增长，企业规模不断扩大，国际化进程加速，这些新的变化都给企业管理工作带来了许多新问题。除管理工作者和管理学家外，其他领域的一些专家，如社会学家、经济学家、生物学家、数学家等都纷纷加入了研究管理的队伍，他们从不同角度用不同方法来研究管理理论，形成了各具特征的管理理论。

孔茨在 1981 年的《再论管理理论的丛林》一文中指出，在 20 世纪早期从事管理理论的研究和著述的，都是有实际管理经验的人员，但从 20 世纪 50 年代中期以来，从事管理理论研究的却主要是高等学府中受过专门训练但却缺乏实际管理经验的人，这有点像医学院里教外科学的教授，却从来不曾给病人做过外科手术一样，难免造成混乱，并失去实际管理人员的信任。

孔茨的这一观点从侧面反映出，当时管理研究中所存在的范式竞争的局面。他所指出的"管理理论丛林"，表面上纷繁复杂，盘根错节，实际上存在着古典管理范式、行为科学范式与组织管理范式三条的"路径"。这三种范式支配下的各种管理理论在范式内的竞争与范式间竞争，形成了这一时期管理研究中的多元学科特征。不仅在三种范式下的学术共同体之间，由于各自范式的基本信念、思维与分析方法以及基础政策纲领的差异，会在概念定义、语义、研究对象、前提假设以及管理原则等方面存在分歧，即使是同一范式下的学术共同体内部，研究者之间由于研究条件、掌握材料、观察角度及研究方法的不同，必然产生并形成不同的管理思路。因而，这一时期组织管理范式的学术建制功能相对弱化了，学术共同体内部结构较为松散的，教育与研究机构、职业化和专业化的研究者、学术交流网络、权威的出版物以及基金资助等学术建制与践行主要在学派的层次上表现，往往不能在范式层面上整体上呈现。

从学术规范上而言，组织管理范式的学术共同体从基本信念的出发，赋予管理学中一些传统概念全新的涵义，并创造了众多全新的概念。例如：组织系统与系统、决策、组织目标、战略、竞争优势等等。作为一种文字表达系统，这些概念被相信这个范式的学术共同体内的从业人员所理解和使用，是他们共同的学术语言，彼此运用这些语言来进行学术研究与学术交流。

管理创新往往是实践先于理论。20 世纪 80 年代以前，绝大多数管理创新出自美国，尤其是美国的制造业。但 1985 年到 1995 年许多管理创新出自日本，而非美国。因为学术共同体的原因，这些实践提炼成为理论总要经过美国的学者之手。美国学者在理论创新方面起着主导作用，连一些欧洲的著名学者的著作，也是在美国的大学完成的，如彭罗斯的《企业成长理论》是在霍普金斯大学完成的，马基兹的《多元化、归核化与经济绩效》是在哈佛大学完成的，哈默尔的一些名著是在密执根大学完成的或同密执根大学的普拉哈拉德共同完成的。战略学派的代表伊丹敬之的思想主要以日本的企业实践为依据，而其思想是因在哈佛大学出版社出版了他的《移动无形资产》之后才得以广泛传播。

组织管理范式下的大多数理论都诞生在哈佛、普渡、密执根等名校。一些著名的战略思想家，如：安德鲁斯、钱德勒、贝恩、梅森、卡夫斯、波特、蒙哥马利等都出在哈佛。哈佛大学成为战略管理思想诞生的摇篮，《哈佛商业评论》与《战略管理杂志》则是组织管理思想传播的机器。此外，美国的一些著名的管理咨询公司，如波士顿与麦肯锡公司对企业战略做出了巨大贡献。尤其是波士顿咨询公司不断推陈出新，先后发现和归纳了经验曲线、三四律、波士顿矩阵、时基竞争等。麦肯锡公司提出了"7S"构架等，GE 提出了 GE 吸引力与竞争实力矩阵。

第四节　组织管理范式的形成分析

一、企业发展中的新变化

二战后，现代科学技术突飞猛进，新的科技革命以群体形式出现，涌现出一批新技术群或新产业群。新科技革命不同于以往的两次产业革命仅仅局限于一、两个部门，而是全面应用于工业、农业、交通运输业等国民经济各部门。从国家分布上看，新科技革命首先由美国开始，迅速扩展到西欧、日本乃至全世界，极大地促进战后世界经济的"一体化"。科学技术的发展，加深了行业内和行业间的分工，带来了企业在生产方式与结构上的一些新的变化，企业经营内外环境发生了重大的变化。

1. 企业规模进一步扩大

战后西方企业为了节约交易费用，通常通过扩大企业规模来实现市场交易的内部化，用"看得见的手"部分取代"看不见的手"，来避免资产专用性所引起的交易成本与减少交易涉及到的不确定性所带来的风险。同时，世界市场的形成与激烈的竞争也为企业提供了充分利用规模经济的可能，推动了资本与生产进一步集中。战后，美国最大的 100 家工业公司的名单中，几乎每隔 10 年左右，就有 1/3 的大公司被排挤出去。从 1955—1983 年的战后 28 年中，一半以上的大公司都在竞争中消失了。1946 年，美国企业资产在 10 亿美元以上的大公司只有 14 家，1960 年就变为 28 家，到 1970 年增加到 107 家，1983 年达到 234 家。1960 年，只有 1 家资产在 100 亿美元以上的特大公司，1975 年就增加到 9 家，1983 年发展到 25 家。1952—1989 年美国制造业的 100 家最大公司在制造业全部资产总额中所占的比重从 34.5% 增加到 50%。到 1985 年，美、英、法、德、加等国最大 20 家工业公司的销售额在本国全部工业企业的销售总额中所占的比重分别达到 18.6%、35.3%、32.5%、26%、21.9%。

2. 企业间的协作与经营多元化

伴随市场竞争的加剧，迫切需要企业根据自身条件来不断改进和调整自身的行为方式，以适应不确定的未来，避免因市场需求的变化、市场结构的变化、生产技术的变化、国家政策的变化等因素所导致的经营风险。而对于大企业而言，通常采用的办法是风险的转移与风险的组合。风险的转移促使大企业采取与其他企业间联合与协作，风险的组合则导致企业进入多元化的经营领域。二战以后，企业合并与兼并越来越冲破产业部门的界限，实行跨部门的横向合并与多样化经营。1968 年，美国制造业和矿业中大型企业合并共有 192 宗，其中横向合并为 14 宗，占 7%；纵向合并为 17 宗，占 9%；而混合合并却高达 101 宗。如果说二战前的横向合并的主要动机是壮大企业规模，提高规模经济水平；纵向合并的动机则是在规模经济的基础上，降低市场交易成本、减少不确定性以提高效率的话，战后出现的企业混合合并则是在实现上述目标的基础上拓展生产经营范围，共同利用垄断大企业已形成的商标、企业形象、商业信誉、营销网络和研究开发机构，进一步节约生产和经营费用，同时也分散单一产品生产和经营的市场风险。

3. 混合联合公司的形成

跨部门的混合与合并导致一种现代垄断组织形式——混合联合公司的出现。所谓混合联合公司，是超越单一生产部门，跨行业、多部门方向发展的新型垄断组织。混合联合公司是大垄断公司为了攫取高额垄断利润，把积累的资本投向其他部门，实行多样化和异类化的产品生产和经营所进行的一种联合，具有以下特点：首先，所属各企业之间除了在财务上具有联系外，在生产、销售上毫无联系，即不形成统一的生产组织，只是财务上的联合、资本的集中；其次，混合联合公司则在经营上没有长期固定的主体企业或主体部门，所经营的业务范围宽泛且处于变动状态；第三，采用合并现成企业的方式进行扩张，并且合并来的企业的资产在全部资产中占有很大的比重；第四，在组织管理上实行分权体制，即所经营的业务由分公司掌管，但分公司又必须接受混合联合公司的直接领导和指挥。混合联合公司是战后垄断资本积累规模过度膨胀的产物，是资本和生产高度集中的产物，也是国家干预经济和科学技术革命发展的必然结果。

4. 企业股份分散化与金融资本力量的强化

随着企业的扩大，为了弥补资本的不足，最大限度地吸收社会游资，大企业发行了大量小面额股票分散股权。二战后小额股票在英国、法国、意大利、奥地利、瑞士、瑞典等国盛行，特别是 20 世纪 50 年代末 60 年代初，美国的股权分散化倾向的发展异常迅速。同时，跨部门多样化经营，进一步扩大了金融资本在国民经济中的统治范围。混合联合公司不仅控制着重要的银行、保险公司等金融机构，而且控制许多不同产业部门的很多大公司。混合联合公司的发展，使资本与生产进一步集中在少数最大垄断公司手中，极大地加强了金融寡头的实力。在许多国家，一些战前形成的垄断财团战后进一步发展，如美国的摩根财团、洛克菲勒财团，日本的三菱集团、三井集团等等。

5. 企业不断向国际化发展

战后国际分工的主要形式，由自然资源为基础的传统的国际分工逐渐转变为以产品、零部件、工艺专业化为基础的新的国际分工，这种新的国际分工形式为企业国际化发展提供了现实的基础。伴随着产业结构在国际的梯度转移以及贸易壁垒的影响，一些发达国家的产业纷纷移出本土，移入他国，带动了跨国生产与经营。同时，现代交通技术使原料、劳动、产品能便捷安全地从一地移动到另一地，通讯技术则使以思想、指令、符号等体现的信息在各地之间输送，科学技术的发展为要素与产品世界范围内流动提供了便利。这些因素推动了跨国公司获得了前所未有的发展，通过跨越国界的投资，生产，交换，分配促进了全球经济的总体发展，成为世界经济发展强有力的助推器。跨国公司凭借其自身的技术垄断优势，已经成为世界先进技术和绝大多数前沿技术的创新者，并且也已经成为全球技术转移和扩散的主体，并对发展中国家经济产生了很大的影响。

6. 企业生产方式上的改变

科学技术突飞猛进，生产力水平迅速提高，世界经济快速发展，企业数量增加和规模扩大使企业间竞争激烈，用户和消费者对产品品种、质量的要求进一步提高，这些因素导致企业在生产方式上发生了变化：

（1）多品种、小批量生产方式取代机器大工业方式。二次大战前及大战中，在短缺经济条件下，生产活动主要以扩大产量为主要目的，自动化流水线是最有效的生产方式。战后，消费者选择余地的扩大以及企业间的竞争的加剧，迫使生产者不断开发新产品以满足市场对产品多样化的要求，与此相适应，在组织结构上，事业部制和矩阵组织被广泛采用；在操作方式上，流水生产转向混和流水生产，使流水线可以不断变换产品的品种和规格；在管理上，采用柔性化管理保证生产的效率和效益得到的提高。多品种、小批量生产得到进一步的完善和发展，成为企业主要的生产方式。

（2）重视质量管理水平。企业之间的竞争使市场对产品质量的要求大大提高，促进了质量管理的理论和方法的全面发展。质量管理从过去单纯重视产品质量变为重视工作质量，加强预防性，通过提高工作质量以保证产品质量。从事后的质量检验为主转移到全过程的质量预防控制，把废次品消灭在生产过程中。质量管理从过去依靠少数质量管理人员变为企业全员参加的质量管理；创造和应用一大批诸如排列图、控制图、直方图、相关图、因果分析法等各种新的质量控制与方法。

（3）信息与知识等无形生产要素逐步取代劳动、资本与土地等有形生产要素的主体地位，脑力劳动开始取代体力劳动在企业内成为主要的劳动方式；企业面对的内外部经营环境的不确定性大大增强。

二、完全委托代理制度下的企业权力关系

股份制企业是西方完全委托代理企业制度的主要形式，也是西方国家经济的主要承担者，如美国股份制企业的资产占全国企

业总资产的 85%。组织管理范式也往往是在对规模较大的股份制公司的管理实践研究中形成并兴起的，因而，在此将通过对西方股份制企业股权变化的分析，来研究企业内部的权力关系与组织管理范式的兴起关系。

1. 股东多元化

所谓股东多元化，是指持股主体（包括个人和法人）数量越来越多。1953 年，美国直接持有股票的人数是 649 万人，占全国成年人口的 4.96%；1985 年达到为 4704 万人，占 20.1%；[1] 如果加上以经纪人的名义登记和持有股票的间接持有股票者，人数会更高。

股东之所以多元化，是由于战后随着生产的进一步社会化，必然相应引起资本社会化程度的进一步提高：（1）公司的资本额巨大。巨大的资本额显然需要众多投资者共同投资，而仅靠少数投资者是无力承担的。（2）许多股东购买股票不是为了控制公司，而是为了自身财产的增值。投资者为了分散风险，往往将资金分别投入若干家公司，而不是集中在一家公司。（3）战后初期剥夺战犯财产，将其公开出售给大众，实行"资本民主化"的结果。（4）战后西方国家公司、金融机构、证券商和政府采取了许多鼓励、方便中小股东购买和出售股票的措施。如实行金融创新、简化股票发行和交易程序、降低佣金标准、下调股息和红利收入税率等等。（5）战前，公司的经营大多较单一，行业色彩较浓厚，持股者也主要局限在少数行业的范围内；战后公司往往从事多样化经营，行业色彩淡化，持股者也就日趋突破了行业的局限，拓展到更大的范围。（6）战后的《反垄断法》等法律对过高的持股率给予了一定程度的限制。

2. 股权分散化

所谓股权的微观分散化，是指从公司内部看，大股东的持股

[1] 美国全国证券商协会：《股票市场调查报告》，纽约1996年版，第9页。

率比较接近。战后初期，美、日等国，一般持有一家公司5％以上的股票就能对该公司施加重大影响或进行控制。随着相关法律对金融机构的业务范围、持股比例等的限制，经济现代化和产业结构的调整，资本市场的发育水平，对投资者的行为能力和偏好，分散风险的需要，公众的呼声等原因，持有一家公司5％以上股票的股东虽然存在，但比战前显著减少。许多公司大股东与大股东之间的持股率较接近。如美国埃克森石油公司，长期以来曾由大通曼哈顿银行单独控股，但战后随着众多法人股东纷纷打入该公司，至80年代中期大通曼哈顿银行已仅占有该公司1.3％的股份。又如，美国德士古公司前三位大股东大陆伊利诺斯国民银行、大通曼哈顿银行、大陆公司分别占有德士古公司1.56％、0.38％和0.28％的股份。[1]

由于每一个大股东的行动都受到其他大股东的制约，一个大股东往往很难单独对一家大公司实行有效控制，而必须依赖若干大股东达成协议。但大股东的数目越多，协议就越难达成，即使达成了，产生摩擦的机会也较多，稳定性较差，较难长久维持。

3. 股权宏观集中化

所谓股权宏观集中化，是指从社会范围看，公司股权依然是由少数大股东控制的。这种趋势既与股东多元化并存，又与股权微观分散化并存。说明战后西方国家的股权关系复杂化了。因为中小股东虽人数众多，但其持有的少量股份根本无法与少数大股东的巨额股份相抗衡。虽然从公司内部看，股权份额接近的大股东有若干个，但若从社会范围看，则大股东人数甚少。战后西方国家公司股权的微观分散化和宏观集中化二者不仅不矛盾，而且同时并存。这种新的股权结构对大股东地位的影响是双重的：一方面，由于股东多元化和微观股权分散化，使对公司进行控制

---

[1] 林进成等主编：《世界大公司100家》，复旦大学出版社1986年版，第2、47页。

所需的股票限额降低，从而使大股东的地位有所上升；但另一方面，由于大股东之间的持股额较接近，单个或少数大股东对一家公司进行控制又变得难度大了，稳定性差了，取而代之的是较多大股东对公司的联合的、不太稳定的控制。

4. 管理分权化

随着与组织的发展壮大，完全委托代理制度下，公司高层经理决策的复杂性与多样性显著提高，高层经理的负担越来越重，当公司开展多产品多地区化运营时，这种特征愈加明显。管理分权与 M 型结构开始出现。

M 型结构亦称为事业部制或多部门结构。这种结构可以针对单个产品、服务、产品组合、主要工程或项目、地理分布、商务或利润中心来组织事业部。它由三个互相关联的层次组成，董事会和经理班子组成的总部是公司的最高决策层，这是企业的核心。它的主要职能一是战略研究，向下游各公司输出战略与规划，二是交易协调，目的是最大限度的达到资源和战略的协同。第二个层次由职能部门和支持、服务部门组成。其中计划部门是公司战略研究的执行部门。财务部负责全公司的资金筹措、运用和税务安排，子公司财务只是一个相对独立的核算单位。第三个层次是围绕企业的主导或核心业务的互相依存又互相独立的子公司。子公司不是完整意义的利润中心，更不是投资中心，它本质上是一个在统一经营战略下承担某种产品或提供某种服务的生产或经营单位。子公司负责人是受总公司委托管理这部分资产或业务的代理人，更多的时候是直接由上级单位派驻下来，他直接对上级负责，而不是该公司自身利益的代表。

M 型组织结构模式实现了集权和分权的适度结合，既调动了各事业部发展的积极性，又能通过统一协调与管理，有效制定和实施企业整体发展战略，能做到上下联动，互相有效配合，反应速度更加敏捷；日常经营决策交付各事业部、职能部门进行，与长期的战略性决策分离，这使得高层领导可以从繁重的日常事务中解脱出来，有更多的时间、精力进行协调、评价和做出重大决策。同时，管理层次增加，协调和信息传递困难加大，从而一定程度上增加了内部交易费用。

三、完全委托代理制度下组织管理范式的形成

组织管理范式的兴起，是在职业经理人市场逐步完善、完全委托代理关系企业制度普及以及劳资关系相对稳定背景下形成的。

从美国的发展来看，其职业经理人市场发展经历了一个由单一型到混合型经理人市场的过程，从 19 世纪末期到 20 世纪 30 年代，在局部委托代理的企业制度下，是以管理型经理人为主的单一型市场，不同企业内从事类似活动的经理人员，通常都接受有相同基于古典理论范式的训练，他们就读于相同类型的学校，阅读相同的书刊，参加相同的协会，由于人力资本异质性低，涉及较少的资产专用性，因而主要通过专业知识的考核方式筛选，在竞争性市场上来实现配置。

20 世纪 30 年代后，伴随着"经理人革命"，经理人市场转变为管理型与经营型混合的市场，由于作为高层经理人的很多技能属于某企业专用，经营型经理人存在人力资本的异质性，并涉及特定的资产专用性与较高不确定性，这一方面要通过资本市场业绩考核、借助信息中间人方式筛选，并采取匹配剩余索取权的方式实现配置。这些甄别筛选机制的运用，在一定程度上解决了信息不对称的问题，避免"劣质品驱逐优质品"的逆向选择问题，维持经理人市场交易的活跃性。另一方面作为一种要素市场在交易过程中，活跃的经理人市场本身也能够在一定程度上识别、采集、综合相关的要素信息，提高价格信号对人力资源配置的效率，而这种要素价格信号最直接的体现之一，就是某种企业经营

方面的专门的知识。

战后职业经理人市场发展成熟，趋于规范与完善，竞争性提高。首先，各类职业团体纷纷成立。为适应管理活动的需要，提高管理效率，进行管理活动创新，各类管理人员从单一的公司开始，进而到某一行业，甚至全国范围组织了自己的协会，如工业工程师协会、会计师协会、市场营销协会、管理科学促进协会等。其次，出版各类专业性刊物。各类协会的发起，刺激了专业性刊物的出版。如《哈佛管理评论》、《美国机械师》、《工程新闻》、《市场营销杂志》、《工业管理》、《行政管理杂志》等等。专业性刊物的大量出版对该时期许多管理方法的创新以及经理人员的成长起到巨大的促进作用。第三，现代管理学院的成立及管理顾问的出现。现代管理学院的成立，使企业管理教育从过去只讲授一些传统方法和秘书方法的狭窄范围，发展到会计学、法学、财务管理、工业组织行为学、市场营销等现代管理的各个方面，标志着企业管理的专业化、现代化，为经理人员的培育起到了关键作用。

良好的职业声誉能增强职业经理人在市场上讨价还价的能力，对其行为有着很强的激励作用，特别是在经营的事业伊始，由于担心不好的声誉会失去现有的职位，或者在未来丧失获得更好机会，往往会努力工作，恪尽职守。经营者如果有追求长远利益的动机，就不会为了短期的利益而损害自己的声誉。也就是说，经营者往往会对自己获得声誉度的期望概率是十分珍惜的，同样对声誉能够给自己带来需求满足程度的预期也是极为重视的。因而经营者对掌握未来企业内外部环境变量的信息，以及事件发生的概率有着非常迫切需要，如果能明确这些信息，经营者就能够根据所占有的私人信息（自身才能等），来明确自己的行动策略，在与所有者的博弈中获得最大效用水平。例如：如果预期是悲观的，他就会重视现期收入，而不太重视声誉；如果是乐观的，就会去考虑长期综合收益。另一方面，在股东多元化、股权微观化分散化和宏观集中化条件下，股票交易相对频繁，外部董事所占比例较高。为了维持利润的增长和市场占有率，避免股东抛售股票，企业被兼并与收购，保证自己职业的稳定性与声誉，经营者也需要通过对企业内外部环境分析、发现正确的战略、制定明确的系统目标，当结果与目标发生差异时调整系统变量，从而赢得可持续的竞争优势。

在完全委托代理关系的企业制度下，建立一种科学、系统、有效的企业经营者行为激励与约束机制需要解决以下几个问题：一是经营者行为的变化与报酬构成、报酬结构变化的关系和确定最优的报酬结构；二是经营者积极性与报酬数量的关系和确定最优的报酬数量；三是经营者报酬与哪些企业业绩指标挂钩，怎样挂钩，才能更好的衡量经营者的努力水平和能力的发挥。

在股东多元化、股权微观化分散化和宏观集中化条件下，委托人与代理人之间对上述问题往往很难形成一致，股东总是希望评价标准尽可能标准一些，因为评价越客观，对代理人的推断越准确，激励与约束也越强，但作为企业经营者其个人才能与努力水平是一种私人信息，并且面对是一些独特的内外部环境，所以难以形成信息对称。因而最有效的方法是将经营者过去的业绩（例如上一期股票价格、利润、市场地位等等）作为标准，因为这些过去的业绩中包含着有用的信息量。但这样，可能造成的一个问题是，过去的业绩与代理人的主观努力有关，代理人越努力，好业绩出现的概率也就越大，同时"标准"也就越高，一旦受到某些不确定因素的影响，业绩低于前期，代理人可能会面对严重的后果。由于这种"棘轮效应"的存在，作为代理人的经营者会非常注重业绩目标的制定，努力降低决策的风险性，并试图在一个较长的时期内持续贯彻某种战略意图，以保证业绩的稳定增长。

应当指出的是，一些研究学者认为，股东多元化、股权微观化分散化和宏观集中化、管理分权化会导致代理人在经营过程中处于严重的短期目标与压力之中，而无暇实现公司的长远发展目标的结果，应该说这种分析是合理，也是符合历史事实的。但是存在这样的结果并不意味着代理人没有对企业发展进行中长期的规划，或者不去试图对企业发展做出规划，进行科学决策。恰恰相反，这种结果正是在"股东至上主义"下，经营者努力去做了，但由于组织管理范式提供的相关理论原理、工具与方法同不确定性日益的增加的企业内外部环境之间存在很大的矛盾，很多问题难以有效解决。简单而言，是想去做，但方法不合适。

二次大战后到20世纪80年代前后，美国雇主组织感到工会的活动影响了企业的效率，公众也对工会每年上千次的罢工等活动有意见，反工会的舆论占了上风。政府在这一阶段的主要倾向是限制工会活动。最典型的例子是1947年通过的塔夫脱——哈莱特法，该法限制工会的一些活动，并允许各州通过工作权力法，禁止将工人参加工会作为其就业条件的要求。同时，战后欧洲各国劳资矛盾尖锐，革命浪潮空前高涨，大规模工会运动的发展对各国政府形成了巨大压力。为了防止矛盾加剧，危及政权的稳定，政府不得不实施了让步性的改革政策，既缓和了劳资关系，又促进了经济发展。战后到20世纪80年代，欧美西方国家的劳资关系变化的最大特点就是，通过国家干预，对资本运营以及劳资关系构建了一套规范与制衡机制，从而保证了劳资关系的基本稳定和相对均衡的格局。在劳资关系领域，各国政府竭力平衡劳资双方实力，缓和复杂激烈的劳资冲突。为此，政府以前所未有的力度，加强了对劳资关系的宏观干预。这一时期，涉及劳资关系领域的大量的立法纷纷出台，第三方规制原则获得普遍承认，各国建立了各种形式的第三方机构，形成了劳工、资方和政府三方相互影响、相互制约的格局。

在这一时期，劳资关系调整机制也日趋完备，协调劳资关系的各种规范全面订立、以劳资自治的方式确定劳动条件劳动标准的集体谈判制度普遍实行、以工人参与权为核心的管理民主化运动蓬勃兴起、全社会分享经济发展成果的社会福利制度普遍建立等等。战后初期紧张的社会对立被化解为一种社会凝聚力。在这种有国家干预的混合经济体制下，尽管劳资矛盾、劳资斗争依然存在，但劳资关系的调整和处理基本上被纳入了规范化、法制化的轨道。

在劳资双方的冲突日益减少，劳资关系总体上比较稳定的背景下，人境关系的矛盾取代人际关系的矛盾而成为管理中的主要矛盾。如何有效协调与处理组织与环境之间的动态关系成为对管理者的主要任务。组织管理范式下的各种理论正是在这一需求下，基于不同问题、视角与路径研究的结果。古典管理范式下的"硬"规训手段与行为科学范式下的"软"规训手段，被一种"隐"规训手段所取代，所谓"隐"是把"考试／检查"、"规范性裁决"、"层级监视"与"书写权力"的规训手段不再直接作用于人的身体或思想，而是将其制度化与流程化到企业的管理过程当中，给出一些固定的解题模型、范例与标准，通过目标、战略、组织设计、工作流程来实现对人的系统性与过程性规训。这正是规训手段渗透最为隐蔽且最为有效的方法，可以让人在程序化的工作中将更多的规范摄入行为系统，从而使身体受到最为深刻严格的控制。

第五章　企业文化范式

　　20世纪80年代，日本企业的成功把管理学家们的注意力引向了东方。管理中人性的一面重新得到了重视。社会学、文化学与伦理学等社会科学新的研究成果被进一步引入到管理学研究中，这为建立更为符合现实的人性模型创造了条件。在80年代西方企业学习日本经验过程中，不同的管理学理论范式得到有效地融合，一个新的规范研究与实证研究相结合的管理学范式得以形成。该范式在更广泛地利用社会科学所建立的新的人性模型前提下，不仅将企业看作一个系统，同时又利用自然科学所提供的方法与工具，对相互依赖、相互联系与相互作用的各种系统要素与变量之间进行管理。这种人性假设与系统分析的并重，最终归结到了"企业文化"概念上。

第一节 东西方管理思想的交流与融合

企业文化范式的形成是东西方管理知识交流与融合的结果，经历了"西学东渐"与"东学西渐"两个重要的阶段，集中体现于战后日本企业的管理实践当中。

战后，伴随着经济全球化进程的加快，管理知识在东西方间的交流日益频繁。在这个过程中，日本企业全方位消化吸收了东西方管理知识之长，结合本国国情和企业管理现代化的实际需要，融合提炼基础上形成了一套综合应用型的管理思想。通过实践中的传播与运用，极大地提高了日本企业管理水平的提高，增强了日本企业的国际竞争力，对战后日本经济的飞速发展起到了非常重要的作用。

日本经济到 1980 年跃居世界第三位，国民生产总值增长率比美国快一倍。与此同时，美国却遇到了战后最大的困难，企业竞争力下降并缺乏活力，美国人明显感到来自日本的竞争与挑战。在美国人眼中，日本人已不再是五十年代在美国学习管理技术时那个彬彬有礼的学生，而是一个咄咄逼人的竞争对手了。20世纪 80 年代，美国政府、企业界、科学界纷纷派出代表团或考察组去日本，试图揭开日本经济奇迹的奥秘。他们采用对比的手法研究美日企业，发现两者的管理思与方法有着很大的差别，并开始对日本企业成功的管理经验进行总结与升华，提出了很多新颖的理论，逐步形成了企业文化范式。

一、管理知识的"西学东渐"

战后初期，日本的企业管理相当混乱和落后，企业管理手段陈旧。为迅速提高管理水平，日本企业开始积极学习西方企业的先进管理经验和技术，促进了企业管理方式的迅速革新。在管理知识"西学东渐"的过程中，爱德华·戴明和约瑟夫·朱兰对质量管理理论的传播是其中重要的内容。

1. 戴明与质量管理的 14 要点

爱德华·戴明被誉为质量管理之父。他曾作为统计方面的咨询师受聘于美国铁路公司、电话公司、汽车运输公司、政府部门及研究机构达四十多年。1950 年，戴明开始指导日本企业的质量管理工作，并一直继续长达近四十年，前二三十年几乎每年都去。作为日本的工业导师和顾问，他对日本企业在产品质量和成本管理等方面产生了重大影响。在评价他的工作成就时，日本人称他为仅次于日本天皇的日本国宝。为了奖励他在日本的贡献，日本科学技术联盟设立了戴明奖，授予在统计理论及其应用方面有贡献的个人和生产优质产品的企业。

戴明认为质量是一种以最经济的手段，制造出市场上最有用的产品的方法。一旦改进了产品质量，生产率就会自动提高。同当今许多质量管理法不同的是，戴明不仅仅是从科学的层面来改进生产程序。他指出质量管理 98% 的挑战在于发掘公司上下的知识诀窍，他推崇团队精神、跨部门合作、严格的培训以及同供应商的紧密合作。戴明的管理思想集中体现在其著明的 14 条要点中，具体如下：

（1）要有一个改善产品和服务的长期目标，而不是只顾眼前利益的短期观点。为此，要投入和挖掘各种资源。

（2）要有一个新的管理思想，不允许出现交货延迟或差错和有缺陷的产品。

（3）要有一个从一开始就把质量融入产品中的办法，而不要依靠检验去保证产品质量。

（4）要有一个最小成本的全面考虑。在原材料、标准件和零部件的采购上不要只以价格高低来决定对象。

（5）要有一个识别体系和非体系原因的措施。85% 的质量问题和浪费现象是由于体系的原因，15% 的是由于岗位上的原因。

（6）要有一个更全面、更有效的岗位培训。不只是培训现场操作者怎样干，还要告诉他们为什么要这样干。

（7）要有一个新的领导方式，不只是管，更重要的是帮，领导自己也要有新风格。

（8）要在组织内有一个新风气。消除员工不敢提问题、提建议的恐惧心理。

（9）要在部门间有一个协作的态度。帮助从事研制开发、销售的人员多了解制造部门的问题。

（10）要有一个激励、教导员工提高质量和生产率的好办法。不能只对他们喊口号、下指标。

（11）要有一个随时检查工时定额和工作标准有效性的程序，并且要看它们是真正帮助员工干好工作，还是妨碍员工提高劳动生产率。

（12）要把重大的责任从数量上转到质量上，要使员工都能感到他们的技艺和本领受到尊重。

（13）要有一个强而有效的教育培训计划，以使员工能够跟上原材料、产品设计、加工工艺和机器设备的变化。

（14）要在领导层内建立一种结构，推动全体员工都来参加经营管理的改革。

此外，戴明还提出了 PDCA 循环的概念，所以又称其为"戴明环"。PDCA 循环是保证一项活动有效进行的一种合乎逻辑的工作程序。P、D、C、A 四个英文字母分别代表计划、执行、检查和行动。计划，包括方针和目标的确定以及活动计划的制定；执行，就是具体运作，实现计划中的内容；检查，就是要总结执行计划的结果，分清哪些对了，哪些错了，明确效果，找出问题；

行动，对总结检查的结果进行处理，成功的经验加以肯定，并予以标准化，或制定作业指导书，便于以后工作时遵循；对于失败的教训也要总结，以免重现。对于没有解决的问题，应提给下一个 PDCA 循环中去解决。

2. 朱兰与质量三元论

朱兰对日本经济复兴和质量革命的影响同戴明一样，也受到了高度的评价，为此，日本天皇为表彰他对于日本质量管理的发展以及促进日美友谊所做的贡献而授予的"宝二等勋章"。朱认为质量是一种合用性，而所谓'合用性'是指使产品在使用期间能满足使用者的需求，为了获得产品的合用性，需要进行一系列工作活动。

朱兰从系统的视角出发，建立了"质量计划、质量控制和质量改进"的质量三元论。该理论将管理过程分为三个步骤：计划、控制和改进。

质量计划是为有能力满足质量标准化的工作程序而建立的。方法是：确定顾客，明确顾客要求，开发具有满足顾客需求特征的产品，建立产品目标，开发流程，满足产品目标，证明流程能力。

质量控制是为了通过监视质量形成过程，消除质量环节上所有阶段引起不合格或不满意效果的因素，以达到质量要求，获取经济效益，而采用的各种质量作业技术和活动。质量控制活动主要是企业内部的生产现场管理，是指为达到和保持质量而进行控制的技术措施和管理措施方面的活动。质量检验从属于质量控制，是质量控制的重要活动。质量控制可以为掌握何时采取必要措施纠正质量问题提供参考和依据，是"三部曲"中的重要环节。所要做的工作是：选择控制点；选择测量单位；设置测量；建立性能标准；测量实际性能；分析标准与实际性能的区别；采取纠正措施。

质量改进是使效果达到前所未有的水平的突破过程。质量改进的对象包括产品或服务的质量以及与它有关的工作质量，也就是通常所说的产品质量和工作质量两个方面。质量改进的效果在于"突破"，即按照比原计划目标高得多的质量水平进行工作。质量改进与质量控制效果不一样，但两者是紧密相关的，质量控制是质量改进的前提，质量改进是质量控制的发展方向，控制意味着维持其质量水平，改进的效果则是突破或提高。同时，质量改进是一个变革的过程，是"永无止境"的，变革就是要改变现状。改变现状就必然会遇到强大的阻力。这个阻力来自技术和文化两个方面。因此，了解并消除这些阻力，是质量改进的先决条件。在质量管理过程中，既要及时排除产品的质量缺陷，又要保证产品质量的继续提高。缺陷是质量管理的主要对象，缺陷是指不满足预期的使用要求，即指一种或多种质量特性偏离了预期的使用要求。一般情况下，质量缺陷分为偶然性质量缺陷和长期性质量缺陷两种类型。偶然性质量缺陷是指产品质量突然恶化所造成的缺陷；长期性质量缺陷是指产品质量长期处于低水平状态所造成的缺陷。更合理和有效的管理方式往往是在质量改进中被挖掘出来的。它包括确定改进项目、组织项目团队、发现原因、找出解决方案、证明措施的有效性、处理文化冲突、对取得的成果采取控制程序。

二、东西方管理思想在日本企业管理中的融合

日本企业注重对东西方管理思想的吸收与融合，把一些极不相同，甚至是相互对立的学说调和起来，行成自己的理论。而且，日本企业都很重视从本国的具体国情与企业实际出发去研究、吸收东西方管理思想的精髓，从不同角度兼收并蓄地吸取这些思想的长处。企业在具体应用的过程中，又使这些不同的思想之间发生微妙而深刻的相互渗透和相互融合。

1. 日本企业对管理科学知识的借鉴与吸收

战后日本在大规模引进新生产技术的同时，十分注意有选择地引进相应的管理经验和措施。例如，1951 至 1961 年期间，日本共引进新技术 345 项，由于同时也引进了相应的管理措施，使日本得到这些新技术后，就立即成功地组织了生产。这十年间，引进新技术部门的产品增长率极高，达到平均每年递增 72%。与此同时，日本还根据自己的国情和消化能力，广泛地引进和吸收美国先进的企业管理经验和技术，对原有的企业管理方式进行了改造和更新，迅速培养出大批的企业管理人材，加快了生产的发展。

战后日本引进企业管理方式的具体办法，除派人出国学习、考察等以外，主要是分批训练各层管理骨干，使之迅速掌握新引进的管理技术，然后结合日本的具体情况，灵活地加以运用。日本从 1949 年起给企业的首脑人物等高级管理人员开办的"经营者讲座"。当时是采用美国教材并由美国人担任讲师，训练他们如何按美国的管理方式整顿企业。1950 年对企业部长、科长等中层管理人员开始训练，引进了美国的"管理者训练计划"，主要内容是如何改进管理工作和训练自己所属的部下，并把它作为企业部、科长的必修课程。1951 年对工长、班组长等基层管理人员的训练，引进了美国的"监督者训练讲座"，主要内容是如何有效地利用现有劳动力、机器设备和原材料，在短时间内生产出大量高质量产品的实际方法。通过这一系列的美国式的训练，就使企业的各层管理人员，逐步地掌握了美国企业管理方式的精髓，并很快地得到应用。

日本大力开展如何利用新技术实现对企业科学管理问题的研究，不断利用自然科学和技术科学的新成果，更新企业管理技术和组织，推动企业管理迅速实现科学化。1950 年日本成立了"经营工学学会"，又先后在全国各大学和大学的研究院设立了"经营工学"专业，专门研究科学化管理及其技术问题。到 1975 年，日本已有 40 所以上的大学、20 所以上的大学研究院开设了"经营工学"专业或课程，有 13000 名学生专攻这门学科。在企业和其他有关部门从事"经营工学"研究和实际业务工作的共达 18 万人以上。

在研究的基础上，日本出版了许多专著和论文，例如：岸本英八郎 1952 年的《经营机械化技术论》，渡边进等 1956 年的《机械化会计》，石田武雄 1958 年的《事务的机械化》，山城章等 1958 年的《经营管理全书》，山本统一 1960 的《科学管理体系的本质》，经济同友会 1966 年的《电子计算机和企业经营》，岸本英八郎 1970 年的《电子计算机经营论》和 1975 年《经营工学便览》等等。日本发行了《质量管理》、《标准化与质量管理》等杂志，宣传和研究质量管理的方法。20 世纪 50 年代，日本在各大企业进行了统计的质量管理普及工作。它先后设立了"戴明奖"、"通商产业大臣奖"和"质量管理文献奖"等奖项，在有关大学里还设立了质量管理的专业和讲座。此外，还翻译介绍了西方国家的大量同类专著。这些著作从不同侧面详细地研究了在现代企业管理中，如何有效地使用新技术与新的组织方法，企业才能取得最大的经济效益。这些研究成果和科学方法是日本企业管理思想中的重要组成部分，并被广泛应用于日本企业管理当中，使日本企业管理方法与技术，迅速地得到更新和改进。

2. 日本企业对行为科学知识的借鉴与吸收

行为科学的研究成果，在 20 世纪 60 年代传播到了日本企业。当时这种理论在日本很快引起了学术界和产业界的极大兴趣。日本学术界在介绍、研究、讨论行为科学理论的同时，成立了全国性的专门委员会，并于 1967 年建立了"人类行为研究所"，加强对西方行为科学基础理论和具体应用问题的研究。

日本的行为科学研究，主要集中于实验与调研方法、行为定量分析方法以及生理学、心理学基础等方面，并陆续出版了一批著作来传播行为科学的理论与方法。这些书籍通俗、扼要地介绍了西方行为科学的基本原理以及如何在企业经营管理实践中应用问题。它不仅结合日本的实例原原本本地介绍了西方行为科学的基本理论，而且紧密结合本国企业实际进行了具体分析。一些学者把日美两国因受不同社会文化影响而形成的不同体制行为和企业行为作了比较研究，具体分析了日本以家族主义经营方式为代表的传统企业行为，以及强调忠诚、协调、勤奋、顺从的传统企业行为准则，并指出了它的优点和弱点；另一些学者从日本企业的实际出发，介绍了在企业经营管理中具体应用行为科学理论的基本方法，如以建立动态组织为目标的"管理方格法"和以培养经营管理者领导能力为目标的"敏感性训练"、"思想交流" 等；还有一些学者研究与介绍了在日本具体条件下可以应用西方行为科学成果的主要领域，并明确指出在综合质量管理、无缺陷运动、小集团活动、协调劳资关系、设计员工思想交流系统以及改善人事管理等十几个方面，都可以应用它。这种有比较、有分析、具体生动的传播方式，很受企业欢迎。

　　日本对西方行为科学理论与方法边消化、边传播、边应用的引进方式，使企业很快就掌握了它，并在具体应用于经营管理实践的过程中努力使之"日本化"。这就使企业在热心学习西方理论的过程中，既学到了这些西方国家，特别是美国的行为科学研究中的重点和精华；又把它深深植根于本国企业的管理实践之中，使之很快在本国企业中生根、发育、成熟起来。日本企业积极学习和应用西方行为科学理论的结果，并没有使自己的企业行为西方化或美国化，而是充分吸收西方行为科学理论的长处并加以消化，融合转化成了自己的精神财富，实现了西方行为科学理论的"日本化"。这也是日本学习西方行为科学理论取得成功的地方。

　　由于西方行为科学理论在日本企业中的应用，是在吸收、消化的基础上进行的，因而应用效果甚佳。特别是当时部分先行企业在学习、应用过程中取得了立竿见影的实效，更进一步引起了企业界对它的兴趣，促进了企业的应用。而企业在扩大应用这些理论过程所遇到的一些新问题，又反过来推动着行为科学理论研究的深入发展，并促进了它的进一步"日本化"。产、学之间形成了相互依赖、相互促进的良性关系。同时，在广泛传播、研究和具体应用西方行为科学理论的基础上，日本企业在实践中也形成一些反映本国企业特点和经验的新思想、新经验与新办法，改善了企业内部的人际关系，充分调动了员工的内在积极性，有效地提升了经营管理的水平。

3. 日本企业对东方管理思想的借鉴与吸收

　　日本对东方各国甚至是社会主义国家的企业管理理论和政策也很重视。如中国当时提出的"两参一改三结合"，日本就曾进行了比较深入的研究，并把它实际应用于完善自己的"集团主义经营"方式中去。不仅如此，它还很重视发掘和研究古代文化遗产，用以丰富自己的现代管理理论。

　　在管理哲学上，日本企业从儒家思想中汲取了积极向上的正面价值因素，如中国儒家讲求"和"、"忠"、"义"、"礼"在日本企业的管理实践中都有着广泛地体现。"和"表现在重视集体主义、重视人际关系，强调团结和谐的共同进取；"仁"表现在强调集体主义观念，强调个人的义务与责任，培养员工以企业为家的团体精神；"义"表现在教育员工顺应时代潮流，创新服务方式，改善服务态度，提高服务质量；"礼"表现在要求每个成员都应依照自己所处地位，去扮演合适的角色，表现合理的行为，使每个成员工作行为合理化，生活行为秩序化。日本企业对儒家思想的吸收，实质上是一种嫁接，即将儒家思想原体系打破，对构成要素进行分解，把正面价值的留下，负面价值的摒弃，形成全新的排列组合，然后再将重新排列组合的儒家思想精华与西方强调人的个性与自主性的人文精神相结合。这种方式的融合，不仅保留了儒家思想的合理内核，而且更重要的是儒学可扎根于市场经济的土壤中，以发扬其超越性追求的优势。

在战略管理上，日本企业家将《孙子兵法》应用于企业管理，获得了巨大成功。不少企业将《孙子兵法》规定为管理人员必修课，组织管理人员轮流学习。日本麦肯齐公司董事长大前研一认为："没有哪本书能像《孙子兵法》一样为我们提供如此丰富的管理思想"。日本前东洋精密工业公司董事长，经营评论家大桥武夫，在企业濒临倒闭之际，惊喜地发现应用《孙子兵法》有助于经营，便将其应用于实践中，并很快使企业起死回生。他写了一本专著，名为《用兵法指导经营》一书，引起学术界与企业界的巨大反响，成为日本畅销书。

在经营策略上，日本企业注重对《三国》谋略的应用，许多日本企业管理者认为，日本的每个公司各领一支人马，各生产一种或几种拳头产品，逐鹿市场，谋取利润，这与群雄割据的三国非常相似，学习《三国》谋略，非常有助于在市场争夺战中获胜。松下幸之助也非常推崇古典名著《三国演义》，把忠诚、合作、报恩、报国作为企业精神，把任人唯贤作为选拔人才的唯一标准。

日本是一个善于吸取外来优秀文化的民族。日本企业以中国儒学为哲学基础，同时注意吸收借鉴以美国为代表的西方先进的管理理论和方法，并将这些外来文化与本国国情、企业特点巧妙地结合起来，形成了有别于西方又不同于中国的独具特色的日本管理。正是这种高度融合东西方、古代与现代一切有价值文化的管理思想，支撑着日本经济的高速增长，使日本创造了战后经济发展的奇迹。日本企业和经济的成功，也引起西方管理研究者的关注，在对日本企业管理思想与经验的总结继承上，形成了一种新的管理学范式——企业文化范式。

三、管理知识的"东学西渐"

20 世纪 70 年代以后，世界经济形势发生了巨大的变化。二战后长期在世界经济中占主导地位的美国，在经历了 20 世纪 50—60 年代的经济高速增长时期后，面临着产业结构的重点调整，在经济运行中出现了衰退、通货膨胀、贸易逆差激增，工业部门陷入困境、失业率上升等严重问题。

1973 年 12 月至 1975 年 4 月，美国发生战后最严重的经济危机。危机期间，美国的工业生产下降了 13.8%，国民生产总值下降了 7.8%。这场危机的一个特点是物价持续上涨。危机期间，美国的消费物价指数上升了 15.3%。1975 年上半年危机渡过高潮后，美国经济增长速度缓慢，出现了滞胀的情况。在滞胀时期，经济发展速度远比五六十年代慢，而且行程曲折，没有出现全面的经济高涨。国民生产总值在 1976 年恢复到危机前最高点后，经济增长率逐年下降。1971 到 1980 年间国民收入的年均增长率仅为 3.1%。出现这种现象的主要原因是固定资本投资缓慢。在生产设备大量过剩的情况下，经济复苏基本是靠消费性需求的增加，没有出现大规模的生产性投资高潮。而固定资本投资不振，严重影响了经济的增长速度。同时，经济滞胀导致大量失业人口的存在。1978 年，美国有失业人口 605 万，远高于危机前的数字。美元在金融市场上的霸主地位也日渐丧失。 1977 年 10 月到 1978 年 11 月连续发生八次美元危机。1979 年又一次出现抢购黄金的浪潮。年初每盎司黄金兑换 218 美元，到 1980 年 1 月 21 日一度高达 375 美元。 1980 年 2 月，美国再次陷入经济危机。工业生产下降了 11.8%，比 1973 至 1975 年那次危机下降的幅度小。但这次危机不是经历繁荣之后出现的，而是在滞胀基础上产生的。失业率上升到 30 年代大危机以来的最高峰，达到 10.8%，失业人数达

1200万以上。通货膨胀率达到两位数字。危机持续了三年左右。

与之相对比，日本作为一个战败国，在第二次世界大战结束后的短短30余年时间里，在一片战争的废墟上，建立起当今世界第二大经济强国，出现了一大批世界知名企业，如松下、索尼、三菱、本田、丰田等。资源贫乏的日本在变幻莫测的20世纪70年代的世界经济中，不仅安然度过了触动全球的石油危机，还发展出节约能源的消费产品，日本在汽车、电子等各行业的飞速发展都让西方世界震惊。同时，日本是当时世界上最大的债权国，在高科技领域，日本的电子产品在逐步超越美国。日本的经济成就极大地震动了美国。美国企业界和理论界纷纷对日本的企业进行研究，通过对比试图找出美国企业缺乏竞争力的原因。

20世纪80年代初，美国管理学界连续推出了四部与日本式管理有关的重要著作，把管理研究的重心引向了企业文化这一领域。这四部著作是：威廉·大内1981年的《Z理论——美国企业界怎样迎接日本的挑战》；理查德·帕斯卡尔与安东尼·阿索斯1981年的《日本企业管理艺术》；阿伦·肯尼迪和特伦斯·迪尔1982年的《企业文化——企业文化在生活中的礼仪》；托马斯·彼得斯和小罗伯特·沃特曼1982年的《寻求优势——美国最成功公司的经验》。

加利福尼亚大学教授，美籍日裔学者威廉·大内，由于其日本血统的有利条件，率先推出了日美文化比较的著作《Z理论——美国企业界怎样迎接日本的挑战》。大内将美国企业的管理特点定义为"A型组织"，认为典型的日本管理模式是"Z型组织"。在企业及其员工间的关系上，与欧美等西方企业中员工人格独立平等而经济上为单纯"交换和雇佣性关系"不同，日本企业中的员工如同大家庭中的成员，对企业保持着一定的人身依附关系。

美国斯坦福工商管理学院教授理查德·帕斯卡尔和哈佛大学教授安东尼·阿索斯在总结美国和日本的管理经验后，出版了《日本企业管理艺术》一书。书中提出了战略、结构、制度、作风、技能、人员和最高目标组成的"7S 模型"。他们应用这一理论框架分析了松下、AT&T、IBM 等典型的日美企业。对比表明，日本企业不仅重视战略、结构、制度，而且更重视作风、技能、人员和最高目标。美国企业大多数只重视前者。"7S 模型"在国际上也被称为"麦肯锡 7S 框架"。

阿伦·肯尼迪和特伦斯·迪尔出版的《企业文化——企业文化的习惯和仪式》专著，是企业文化理论诞生的标志性著作，是第一部以"企业文化"命名的理论著作。在对近 80 家企业进行深入调查之后，提出了"杰出而成功的公司大都有强有力的企业文化"的论断。他们认为企业文化的要素包括企业环境、价值观、英雄、习惯和仪式、文化网络，并在考察了数百家企业后，划分了强悍型、工作娱乐并重型、赌注型、按部就班型四类文化。

托马斯·彼得斯和小罗伯特·沃特曼的《寻求优势——美国最成功公司的经验》通过对美国 43 家公司的研究，概括了美国优秀公司的八大特点：行动迅速、决策果断；接近顾客；锐意革新；珍视人力资源；以价值准则为轴心；多角化经营；组织结构简单；注重管理艺术。美国公司不逊于日本公司的独到特色在于尊重个人的独立人格和不断创新适应环境的变化。

这四部著作是对日本的成功经验与美国的管理实践总结与发展，是管理知识"东学西渐"的重要标志。

第二节　企业文化范式下的主要理论

作为一个近 30 年内兴起的管理范式，企业文化范式下的研究仍处于不断完善的过程中。它针对古典管理范式、行为科学范式、组织管理范式的不足，并力求将它们有机结合起来，为管理学的发展注入新要素。企业文化范式下的理论主要有：Z 理论、企业文化理论、组织学习理论等。

一、Z 理论

Z 理论由威廉·大内在 1981 年的《Z 理论——美国企业界怎样迎接日本的挑战》一书中提出的。大内认为，以往的管理理论都是从管理当局与员工是对立的这一前提出发的。而事实上，管理当局与员工可以是一致的，二者的积极性可以融为一体。典型的美国企业组织是 A 型组织，A 型组织强调速度，立刻争取表现，立刻给予奖励；强调个人，高生产力即有高报酬；强调数字，具体的数字是一切考核的标准，抽象的内涵不受重视；强调利润，公司只关心股东的利益，漠视员工、社会各方面的需要。A型组织存在着许多阻碍生产率提高和员工需求得到满足的因素，因此要进行转变。新型组织应该以美国文化为背景，吸收日本企业组织的长处，形成既有高生产效率、又使员工有高度满足感的组织，称之为 Z 型组织。

1．Z 型组织特点

（1）管理体制应保证下情充分上达，让广大员工参与决策。制定重大决策时，管理当局应启发、鼓励、支持和引导第一线员工提出建议，然后上级领导加以集中。

（2）基层管理者对基层问题要有充分的处理权。基层管理者不是机械地执行上级命令和向上反映问题，而是要一方面敏感地抓住问题，就地解决；另一方面在向上级汇报情况之前，统一有关管理部门人员思想，共同制定建议方案。

（3）中层管理者要起到统一思想的作用。对来自于基层的各种建议和意见进行调整统一，也可以提出自己的看法，与上级和下级充分酝酿和讨论，最后达成一致意见。虽然反复协商耗时较多，但最终决策生效很快。

（4）企业要长期雇佣员工。即使困难时期，也不解雇员工，而是用减少工时，削减津贴奖金等办法渡过困难时期．使员工增加安全感，与企业同命运、共荣辱。

（5）上下级之间关系融洽。管理当局处处关心员工，员工也从多方面关心企业，使员工心情舒畅和愉快。

（6）管理者不仅仅关心生产任务，还必须设法使工人有工作的兴趣，消除枯燥感和单调感。

（7）重视员工培训工作，注意培养多方面的工作经验和工作能力，增加员工的工作自信心和达标的期望机率。

（8）对员工的考察是全面而长期的。既要考察员工的生产技术状况，又要考察其社会活动能力，并要长期坚持下去，作为晋级之依据。

2. A 型组织转为 Z 型组织的变革步骤

考虑到由 A 型组织到 Z 型组织转化的困难，大内认为这个变革过程要经常重复，而且需要相当长的时间，比如十到十五年，并给出了明确的 13 个步骤。

（1）通过学习和讨论，使管理人员真正理解和掌握 Z 理论的实质和自己的作用。

（2）检查影响员工的工作和生活价值观的本公司宗旨和目标。

（3）企业的领导者和各级管理人员共同研讨制定新的管理战略，明确大家所期望的管理宗旨。

（4）创立高效合作、协调的组织结构和激励措施，来贯彻宗旨。

（5）发展在 Z 型组织中处于中心地位的人际关系技能。

（6）对革新效果不断地测验，使支持者冷静，使反对者给予支持。

（7）把工会包含在计划之内，取得工会的参与和支持。

（8）确定稳定的雇佣制度。

（9）制订一种合理的长期考核和提升的制度。

（10）经常轮换工作，以培养人的多种才能，扩大雇员的职业发展道路。

（11）从上层变革开始，认真做好基层一线雇员的发动工作，使变革在基层顺利进行。

（12）找出可以让基层雇员参与的领域，实行参与管理。

（13）建立员工个人和组织的全面整体关系。

3. 取得转化成功的基本条件

（1）发起变革的往往是在业务上享有行动自由的人，或者是得到上级默许的人，或者是有广泛行动自由的新经理，或者是地位稳固的经理。

（2）发起变革的组织往往是处于健全状况的组织。变革需要一笔长期投资．财政困难的组织难以变革。取得成就的组织，地位稳定的经理，愿意与人分享权力。

（3）发起变革的领导人常常会在顺利和取得成功的情况下察觉到某些隐患，表明现在需要采取行动来防止将来的困难。因而要主动发起变革，防患于未然。

（4）重视组织观念。如果不能认同并接受组织价值、组织目标以及组织观念，那么一切努力也都是没有价值的。一个组织可以运用从调查反馈到操作运行等多种方法来保证组织观的实施。但是，组织内一定要有一种接受非量化组织目标的愿望。

二、企业文化理论

企业文化管理理论是 20 世纪 80 年代初，美国哈佛大学教育研究院的教授特伦斯·迪尔和麦肯锡咨询公司顾问艾伦·肯尼迪在《企业文化——企业文化的习惯和仪式》一书中首先提出，后经不断发展与扩充，内容十分丰富，主要涉及企业文化的构成、类型、模式、品质等方面。

1. 企业文化构成

迪尔与肯尼迪提出五大企业文化的构成要素：

（1）企业环境。"企业环境在形成一种公司文化时是影响最大的一个因素"。[1] 主要包括企业的性质、经营方向、外部环境、企业的社会形象、与外界的联系等方面。它往往决定企业的行为。

（2）价值观。是指企业内成员对某个事件或某种行为好与坏、善与恶、正确与错误、是否值得仿效的一致认识。价值观是企业文化的核心，统一的价值观使企业内成员在判断自己行为时具有统一的标准，并以此来选择自己的行为。

（3）英雄人物。是指价值观的人格化和组织力量的集中体现。由于英雄人物可为企业中其它成员提供可供效仿的活的样板，因而，在企业文化的形成与强化中起着关键的作用。

（4）礼仪和庆典。是指企业内的各种表彰、奖励活动、聚会以及文娱活动等，"它们的日常表现形式，为员工显示出期望于他们是怎样的一种行为。它们的隆重表现形式则以具体而有力的事例表明公司的要求"，[2] 这对建立与强化企业文化是大有裨益的。

（5）文化网络。是指非正式的信息传递渠道，主要是传播文化信息。它是由某种非正式的组织和人群，以及某一特定场合所组成，它所传递出的信息往往能反映出员工的愿望和心态。

2. 企业文化的类型

肯尼迪与迪尔在考察了数百家公司的企业文化后发现，许多

---

[1] 阿伦·肯尼迪、特伦斯·迪尔：《西方企业文化》，中国对外翻译出版社1989年版，第14页。

[2] 阿伦·肯尼迪、特伦斯·迪尔：《西方企业文化》，中国对外翻译出版社1989年版，第15页。

公司的文化可以归入到四大类型中：

（1）强悍型文化。这是所有企业文化中极度紧张的一种。这种企业恪守的信条是要么一举成功，要么一无所获。因此，员工们敢于冒险，都想成就大事业。而且，对于所采取的行动是正确或错误，能迅速地获得反馈。具有这类文化的企业往往处于投资风险较大的行业。

（2）工作娱乐并重型文化。这种企业文化奉行拼命地干、快乐地玩的信念，把工作与娱乐并重。鼓励员工完成风险较小的工作，所有一切均可迅速获得反馈，具有竞争性不强、产品比较稳定的特点。

（3）赌注型文化。这种企业文化适用于风险高、反馈慢的环境，企业所做决策承担的风险很大，但却要在几年之后才能看到结果。其信念是注重未来、崇尚试验，相信好的构想一定要给予机会去尝试发展。

（4）按部就班型文化。这类企业文化常存在于风险低、资金回收慢的组织中，由于员工很难衡量他们所作所为的价值，因此，人们关心的只是"怎样做"，人人都在追求技术上的完美、工作上的有条不紊，极易产生官僚主义。

3. 企业文化模式

因学者们对企业文化的理解不同，便形成了不同的企业文化模式，其中主要有：

（1）阿索斯—帕斯卡尔"7S"模式。阿索斯和帕斯卡尔在1981年出版的《日本企业管理艺术》一书中，提出了由战略、结构、制度、人员、技能、作风和最高目标七个因素构成的阿索斯—帕斯卡尔模式，简称"7S"模式。这个模式以最高目标为核心构建企业文化，显示了企业群体奋力争取并希望达到的未来成效，能够发挥企业文化的激励作用。同时，他们将战略、结构、制度称为管理中的"硬"因素，将人员、技能、作风和最高目标称为管理中的"软"因素,并特别强调了"软"因素的作用。

(2)佩格尔斯"11C"模式。这是佩格尔斯在其于 1984 年出版的《日本与西方管理比较》一书中提出的。他认为,企业文化包括以"文化"为核心的 11 个要素,简称"11C"模式。"11C"包括:沟通、观念、集中、竞争、协作、协商、结合、关心、控制、小组与文化。这个模式较好地突出了文化这个核心,可以看出潜在的人的作用。

(3)沃特曼"7"模式。沃特曼在 1987 年出版的《创新经营》一书中提出了这一模式。它包括以能力为核心的 7 个因素,简称"7C"模式。"7C"主要包括文化、控制、危机、精神、沟通、机会以及能力。该模式很好地突出了以能力为中心的管理,并将人的能力放在了最主要的位置上。

(4)"创新经营双环"模式。由于"7S"模式和"7C"模式都有其优缺点,沃特曼经过研究认为,应将两者结合起来,组成"创新经营双环"文化模式。这个模式巧妙地把人的技能和能力与企业最高目标和文化对接在一起,既突出了以人为中心的文化管理,又突出了最高目标和文化在企业创新中的地位。

(5)新西兰模式。新西兰大学的学者在《K 理论》中提出了具有普遍性的、促使企业获取成功的八大要素,即全体员工、企业目标、顾客意识、外界联系、简化控制、不断创新、企业文化、核心人物,简称"8K"模式。

4. 革新性文化品质

虽然企业文化具有一定的稳定性,但随着企业环境的变化,企业文化也必须进行一定的革新。彼得斯与沃特曼在《寻求优势——美国最成功公司的经验》一书中明确地提出了革新性文化的 8 种品质:

(1)贵在行动。有两层含义,一是强调"组织的流动性";二是提倡"企业实验精神"。出色企业的组织是流动性的,这表现在管理人员经常走出办公室进行巡视管理。巡视管理是一种丰富多彩的信息交流活动，它既能促使人们采取更多行动、进行更多实验，学习更多东西，又能更好地保持联系。

（2）紧靠顾客。出色的企业是靠顾客和市场来驱动的，因此，企业应开拓合适的市场，倾听顾客的意见，并把质量和服务当成法宝。

（3）鼓励革新、容忍失败。企业中最宝贵的是人才，即创新者。出色的企业结构安排是从创新者出发的，以便使其把事情办成。

（4）以人促产。出色的企业总是将普通员工而不是资本支出和自动化看作是提高质量和生产率的根本源泉。

（5）深入现场，以价值观为动力。出色的企业是依靠有连贯性的价值观体系来驱动的，这些价值体系总是带有领导者个性的标记，并要求领导者躬亲实践，方能形成与强化。

（6）不离本行。出色的企业不依靠购买和兼并其他企业来搞多种经营，而是强调坚持以自身的专长技术作为贯彻所有产品的共同轴线。

（7）精兵简政。出色的企业一般都具有结构简单、班子精悍两种品质，同时这两种品质是互相紧密地纠缠在一起的，并且是自我完成性的。

（8）宽严相济。出色的企业既有宽松的特性，强调以一种宽松自由的方式从事广泛的革新活动，又有严格的特性，要求认真奉行共有的价值观。做到既严格控制、又坚持让员工享有自由权、发挥革新精神。

1985年，美国著名管理学家彼得斯和奥斯汀在其《赢得优势》一书中，将上述八种品质进一步提炼成三种，即"面向顾客"、"不断创新"、"以人为核心"，并认为这是保持企业竞争优势的关键。

5. 企业文化测度与评价

企业文化测度与评价是指采用一定的指标体系，对企业文化可感知的效果与企业期望值进行测度与评定，并形成对企业文化实际状态的描述。企业文化测度与评价是诊断、创新和变革企业文化的基础。由于研究对象、思路与方法上的差异，目前在企业文化测评研究中有着不同的模型。

（1）霍夫斯坦特的企业文化测评模型

荷兰学者霍夫斯坦特 1981 年提出了对企业管理会产生重大影响的文化差异的四个指标，即"权力差距"可接受程度的高与低、"防止不肯定性"的迫切程度、个人主义与集体主义及男性化与女性化。

霍夫斯坦特认为，这四种文化指标或因素对于管理中的领导方式、组织结构和激励内容会产生巨大影响。首先，对企业领导方式影响最大的因素是"个人主义与集体主义"及"接受权力差距的程度"。美国是个人主义最高的国家，因此美国的领导理论以领导者追求个人利益为基点，然而美国的领导理论并不适用于第三世界各国，因为这些国家属集体主义社会，员工关心群体，希望从群体中得到保障，并且愿意以对群体的忠诚为酬报，而"接受权力差距的程度"直接影响到实现员工参与管理的情况。法国和比利时"接受权力差距的程度"很高，因此，人民通常没有参与管理的要求，而美国接受权力差距的程度处于中间状态，因此，企业中存在参与管理，但有一定限度。其次，对企业组织结构影响最大的因素，是"接受权力差距的程度"和"防止不肯定性的程度"。这是因为组织的主要功能就是分配权力以及减少或防止经营中的不确定性。法国"接受权力差距的程度"较大，又迫切要求防止不肯定性，因此倾向于"金字塔"式的传统层次结构。原西德虽有较强的防止不肯定性的心理，但接受权力差距的程度较小，因此，注重规章制度。美国、荷兰、瑞士等国接受权力差距的程度处于中间状态，因此，在这类国家中是各种组织并存。最后，对企业激励内容影响最大的因素是"个人主义与集体主义"、"防止不肯定性的迫切程度"和"男性化与女性化"。

对于美国这种个人主义程度很高的国家，激励方法多从个人出发，以个人的自我实现和个人获得尊严作为激励的主要内容。而对于日本这种集体主义较高的国家，激励就需要着眼于个人与集体的关系，过分奖励个人往往行不通。美国人倾向于"男性化"，所以适合把承担风险、进取获胜作为激励的内容。日本和法国虽然也倾向于"男性化"，但"防止不肯定性"的心理较强，因此分配一种无危险、很安全的工作岗位就成了激励因素。荷兰和北欧各国的价值观倾向于"女性化"，"防止不肯定性"的心理又较强，因此应以维护良好的人际关系作为激励因素。

（2）奎因的 OCAI 量表

美国密西根大学商学院的奎因等人通过大量的文献回顾和实证研究发现，组织中的主导文化、领导风格、管理角色、人力资源管理、质量管理以及对成功的判断准则都对组织的绩效表现有显著影响。

他们认为，从组织弹性与稳定性、外部导向与内部导向这两个维度上能够有效地衡量出企业文化的差异对企业效率的影响，并在竞争性文化价值模型的基础上构建了 OCAI 量表，提炼出 6个判据：主导特征、领导风格、员工管理、组织凝聚力、战略重点和成功准则。他们还把企业文化分为四种类型，即宗族型、活力型、市场型和层级型。OCAI 量表由 4 种文化类型、6 个维度和 24 个具体测量项目构成，其测量结果形象直观、简洁明了。对四种文化类型和六个组织侧面的测量能够较好地反映企业整体的、宏观的文化现状，如企业文化的类型、强度、一致性，尤其是对于企业文化期望的测量以及比对，能够帮助企业发现现有文化的缺陷以及确定未来文化变革的方向，为企业管理人员提供了一种直观、便捷的实用测量工具。

（3）丹尼森的企业文化模型

丹尼森通过对五家企业组织的个案研究，并以 764 家企业组织的 CEO 为样本的实证分析，得出了参与性、一致性、适应性以及使命四大文化特征对企业的业绩影响的研究结论。

丹尼森的企业文化模型通过对关键文化特性的分解，把文化特性与企业经营管理的核心要素、企业管理行为及员工的行为联系起来，并把这种联系安排在一个科学的项数体系中，为人们从量和质的角度考察企业文化与企业经营管理以及企业经营业绩之间的关系，提供了直观的测量模型和工具。和 OCAI 量表相比，德尼森的 OCQ 量表由 4 种文化特质、12 个测量维度和 60 个测量项目构成，形成了系统性的测量体系。由于包含的维度更多，每一种文化特质的各个测量维度和测量项目之间联系紧密，具有较好的内在逻辑。OCQ 量表在揭示组织文化内容方面显得更为细致，具有操作简便、测量结果直观明了的特点，因此在实践检验中得到了较广泛的认可。

（4）巴雷特的企业文化变革工具模型

理查德·巴雷特把哲学、心理学、管理学等多学科融为一体，从人类四个方面的需求出发，提出了与之相对应的个人九大动机，并把个人的九大动机概括为七个层次的人类意识。在此基础上，提出了个人及企业七个层级的价值和行为模型。该测评体系侧重于对文化矛盾的比较和分析，由 11 个主要的文化范畴 21 个细分指标组成 180 条陈述组成，确定了 39 种可能的文化定向，基本涉及到企业文化的各个方面。

（5）查特曼的 OCP 量表

美国加州大学的查特曼教授从契合度的视角来研究人与组织契合以及个体结果变量之间的关系，构建了组织价值观的 OCP 量表。完整的 OCP 量表由 54 个测量项目组成七个维度，分别是：

革新性、稳定性、尊重员工、结果导向、注重细节、进取性和团队导向。**OCP** 量表的测量采用 Q 分类的计分方式，被试者被要求将测量项目按最期望到最不期望或最符合到最不符合的顺序分成 9 类，每类所包括的条目数按自比式分类方法分布。

三、组织文化理论

1992 年，沙因在《组织文化与领导》一书中系统地阐述了组织文化的定义与识别、组织文化与个人行为的关系，以及组织文化对组织学习的重要性等问题。

1. 组织文化定义

沙因发现理解工作行为和动机的传统方法存在两个问题：一是过于简单化，二是过于严格地解释了组织中个人的经验范围。人类和组织的需要是因人、因地、因时，而有很大的区别，因而，他首先对组织文化进行了定义。他指出，文化是由特定群体在处理外部适应与内部聚合问题的过程创造出来的，通过有效运作而被认可，并传授给组织新成员以作为理解、思考和感受相关问题的一种正确方式。按照他的观点文化是许多不同因素的混合体，这些因素主要包括：

（1）人们相互作用时所观察到的规律性。

（2）在工作群体中演化的准则。

（3）由组织推动的占优势地位的价值观。

（4）决定高层管理者对待员工和顾客态度的哲学理念。

（5）组织的规则、程序和流程。

（6）非语言传递的感觉与风尚。

2. 组织文化维度

沙因将文化定义为基本假定的一种模式，并把这些假定划分为了五种维度。

（1）人与环境的关系。组织的中心人物如何看待组织和环境之间的关系，包括可支配的关系、从属关系，或者协调关系等。组织持有什么样的假定毫无疑问会影响到组织的战略方向，而且组织的健全性要求组织对于当初的组织与环境假定的适当与否具有能够随着环境的变化进行检查的能力。

（2）现实和真实的本质。组织中对于什么是真实的，什么是现实的，判断它们的标准是什么，如何论证真实和现实，以及真实是否可以被发现等等一系列假定。同时，包括行动上的规律、时间和空间上的基本概念。沙因认为，在现实层面上，包括客观的现实，社会的现实和个人的现实。在判断真实时，可以采用道德主义或现实主义的尺度。

（3）人性的本质。人性本质包含着哪些行为是属于人性的，而哪些行为是非人性，这一关于人的本质假定和个人与组织之间的关系应该是怎样的等等假定。例如，有些人可能总想逃避工作，而另一些人则为了组织和个人的利益，将工作视为发挥个人潜力的途径而乐此不疲。

（4）人类行为的本质。行为本质包含着哪些人类行为是正确的，人的行为是主动或被动的，人是由自由意志所支配的还是被命运所支配的，什么是工作，什么是娱乐等一系列假定。例如：人一方面是致力于完成任务，另一方面是追求自我实现和自我发展。

（5）人际关系的本质。人际关系本质包括什么是权威的基础，权力的正确分配方法是什么，人与人之间关系的应有态势（例如是竞争的或互助的）等假定。例如：一些组织似乎为社会交往提供便利，而另一些组织则把社会交往当做不必要的干扰。

3. 组织学习与组织文化

沙因认为，组织学习在组织文化的形成中具有重要的作用。通常在一定程度上，组织会采取一系列的活动来消除新员工的旧价值观，使他们更能接受新价值观，消除旧价值观的过程是困难的，成功与否可能要依赖于新员工忍受这一过程的强烈动机，或者要靠组织敦促新员工忍受的坚定性，他将这样的过程比作带强迫性的说服的一种形式，除了屈从之外，人们的选择余地比较小。如果人们同这一改变的目标和价值观步调一致，将不会存在问题；但如果人们不喜欢这些价值观，就会对强迫性的说服很不赞成。他总结说，因为要实现某些共同目标，组织的概念本身涉及到对个人自由的一些限制，既然创造性和学习关乎个人自由和发展，那么不断学习、创新的组织概念会影响到个人的自由。

沙因认为，组织学习维度的两个极端是组织驱动与个体驱动。组织驱动学习这一端包括社会化、文化传入、学徒制和培训，在这里，学习是通过传授被组织相关的权力中心认可的组织界定的技能、态度以及价值观来实现的。在个体驱动的这一端，学习的含义是创造力、单独创新和具有创造性的个体主义。另一方面，个体驱动产生学习的本质是探究、为相关信息观察环境找到自己身份原型并把它与个性整合起来。当变化来临的时候，满足人们在心理意义上的安全需要具有重要意义，实现组织学习和变革因此取决于营造一种安全感，以及克服过去激励和过去惩罚的负面影响。要学习，人们就需要有动力，还要有尝试新东西的自由。

第三节　企业文化范式的特点

企业文化范式相对于 20 世纪 70 年代流行的组织管理范式不同，它既具有系统性，又在重视人性的前提下强调企业成员共同价值观与信念的培养与树立，把企业的管理问题转变成一个文化管理的问题。虽然就组织系统而言，文化系统更加庞大复杂，但它更为灵活，能更好适应现代社会瞬息万变的现实，避免墨守成规、机械且缺乏创造性，有利于企业在激烈竞争中赢得长期可持续的竞争优势。

一、企业文化范式的基本信念

在对于企业本质的理解上，企业文化范式认为，企业不仅仅是一个计划周密的经济单位，同时又是一种最基本、最一般的现代社会组织形式。因为企业供产销运作过程不单是经济问题，同时也是政治、法律、道德、心理、社会等构成要素的综合体现。从企业诞生那一天起它不仅在创造着产品与服务，也以不同的方式创造着不同的文化，同时文化也以不同的方式塑造着不同的企业。企业与文化共生并存，唇齿相依，不可或缺。面对经济、技术、社会迅猛的发展，一个企业要想成功并长期持续发展，就必须具有完善的组织机构、员工共同的价值观、经营者的领导艺术等等，这些概念都可以归结为企业文化的范畴。

1. 知行合一的认识论

"知行合一"是中国古代哲学中一个重要的认识论命题，"知"指道德、良知、知觉、知识、思想、认识；"行"指行为、行动、践履、实践。"知行合一"包括两个层次上的意思。第一层意思是指道德意识自觉性和实践性的关系，只有把道德归于个体的自觉行动，把"知"和"行"统一起来，才能称得上"善"。"知"与"行"互为表里，不可分离，道德意识必然要表现为行为，如果不去行动，不能算是真知；而如果自觉的"行"，也就是真正的"知"。第二层意思是指认识和实践的关系。认识既是抽象的，也是具体的，认识事物与在现实中运用两者密不可分，"知"是"行"的主导，"行"是"知"的体现，"知"是"行"的开端，"行"是"知"的完成；"知"中含"行"，"行"中含"知"，知行不可分离，只有在行方面有所表现的知才算是真正的知。总之，知行合一追求的是实现心性、心智、心态与行为上的统一；定性、控性、良性与行为上的统一，正如"知之真切笃实处便是行，行之明觉精察处便是知"（王阳明《答顾东桥书》）。

明代中期以后，以知行合一为核心内容的"心学"思想传播到日本，对日本近代学术思想的发展起到重要的影响。日本心学在中江藤树开创之后，大致分为两派：一派是具有强烈内省性格的德教派，另一派则注重实践，是以改造世界为己任的事功派。日本明治维新的很多重要人物都研究过"心学"，他们十分看重知行合一强调人的精神力量和意志、强调实践的说法，提出"东洋道德，西洋艺术，精粗不遗，表里兼该"等主张，要求以实际行动变革社会。梁启超认为："日本维新之治，心学之为用也"。在企业界，涩泽荣一、安冈正笃、稻盛和夫等很多日本企业家的经营哲学都受到"心学"的影响，知行合一长期以来是日本企业成功的不二法门。

企业文化范式秉承知行合一的认识论。首先，它认为企业经营管理的一切道理都存在于人们内心的道德良知之中。企业中人的机会主义行为的存在，并不是因为人"知"的不够，而是良知被混淆或没有凭着良知去行，造成知行不合一，而如果心正，错误的意念一发动，就放到良知里去衡量，行动也就自然符合道德伦理，知行也就合一了。因而，管理活动追求的是返归人心性之本，让人凭着良知自觉地去工作，即使制度没有明确规定，人的行为也不会偏离方向。要实现这一点，就需要通过文化把员工价值观与企业价值观统一起来，使员工理想与企业目标相融合，让员工与企业形成荣辱与共的命运共同体，使企业核心价值观得到全员认同和共享，并转化为员工的具体行为导向，以此调动员工内心的良知，发挥主动性、积极性和创造性，形成推动企业发展的持久动力。

其次，它主张管理活动中的认识与实践的和谐统一。管理者如果没有知识，是无法管理企业、驾驭市场的，但只有知识不够，还必须把它运用到实际中去，开展有效地实践。如果只有空泛的企业目标与战略，而没有落实的具体措施和员工的广泛参与，企业是无法成功的。因此，企业理念不能只是停留在表面，而需要与之相符合的硬件作支撑和保障，必然与制度的操作相关联，这样才能将企业的经营理念贯彻于管理全过程，体现于员工行动中和企业行为的每一个细节之中，即所谓"知而必行"才能达到"真知"。

第三，它强调感性认识、理性认识与实践行为的动态依存。面对复杂多变的内外环境，企业过去成功的经验并不一定能够保证未来也能够同样成功，只有不断地从实践中认知，对经验不断进行反思，在感性认识上不断深化，提炼能被还原或者再现的理性认识，并以此来指导实践，才能形成具有正反馈效应的知与行良性作用机制，避免管理战略、制度与流程的僵化，从而有效应对环境变化的要求。

2. "文化人"人性观

管理归根到底是人的管理和对人的管理，人性的品质在社会生产实践中不断地改造和更新，因而，人性的本质是复杂的，对人性的认识也是在不断发展之中，永远没有穷尽。以往的企业管理范式多从个体层面描绘人性特征，从内容层面对个体人性展开静态的分析，与之不同的是，"文化人"人性观主要从组织层面动态刻画人性。从"文化人"人性观出发，组织决策和行动不是源于集体的人格与头脑，而是取决于有着不同人格的个体所组成的群体的动态过程，企业行为类似于人类个体的某些特质和规律，在组织层面对人性进行构建，就可以在操作层面上转化成对群体动态过程的引导和管理。

作为"文化人"，组织中的人是有感情，有知识，有自觉意识的主体，是具有可塑性的，随着客观环境和主观环境的变化而不断地调整自己。在人的自我组织、自我反思与自我调控的过程中，外部世界的客观物质条件和社会文化氛围是塑造个人的人生观、价值观和方法论的客观基础，生理条件、心理条件和智力水平是形成个人人生观、价值观和方法论的主观因素。因而，企业文化范式下的管理不仅是一门科学，而且是一门艺术，强调人在管理活动中的中心地位，它将文化观念的培育作为管理的主导因素；主张在管理过程中将理性与情感相结合、逻辑与直觉并重、推理与热情相协调；注重发挥人的主体意识作用，注重信念和价值观等文化要素的培养，其目的在于形成一种人性创造和发展的组织环境，一种共同认可的精神和作风，建立起牢固的物质共同体和精神共同体。这样，不同人格的个体在动态磨合过程中，在组织层面就有可能产生一种具有协调性并且受到广泛认同的整体价值，在这一价值的引领下，个体的自主性与组织的集体性就能够有效融为一体，个人在追求自我价值实现的过程中，也同时创造了组织价值与社会价值，从而使企业凝结起强大的团队精神，极大激发员工的创造精神，实现"个人—组织—社会"三者的和谐一致。

3. 人伦关系方法论

在复杂多变的社会环境下，企业为了生存和发展，必须要通过有效的方式来协调和控制人与人、人与物以及组织与外部环境的关系。在知行合一的认识论与"文化人"的人性观的基础上，企业文化范式认为良好的人伦关系是正确驾驭与协调企业中的人机关系、人际关系与人境关系的基础。

人伦关系也就是人与人关系中的道理次序，是人类社会最普遍、最常见的一种关系，没有人伦关系就不可能构成组织。人处理相互关系的基础是伦理规范，对于企业组织而言，伦理规范是必不可少的维持正常运行的纽带，一个优秀的企业应该有合理的伦理规范，提供给员工心理上的满足与物质上的利益，这样成员才能认同组织，并按照伦理规范行事，达到组织要求的道德良知的标准。同时企业与各利益相关者以及社会也需要建立良好伦理关系。因而，人伦关系贯穿于企业管理的全过程，渗透于企业管理的每一个步骤，它在企业发展中所起到的作用是非常重要的。

企业文化范式认为企业发展的内在支撑力量来源于文化的力量，文化力量的核心因素就是人伦关系，它是推动企业发展的精神力量。首先，良好的人伦关系能提高企业的应变能力，进步的伦理规范能够论证管理变革的合理性、科学性，从意识形态上阐明变革的重要意义，澄清人们的模糊认识，提高管理实践水平，以适应复杂多变的环境。其次，正确的人伦关系在企业发展中发挥着指导作用，企业所处的环境瞬息万变，这要求管理者从管理理念到管理方法都必须不断创新，需要进步的伦理规范作为指导，予以保证。第三，在企业制度方面，管理者和被管理者的看法可能会截然不同，而人伦关系作为系统化世界观的组成部分，为管理者制定符合企业发展的制度提供了科学的依据。第四，人伦关系能够协调组织与社会、组织与员工关系，在良好的人伦关系的指导下，能够建立一个竞争有度、互相合作、积极进取的工作环境，使个人的生活、工作、事业、理想等和整个企业组织统一起来。第五，人伦关系能弥补制度的局限性，伦理规范是靠人的自觉信念和传统观念来维持的，具有自觉的、正确的、高尚的伦理规范的人，可以发现制度中的种种局限性，用自己的行动去弥补克服这些局限，从而弥补制度的不足之处。第六，人伦关系能激励人的主观能动性，伦理规范能使人的潜能得到充分发挥，产生无穷的创造力，一个有理想、有道德的人会将满腔热情投入到自己喜爱的事业中去，这同时也满足了他的精神需要。

因而，从人伦关系方法论出发，在经营理念与目标上，企业文化范式认为，企业不仅是以追求经济指标作为根本宗旨，以实现利润最大化作为根本目标；同时还要有超越利润的社会目标。企业在经营过程中，不仅要考虑自身的利益，而且也要考虑众多利益相关者的利益，只有通过不断创造整体价值，才能实现企业的长期生存与发展。在看待管理中主要矛盾的问题上，企业文化范式认为，千百年来，在劳动仅是谋生手段这一思维定势下生成的企业管理方式，总是自觉不自觉地抛开人的发展、人的自我实现。随着科学技术的进步，脑力劳动在生产活动中地位、作用的日趋加强，导致了企业劳动结构与企业生产活动的变化，越来越复杂的企业生产经营活动，再也无法以主要凭借规章制度、行政命令等强制手段进行营理。因而需要将价值观、道德、情感等人本素质直接引入企业经营管理之中，从人伦关系上更新、构建与塑造企业经营管理的机理。

二、企业文化范式的思维与分析方法

总的来看，企业文化是一门应用性的、实践性的科学，它又是随着企业的发展、社会环境的变化、时代的变迁而不断变化发展的。因而，在研究中一般采用辩证发展的观点，用实证的方法去进行研究和分析。同时，社会学、文化学与伦理学等社会科学也被更深入与全面地引入到管理学研究之中。

企业文化是随着企业的发展、社会环境的变化与时代的变迁而不断发展的，每个企业都具有自己的个性，没有一个放之四海而皆准的企业文化模式，也没有一个长期不变的模式。因而，在企业文化研究中体现出一种不断变革的动态发展观，把辩证的方法作为研究上的方法论。

作为一种实践性的科学，企业文化研究中多运用具体分析与实证的方法，即在研究实际发生或可能发生的客观事物与规律性的基础上，对相关影响因素进行剖析。企业文化研究在八十年代就出现了两种方法的派别，一派是以美国麻省理工学院的沙因教授为代表的定性化研究，他们对企业文化的概念和深层结构进行了系统的探讨，也曾提出进行现场观察、现场访谈、以及对企业文化评估的步骤等。另一派是以密西根大学工商管理学院的奎恩教授为代表的定量化研究，他们认为组织文化可以通过一定的特征和不同的维度进行研究，因此，他们提出了一些关于组织文化的模型，这些模型可以用于组织文化的测量、评估和诊断。

三、企业文化范式以基本信念为基础的政策纲领

企业文化范式在企业基本组织行为考察上，强调进入到"人本文化"深层次解决管理问题；在管理对象上，强调人的主体地位和全面发展；在管理目标与功能发挥上，更注重整体优势和集体感受；在管理操作上，注重软硬结合、突出非正式规则；在新的企业管理方法、体制，管理思想拓展中，注重传统文化的开发。这种新的管理学理论范式的政策纲领构成了企业文化范式不同于以往企业管理范式，也不同于一般文化学的总体的、基本的特征。

1. 人文管理

企业文化范式认为，在实际的企业经营活动中，企业的组织、协调、管理和人际关系的和谐，只有在正确的伦理道德的约束下，通过建立合作、信任、友爱、团结、奋进的人伦关系，才能顺利进行，而这些条件的获得，来自于最深层的人文素质、人本文化。因而，要肯定人的主体性需求是社会发展的本质动力，追求组织行为与人的主体性的有机结合，通过满足不同人的不同需求，激发其积极性和创造性，构建企业的核心竞争力优势。

人文管理的基础是形成良好的企业伦理规范，条件是营造适宜的企业文化环境，在本质上注重生产效率同人际关系、人本文化、人本素质的相互关系，使用科学的管理方法，通过全面的人力资源开发计划和企业文化建设，充分地调动和发挥员工的工作积极性、主动性和创造性，从而发挥文化的导向作用、凝聚作用、激励作用、塑造作用、资源整合作用与辐射作用，提高工作效率、

增加工作业绩，实现企业的长期发展目标。

2. 价值观管理

价值观是企业领导者和全体员工对企业的生产经营活动和企业人的行为是否有价值及价值大小的总体看法和根本观点，是企业生存与发展的基本准则。企业价值观指引企业前进的方向，并提供评价工作好坏的标准。企业价值观决定企业的个性，使企业具有自己的独特风格和面貌。建立全体员工普遍认同、接受的一种价值观是企业文化管理的核心。价值观管理追求的是一种企业的整体优势、良好的整体感受与文化认同。

按照企业文化管理方式，并不是不要把激励理论与方法分别运用到单个对象、个别员工上，而是逐步过渡到企业的整体观念上，从而把个体团结成一个整体。企业文化范式非常重视集体感受，强调关心社会团体中人们情绪的共通之处。并认为当肯定的、良性的情绪占上风时，集体中的人与人之间的关系就被纳入良性循环的轨道之中，集体情绪和观念的和谐一致，可以调节集体行动，创造最佳气氛。同时，还要把企业的价值观转化为企业的目标、战略、组织结构、制度、流程、领导风格、责权体系等具体行动，确保价值观的落实以更好地指导实践，因而，价值观的管理是知与行的统一，以保证其深厚的内涵渗透于企业一切活动之中，先进的企业文化，它必然会深刻地影响着所有成员的思想、意志和行为，像呼吸一样促进组织自然新陈代谢，像血液一样渗透到团队的骨子里，真正成为企业的行动指南。

3. 整体性管理

以往的企业管理范式，突出地强调制度、规定、结构、战略等硬管理。企业文化范式强调将企业在整体上看作是一个有机生命体，企业中每一个可分辨的单位都是由更基本的单位构成，同时又是更大的组织单位的组成部分。这种整体性组织的优点在于它能够构建非常复杂的系统，并使之在高效利用资源、对内部和外部的扰动保持高度的弹性、适应所处环境的变化等方面表现出色。在这个有机整体中，每一个组成部分都有一定程度的自主性，都能够在没有上一层组织的协助下，在其所处的特定层次上掌握环境和处理问题。同时也能接受来自上层整体的指导，在某种意义上受上层整体的控制。自主性保证了部分是稳定的，能够在干扰下生存，而对上层整体的服从又确保了更大的整体的有效运转。

整体性管理通过软硬结合的管理方式，不仅重视企业理念、目标、战略与管理制度，也突出非正式的规则、非正式的管理，应尽可能地通过全方位、多层次的正式与非正式的约束，以及文化微妙性的暗示、集体精神的感受来取得效果，确保员工价值观与企业价值观保持一致，企业文化与企业战略应保持一致，制度约束与文化影响的统一。这样，组织给予成员的，不仅仅是经济利益，还有精神利益，不仅有近期利益，还有长期利益，甚至包括终极利益，企业是全体成员的物质和文化家园。

4. 渗透性管理

企业文化的创立和发展是一个长期过程，是经过多年的培育逐渐形成的，并在实践中绵延发展，不断丰富其内容。因而，企业文化的建设要贯穿与企业发展的始终，潜行于企业各个细节和制度中，并结合企业的实际而持续优化，从而把高度抽象的思维逻辑变成员工可以接受的基本行为准则，行成一种牢固的、共有的观念，来约束人的行为。

渗透性管理力图把经济的、社会的、心理的、行政的等一切管理形式、管理方法、管理手段纳入企业文化这一综合大系统当中，又特别注意了继承传统文化的精华，这样，就把历史、现状与未来用一般性的文化惯性联系起来了，充分发挥本民族、本地区、本企业传统文化所具有的引领与导向作用，使企业文化渗透到组织的物质层、价值观层面以及个人的潜意识层面，体现在协调与处理企业管理中的人机关系、人际关系以及人境关系各个方面。

四、企业文化范式的学术建制功能

战后日本企业的管理实践中，早已形成一系列的以企业文化为核心的管理理论、方法与模式，然而，直到 20 世纪 80 年代后，企业文化范式才真正形成。这一状况形成的原因与范式的学术建制功能有关。

长期以来，管理学科发展的主流在以美国为主的西方发达国家，并已形成了管理学科学术共同体。前面我们论证过，新知识的形成与社会建制与践行存在必然关系，一种新的范式的形成，必须要通过学术共同体的认同；否则，新知识是无法得到认定并得以确立的。企业文化范式的源头在于东方哲学与东方管理思想，在其哲学内涵与西方文艺复兴以来形成的哲学传统之间存在着矛盾与冲突，在 20 世纪 80 年代以前，古典理论范式、行为科学理论范式以及组织管理范式所提供的管理理论、分析工具在一定程度上能够解决西方企业在经营与发展中的大部分问题，因而以东方文化为背景的企业文化理论是不会受到管理学学术共同体的关注与认可的。随着西方企业管理中问题和矛盾的突出与日本企业的崛起，促使西方管理学的学术共同体开始反思原先范式的不足，吸收借鉴日本企业管理经验，继而推动了企业文化范式形成。

20 世纪 70 年代末、80 年代初，美国派出了由几十位社会学、心理学、文化学、管理学方面的专家组成的考察团，前往日本进行考察研究。美国学者在调查、总结、研究的基础上，对日本的企业文化实践经验进行了理论上的概括，使之上升到一个理论高度，形成可以指导美国企业管理改革的管理理论。其后，日本学者又从美国学者的研究出发，致力于企业文化研究，试图从本国的企业文化实践中提取理论，同时西欧各国也纷纷致力于企业文化研究。全世界范围内的企业文化研究得以兴旺和发展，出版了一系列的专业著作，设立众多研究机构，并在此基础上，促成了相应学术共同体的建立，保证企业文化范式的形成。

第四节　企业文化范式形成分析

企业文化管理是一种企业在自身发展过程中形成的，以价值为核心的独特的管理模式。是社会文化与组织管理实践相融合的产物，是西方管理理论在经历了古典管理、行为科学管理与组织管理后，对管理知识的又一次重新审视。企业文化范式的形成与日本企业治理结构下的权力关系，以及西方企业治理结构变革存在着密切的联系。

一、日本企业治理的特点

1. 战后日本企业的变革

战后，日本在美国的监管和帮助下，完成了一次全面的社会及经济的变革，其中企业变革是重要的内容。由美国占领军强制进行的民主化改革构成了战后日本企业制度演进的起点。

（1）解散财阀

美国认为，战前日本的军国主义与财阀的存在有密切的关系，而财阀的存在和发展对以自由竞争为基础的市场经济体制的建立极为不利。因此，在占领初期，就表明了要解散财阀的意图。

美军首先解散了三井和三菱财阀，然后是住友、安田、古河、日产等财阀。同时，还解散了作为财阀总公司的控股公司，废除了财阀企业家族对企业的控制，指定56家财阀家族把所持股票移交给控股公司整理委员会，并把这些股票卖给员工或一般的市民。战前财阀控股公司几乎垄断了所有的股票，解散财阀后股票向社会公开出售，同时，为防止财阀东山再起，解除了财阀家族在所有企业中的一切职务，并且不允许重新任职，切断了财阀的人事网。

在日本的美国占领军创造了一种"集中排除法"，对日本垄断性大企业进行分割。这样，财阀企业便脱离了财阀家族的控制，财阀势力下的各个企业也分割为各自独立的状态。进而又制定和颁布了《禁止私人垄断及确保公平交易法》和《中小企业基本法》等一系列法律，并解除了同战争有牵连的日本两千多名经营者的职务，以防止财阀及控股公司的复活，保证企业较大限度的公平自由竞争。

但由于战争对日本经济的消耗，战后初期接受财阀股票的社会能力不足，大量滞留在企业中的股票为法人所拥有。原财阀企业又通过相互持股结成了著名的企业集团，其后为对抗日本"入关"后面临的外国资本并购，这种相互持股又发展成"稳定股东"，彼此承诺不出售持有的对方股份。

（2）劳动立法

从 1945 年到 1947 年期间，美国占领军促进日本先后颁布了《工会法》、《劳动关系调整法》、《劳动标准法》等法律，确定了工人拥有结社权、团体交涉权和争议权等权利。在这种形势下组织工会有了法律依据，本来是为了加强对企业进行军国主义控制的"产业报国会"，在民主化改革的条件下脱胎而成为企业内工会，工会组织迅速扩展到日本全国，几乎每一个日本企业都有一个独立的工会。

由于工会的作用，加之员工对股份的部分占有，使劳资之间的关系，不只是雇主与雇员或雇主之间的关系，还有了共同占有与平等协商的关系。这样，也使他们之间的家族式从属关系及社会交往有了进一步的发展。在员工的谈判能力以及在企业中的地位大大提高的背景下，劳资之间矛盾的解决不是对抗式的交涉而是协商，按劳资协商制工会参加企业的经营管理。劳资协商的议题，除了劳动条件之外，还有生产计划、预期引进的新技术、公司员工住宅及福利措施等。有关工资和劳动条件等事项，原则上要提交到集体交涉的会议上讨论，但事前要通过劳资协商加以研究。这是战后形成的日本独特的劳资关系。

（3）两权分离

二战后，财阀解体，股份公司的资本集中程度大大降低，接着又制定了反垄断法，使出资者持股的数量及控股公司的发展受到限制。这些措施推进了股权分散的进程，使企业的所有权与经营权日渐分离，股东大会的权限也受到很大的限制，其结果，一是董事的权限有所扩大，董事的地位有所加强。董事会成为一个名副其实的会议体，不仅对企业生产经营活动进行决策，而且还由董事会选任的代表董事来开展有关业务并代表公司与外界打交道，董事会则对代表董事的业务执行状况进行全面检查和监督。二是缩小了监事的权限，使其监查范围仅限于公司财务方面。其原因在于，由于信息不对称，监事要想对董事的业务开展状况进行有效的监查是非常困难的。三是强化了股东对董事的监督权限，如股东享有对董事代表渎职行为的诉讼权，对董事违法行为的禁止权，账目查阅权，罢免董事请求权等等。此后日本公司法的修改，一方面扩大了董事的权限，另一方面又强化了对董事的监督力度。例如，1974 年修订的公司法，为解决当时经常发生的粉饰决算等问题，恢复了曾一度被取消的监事对董事业务执行的监督权。当年还制定了《关于股份公司监查的商法特例法》，对不同规模股份公司设置监事及其审查范围等问题又作了进一步的补充规定。

日本企业的这种资本所有者与经营者的分离，不仅使企业的治理结构发生了变化，也引起了企业组织结构的变化，形成了由相互持股企业组成的企业集团，以及企业与政府与金融界紧密结合的日本式的企业组织体制。由于企业集团包括了各种不同的行业，并允许金融机构参加，因此也导致了企业垂直系列化。

由于资本市场尚不发达，企业几乎没有个人大股东，所有者与经营者分离的结果，造成了权力向经理集中的现象，内部晋升机制取代了企业控制权市场；同时，企业融资主要依赖于银行，金融机构替代股东或股票市场成为企业的长期资金供给者和监督者。企业的经理只要得到由股东银行和相互持股企业所组成的企业集团的经理会的承认，便大致可以掌握超越股东大会的经营权利。

2. 日本企业治理结构的特征

20 世纪 50 年代至 80 年代，日本股份公司在以主银行制、法人交叉持股等为主要特征的股权结构的基础上形成了其独特的公司治理结构。这种结构对日本经济 30 多年的高速增长和日本式管理模式的形成都产生了重要影响。

（1）法人持股率高，经营者在公司中居主导地位

在日本，控制企业股权的主要是法人，即金融机构和公司。法人持股的比率从 1960 年的 40.9％增长到 1984 年的 64.4％，增长速度非常快。1989 年。在日本上市公司的股票总额中，法人股东的持股率高达 72.8％。其中，金融机构持股占 46％，企业法人持股占 24.8％，证券公司占 2％。2400 万个人股东的持股率只占 22.6％，平均每个股东仅持 3610 股，面值 18 万日元，大体上相当于大企业员工一年的基本工资。[1] 由于个人股东持有的股票占公司总股本的比例小，并且又极其分散，因此，个人股东在日本公司的权力体系中基本上不起作用。

---

[1]　参见青木昌彦、钱颖一主编：《转轨经济中的公司治理结构内部人控断和银行的作用》，中国经济出版社1995年版。

在日本，法人股东持股的主要动机不在于获取股票投资收益，而在于加强企业间的业务联系，通过稳定经营增加企业的利润。日本《商法》明确规定：公司不能持有自己的股份，但是，公司可以相互持股，包括几个公司间的循环持股。由于法人股东的持股行为具有较少的投机性，因此，即使在公司经营不理想，股票收益很低时，法人股东也不轻易出售股票。他们认为，为了短期的投资收益而以抛售股票的方式去损害有长期业务往来的供应商、客户或贷款银行，是不值得的。这样一来，法人持股的结果实际上是形成了一个经营者集团，即由相互信任、支持和配合的企业家控制着企业。这不仅有利于经营者阶层的稳定，而且有利于公司的权力结构向经营者倾斜，使经营者能够独立地行使决策权，以较大的自由度去追求经营行为的长期化。

（2）公司内部决策权与执行权统一，监督和约束主要来自公司外部

日本公司的董事会平均22人，几乎全为内部董事。董事还分为专务董事、常务董事、董事等级别。公司的代表董事是社长。董事成员一般由企业内部产生，通常是经过长期考察和选拔，在本企业中一步步升迁上来的。大多数董事由公司各事业部或分厂的领导兼任。日本公司董事和经理合一的模式使得经营者对公司各方面经营业务比较熟悉，并且容易对公司产生深厚的感情，注重把公司长期发展作为公司和个人的奋斗目标。在公司内部，从社长、总经理到董事，他们既是决策者，又是执行者。如公司设立的以总经理为首的常务委员会，作为总经理的辅助机构具有执行机构的功能，其成员既作为董事参与公司的重大决策，又作为公司内部的行政领导人掌握执行权。这种决策权与执行权相统一的公司，占日本股份有限公司总数的92.8％。这说明，日本公司的管理不是强调个人决策和突出个人经营思想，而是注重集体决策、共同负责。

在董事由公司内部产生，社长和总经理既是决策者又是执行者的情况下，对公司的经营者监督和约束主要来自两个方面。一是来自交叉持股的持股公司，一个企业集团内的企业相互控制。在这个企业集团内，企业集团总经理会（社长会）就是大股东会。如果其中的一个企业经营绩效差或者经营者没有能力，大股东会就会对该企业的经营者提出批评意见，督促其改进工作，直至罢免经营者，而不是像英美公司的股东那样主要通过外部资本市场的"用脚投票"机制来实现所有者对公司的监控。二是来自主银行的监督。在日本，主银行主要涉足其关联公司的经营事务，不持有与自己没有交易关系的公司的股份，持股目的基本上是实现和保持企业的系列化和集团化。主银行监督公司运转的方式根据具体情况而定：在公司业绩较好、企业运转正常时，主银行不进行干预，但在公司业绩很差时，就显示其控制权力。由于主银行对企业的资金流动密切关注，所以能及早发现财务问题，并采取行动。如事先通知相关企业采取对策。如果公司业绩仍然恶化，主银行就通过大股东会、董事会更换经理人员。另一方面，主银行也可以向相关企业派遣人员，包括董事等。借助于这些手段，主银行就成了相关公司的一个重要而有效的监督者。

（3）公司主要通过事业型激励机制实现对经理人员的有效激励

总体而言，日本公司的经理在工作上的努力程度是众口皆碑，但其所得薪水与美国、英国等西方国家经理人员的近乎天文数字的高报酬相比，的确是很低的。有资料显示，1979 年，雇员超过 3000 人的日本公司的高层经理，其年薪充其量是普通工人的 5 倍，而且这还是税前收入。由于日本的所得税税率很高，最高可达到所得的 93%，这样一来，实际落到经理手中的可支配收入还不到普通员工工资的 3 倍。1984 年，日本制铁公司总裁西户荣志郎的年薪是他所在公司员工的 12 倍，但扣除高额所得税后，实际也就是普通员工工资的 3 倍。[1] 日本之所以能够以相对的低薪成功地对公司经理实现有效激励，关键在于日本公司注重对经营者进行事业型激励，而不是仅仅依靠物质型激励。事业型激励包括职务晋升、终身雇佣、荣誉称号等。这种综合性、社会性的激励机制，对经营者更容易产生长期激励效应。

3. 利益相关者在企业治理中的作用

美国公司治理模式源于其特定的法律传统，这一传统倾向于限制银行的活动，赋予管理者相对于工人的特权，以及对交叉持股所获得的红利进行征税等。在日本，金融、劳动、税收以及法律法规的传统通常支持银行在公司治理中占据核心地位，所有者与管理者进行日常合作，以及金融机构与企业之间建立长期的伙伴关系。因此，日本的公司控制权市场不活跃，其主要的原因是不需要这个市场，日本企业基于利益相关者的契约治理模式具有足够高的效率，可以应对信息不对称、专用性资产投资和大型组织代理问题引起的风险。这种效率降低了对纵向一体化的需要，因为纵向一体化的目的不过是保障上下游供给通道顺畅。这种效率也减少了对完全投票控制权的需要，因为完全投票控制权的目的也不过是改变不利于企业所有者利益的战略和政策。

（1）股东

日本的商法是在 1899 年从欧洲大陆引进的，受德国的影响很大。该法律确定，股东是公司主要的利益相关者或当事人，但受日本文化的影响，股东的作用及发挥作用的方式与欧洲的似乎不同，日本文化中，交叉持股和稳定的持股，以及人们不把持股仅仅当成赚取利润的投资方式的观念，意味着股东不会为追求投资红利而给企业管理者施加压力。股东只是进行被动的控制。只有在公司出现极端情况时，股东才会进行干预。因此，日本公司

---

[1]　何维达：《公司治理结构的理论与案例》，经济科学出版社1999年版，第61页。

的股东大会通常是仪式性的，比较简短。一般来讲，交叉持股以及非执行董事来自其投资公司的情况可能会导致内部交易现象混乱，但内部交易在日本并不是很大的问题，因为公司的员工，包括董事通常一直保持着他们拥有的公司股票，很少出售。

（2）银行

在日本，银行很注重建立与顾客的长期稳固的关系。银行向其贷款的客户投资就是这一政策的结果。工业集团内部的公司及银行之间的象征性执股、贷款及商业关系使银行把与公司的这种关系看成是一种长期投入。银行与公司之间的家族式关系依然很强。

（3）员工

企业的各方面当事人的目标具有一致性，即在公司的长期生存和发展目标是一致的。尽管日本的法律规定，股东是最主要的当事人，但实际上，员工被当成最重要的当事人对待。公司的员工通常都拥有公司的股份，他们通过公司股票持有方案购买本公司的股票，终身雇用制和按年功序列制提升的制度，可以使一个人从一般员工提升为公司的董事，并且日本公司通常采用"谋求一致同意"的决策方法。

（4）工会

日本的企业工会不同于西方工会，西方工会和企业管理阶层处于对立位置，日本的企业工会却和企业管理者的目标是一致的。工会认为他们没有必要参与企业的经营，因为企业的经营者不仅代表企业同时代表工会，甚至一些企业的高级管理人员原来就是工会领导成员。尽管工会和企业的管理者是同一命运的共同体，企业工会也要对企业的经营状况、财务数据起到监督的职能，以防止经营者滥用职权，损害职工的利益。在企业处于困难时期，企业工会会采取一些方法激励工人为企业尽力。

（5）供应厂商与客户厂商

在日本株式会社的工业集团内，供应链上下游的供应厂商以及客户厂商之间相互持股的传统成为集团稳定发展的保障。这种基于供应链而形成的企业间双方规制结构，有利于良好关系契约的建立，降低交易成本，形成长期、经常性交易关系网络。

（6）社会经济团体

各种经济团体都有一个共同特征，即任何一个经济团体，都是以参加团体的企业利益的代表人身份出现的。经济团体不能形成独立于企业之外的自身利益，否则，会员企业就不会放心地由它来代表自己的利益。可见，经济团体的作用在于服务于企业的共同利益，团体内通行的原则就不可能是市场交易原则。这是因为对任何一个涉及全体利益的问题，各个企业从中可能获得的个别利益都是不一样的，即对大家都有好处的事也会由此发生很大的意见分歧。在出现意见分歧时，既不是按民主集中制原则进行少数服从多数的表决，也不是按市场交易原则进行每个企业利益得失之间的一一补偿，反复磋商，讨论说服，最后逐渐达到统一，是所有组织普遍采取的共同做法。反复磋商的过程实际上是企业对共同利益的逐渐认同过程，是在明确了共同利益的基础上就个别利益相互做出一定让步的过程。

二、利益相关者共同治理下的权力关系

日本企业表现出利益相关者共同治理的特点，由于企业股权集中持有，集团成员起重要作用，银行在融资和公司监控方面有实质性的参与，员工、债权人等利益相关者进入公司治理，对公司决策、经营享有一定的发言权，共同推动公司发展。企业不仅重视股东的权益，也重视其他利益相关者对经营者的监控；不仅强调经营者的权威，还关注其他利益相关者的实际参与。利益相关者共同分享企业所有权，通过剩余索取权的分享强化利益相关者与公司的利益关系，达到风险与收益相对应；通过控制权的分享形成多边制衡机制，并达到剩余索取权与剩余控制权的统一。

在这种利益相关者共同治理模式下，日本企业内部权力关系表现出一种受"家"原理支配的特征。

1."家"原理

在日本企业权力关系研究中，众多日本学者从不同的分析角度出发都提出了所谓"家"原理，例如，泷川政次郎，三浦周行等法制史学家的古代到现代的系统研究；川岛武宜等民法学家的研究；贺喜左卫门、喜多野清一、中野卓等社会学家的研究；中村吉治，矢木明夫等经济史学家的研究以及宫本又次、安冈重明等经营史学家的研究等等。其中，日本立教大学教授的三户公的总结相对比较全面，他认为"家"原理体现为：

（1）家首先是一种协作体，是一种经营单位。其目的不是某一具体的目标的实现，而是家的存在，发展和繁荣。

（2）家的成员是家属，家的繁荣也是家属的繁荣。家属不仅限于有血缘者，随着经营体的扩大可以无限地吸收非血缘者。家作为一个命运共同体，家的繁荣与家属相关。

（3）家这一经营体的监护者就是家长。家长支配家产和家权，设法维持家业。家长与家属的关系是一种虚拟的父子关系。家长为了家的发展实行专制与温情相结合的统治，家属必须绝对服从，从而得到庇护。

（4）家属在家的内部受到教育，训练，并承担经营体内的各项工作。家的成员最终能够担任何种职务，要靠其属于家内部的某一个阶层来决定。家的内部除了适用"等级制"的组织原则之外还贯彻能力第一的原则。因为为了家的发展与繁荣，能力第一的原则是不可缺少的。

（5）为了家的存在，发展和繁荣，家一般都确立有家规和家训等经营理念，作为经营的精神支柱。据此形成独特的家风。

（6）根据其发展、繁荣的程度，形成了家的等级规格。称为"家格"，这种"家格"规范家的行为。

（7）当家进一步发展壮大时，家的成员可以分到部分家产，另立门户。即设立分户、别户，而原有的家则成为本家。本家与分户、别户的关系也是一种虚拟的父子关系。另外，原本门第不同的家也可依附于有势力的家结成本家与分户。这种关系被称为继父与继子关系。

虽然家族制的财阀，在战后已经完全解体。但是，"家"的原理并没有消失，作为日本企业特征的缩影，依然根深蒂固。"家"的原理除了受儒家文化的影响，也是日本企业组织结构与生产方式的体现。日本和美国在大规模生产组织的根本不同在于生产一线的管理。美国采用大规模方式：用昂贵的专用设备和分立的操作单元，并由半熟练的工人来操作这些设备。这种大规模生产技术具有很高的固定成本，为最终实现较低的单位产品成本，要求在狭窄机位上不断重复简单操作的一线工人给予充分的配合，以保持相互连结的各机器系统循序渐进。美国的制造过程中，操作机器的工人本身既不负责监控工作流程的质量，也不负责寻找解决质量问题的办法。在美国的组织设计中，工人一开始就被排除在创造了美国大规模生产系统的组织学习过程之外。就是说，美国企业的动机在于技术的运用，以此来取得操作工人的配合。在很大程度上，美国公司组织学习只限于管理层，并着眼于如何组织生产和大规模生产技术的开发。

而由于多方面的历史原因，日本企业则将管理层、工程技术人员的专业能力与一线工人高技能结合为一体，实现管理层与工人的组织整合，把企业的组织学习扩大到一般工人当中，形成一种具有集体主义特征的社会关系，使处于复杂劳分工的员工为实现组织目标而乐于开展合作并贡献其技能和努力，"家"原理就是这种社会关系的具体体现。

2. "家"原理的表现

"家"原理直接反映在日本的雇佣制度上。终身雇佣制、年功序列制和企业内部工会是日本企业极富本土特色的劳动用工制度，其中终身雇佣制度是其基本制度，其余是它的派生制度。

（1）终身雇佣制

终身雇佣制是指一个年轻人从学校毕业被某家大企业录用为正式从业员以后，他与企业之间形成的不是基于短期的雇佣契约的临时关系，而是基于长期的、一体化的"默契契约"的稳定关系。如果在企业方面没有发生重大的经营危机，或者在个人方面没有发生不能容忍的错误，这个人将被企业雇佣到他退休为止。

日本的大企业并非是对所有的从业员都实行终身雇佣，终身雇佣的对象是"正式从业员"，即从高中、大学等应届毕业生中招募进来、长期录用的从业员，他们构成企业的核心成员，至于暂时录用的临时工、合同工、钟点工或季节工等非正式从业员则不在终身雇佣的对象之列。"终身雇佣"也不意味着雇佣到"终"，而是雇佣到"退"。比较严格实行终身雇佣制的多为大企业，至于在中小企业，从业员中途调动工作的情况并不少见。

终身雇佣制是日本企业比美国企业更加重视维持雇佣稳定倾向的一个集中体现。然而，在日本即便是没有严格实行终身雇佣制的企业，一般也比较重视维持雇佣稳定，不轻易解雇职工，尽量照顾职工的生计。因此，重视维持雇佣的稳定可以说是日本企业的普遍倾向。反映这个倾向的一个重要事实就是，日本企业雇佣从业员的人数受整个经济波动的影响较小。当企业遇到经营困难，或由于技术革新、产业结构变化而出现人员过剩时，日本企业通常调整劳动时间；削减奖金和管理人员的报酬；减少或中止采用新职工；对富余人员重新配置或在万不得已的情况下采取指名退职的措施等等。

（2）年功序列制

日本企业雇佣制度的另一个特征就是采用年功序列制，这个制度与终身雇佣制密切关联，相辅相成。年功序列制主要表现在工资与晋级这两个方面。从工资方面看，年功序列制的做法是根据从业员在本企业连续工作年数的增加，来逐步提高其工资；从晋级方面看，从业员的职位提升也在很大程度上取决于工龄。当然，除去工龄以外，从业员的业绩、学历、能力、职务、职位等也是影响评定工资和级别的重要因素，而且这些工龄以外的因素的重要性逐渐有所提高，不过，工龄仍是最基本的因素。这是因为年功序列制的基本作用是从生活上保障从业员的终身雇佣，而从业员的生活负担一般总是随其年龄增长而加重，因此，付给从业员的工资也应主要依据工龄而增加。

为了适应日益激烈的企业间竞争，实行年功序列的日本企业也逐步注意在能力与人际关系之间保持协调。比如，在提拔年轻有为的干部时，一方面让有能力的年轻人掌握实质性的权限，另一方面又尽量在工资待遇等方面仍维持"年功序列"，同时尽量避免在同一车间出现年纪很大的人处在年轻人领导之下的尴尬局面，或者对难以提升职务的老员工授予某种非职务的资格或头衔。

（3）企业内工会

与西方国家相比，日本的按企业组织工会的制度比较独特。这种工会制度与其实行终身雇佣制有很大关系。因为在终身雇佣制之下，同一企业的从业员长期工作在一起，虽然从事的专业、工种或许不同，却都是朝夕相处的伙伴，参加同一个工会组织的活动也就成为十分自然的事。在日本也有按行业组织的工会联合，或地区性劳动者团体，但是这些组织在个别企业的劳资谈判中均起不了什么作用，真正的当事者仍是企业工会。

由于工会是企业所属的工会，它就不能不更多地考虑本企业的利益和前途，因此，在实行企业内工会制度的日本，比在实行跨企业工会制度的美国，劳资之间更容易形成相互协调与合作关系。同时，日本企业内部的工资差别较小，其原因在于，不管是从事什么工作的从业员，都参加同一个工会，如果彼此间工资差别太大，就更容易产生矛盾。此外，在实行终身雇佣制和内部工会制度的日本企业，公会中领导者被提升为经营者的可能性比较大。

三、利益相关者公司治理模式下的企业文化范式的形成

在受"家"原理支配的日本企业内部权力关系下，企业中的所有员工（包括管理层与一般工人）构成了一个重要的利益相关者的团体，他们所具有的专用性资产，对于企业的生产与经营有着决定性的影响。同时由于这种专用性资产是管理层、工程技术人员的专业能力与一线工人高技能整合的结果，体现为一种组织学习与组织创新能力，因而具有很高的整体性，难以进行分割定价。这就要求企业员工之间必须建立一种"共存共荣"的相互信任与合作的关系。

然而，作为不同的个体，员工们具有不同需求偏好，企业的资源也是有限的，不同的利益要求总是不可能都得到满足，如果有些人的利益要求被满足，另一些人的利益要求被忽略，就会引发利益冲突，而威胁相互信任与合作关系的建立与稳固，丧失与股东博弈的"筹码"，导致内部人控制转向外部人控制。所以，要保证该利益集团不丧失与股东"讨价还价"的基础，保持集体内部关系的稳固，必须要建立一种协调与平衡机制来解决员工集团内的利益分配问题。随着企业规模的日益庞大与分工的复杂程度的提高，以及企业外部环境不确定性的增强，通过显性契约方式不仅成本过高，而且难以实现利益与责任分配上的同步，就必须要依靠培养与树立企业成员共同价值观与信念，建立一种特定的管理模式与手段的方式来实现。企业文化范式就是这一隐性协调与平衡机制的体现。

　　同时，在利益相关者共同治理模式下，股东不是从前的企业主人，而是企业的构成一员；经营者提供经营、劳动者提供劳动、股东提供资本、其他利益相关者提供其他资源，各部分缺一不可；企业的财产是各利益相关者共同运作的产物。利益相关者的投入都可能是关系专用性资产，这部分资产一旦改为他用，其价值就会降低，因此为了激励专用性资产进入公司，就应该设计一定的契约安排来分配给所有的利益相关者一定的权力，各利益相关者与企业组织间也应该有着一份隐形的保险契约，使他们在向企业投入更多专用性资产的过程中无须担心遭到企业的敲诈，从而这种长期合作会大大降低交易成本。

　　如果把管理看作各利益相关者与企业组织间的保险契约表现，那么，首先，企业目标不能只是追求眼前利益的最大化，还要保证企业长期生存与发展，并与社会相协调。其次，信息劣势导致利益相关者无法实现对经营者的有效监督，防范经营者的道德风险，降低代理成本就需要依赖于关系契约，通过企业文化培养公司与利益相关者之间长期稳定的信任合作关系来实现，在这种情况下，规训方式也由古典管理范式下的"硬"规训手段、行为科学范式下的"软"规训手段以及组织管理范式下的"隐"规训手段转变为通过企业文化系统来实现的"自"规训手段；第三，企业生产经营中涉及方方面面的利益相关者，他们对于企业各自发挥着不同的作用，这需要在伦理规范的基础上，进行资源与组织整合，统领管理中的人机、人际与人境关系，才能形成一个关系协调的"共同体"，实现企业目标，保证相关者的利益。美国等西方国家在分析日本企业的成功经验中，发现日本企业的竞争力来源于其资源与组织整合基础上形成的学习与创新能力，这一能力使得日本在主要依靠引进西方技术的条件下，具体产品的创新变得越来越具有集体性与累积性，保证了日本制造业产品的高品质与低成本。因而资源与组织整合问题成为西方管理学科学术共同体关注的新焦点。

20世纪80年代后，西方国家企业治理结构出现了"投资者的觉醒"特征的新变化，主要体现为加强了股东和债权人的参与权、制衡权、监督权和知情权以及对经营者权力的削减，这为西方企业的组织整合由原先只限于管理层内部而扩大到更大的范围创造了外部条件，基层员工的能力与主动性得到重视。在此背景下"日本式"管理的模式与手段才具有了适用性，西方管理学学术共同体才开始对日本的管理实践经验进行理论上的概括，继而形成了企业文化范式。

第六章　形成中的新管理范式与管理学的未来发展

　　20世纪90年代以来，信息化和全球化浪潮迅速席卷世界。在知识经济条件下，信息与知识成为重要的战略资源，而信息技术的发展又为获取这些资源提供了可能，顾客的个性化、消费的多元化决定了企业只有通过合理组织全球资源，在全球市场上获得更多顾客的青睐，才有生存和发展的可能。在这一背景下，出现了许多尚在不断发展与完善中的管理理论与思想。

第一节　形成中的新管理范式下的主要理论

在近 20 年来出现的许多新的管理理论与思想中，有一些是在原先的管理学范式基础上进一步深入研究与整合的结果，如"6σ"的品质管理理论就是在古典管理范式的基础上吸收并综合了组织管理范式与企业文化范式的相关思想，使科学管理的"传统"重新焕发出新的生命力。同时，也有一些理论有别于原先的理论范式，而具有新范式的特点。

一、学习型组织理论

学习型组织理论是 20 世纪 90 年代以来，在管理理论与实践中发展起来的全新的管理理论。彼得·圣吉于 1990 年出版了《第五项修炼——学习型组织的艺术与实务》一书，创立了学习型组织理论。

1. 学习型组织及其作用

对于什么是学习型组织，存在着很多不同的解释。圣吉认为，学习型组织是一种更适合人类心理发展的组织模式，它由学习群体组成，有崇高的核心价值观和使命，是一种追求不断创新、持续变化的组织。在学习型组织中，其成员胸怀大志、心心相印、互相反省、脚踏实地，他们勇于挑战极限和过去成功的模式，不为眼前利益所动，轻视成果分享而重视成果创造，并朝着共同的理想而努力奋斗。同时，他们在学习中能体会到工作的意义，追求心理成熟和自我实现，并与周围的世界产生同一感。

在《第五项修炼》一书中，圣吉在系统细致地分析了学习型组织的内部结构和运作规律后认为，学习型组织在组织层面上具备自我智慧、自我判断和自我学习的能力，能随环境的变化而做出适当的改变，不仅强调学习物质的科学和技术，同时强调学习人的心理和行为，学习人与人之间的关系，倡导人文精神和科学精神的有机结合，全面提升企业的整体素质，是 21 世纪全球企业组织和管理方式的新趋势与质的飞跃。

2. 学习型组织的特征

学习型组织理论认为，在新的经济背景下，企业要持续发展，必须增强企业的整体能力，提高整体素质，卓越的企业将是能够设法使各阶层人员全新投入并有能力不断学习的组织，它具有八个方面的特征。

（1）组织的共同愿景。共同愿景是员工共同愿望的景象，是在客观分析现实情况的基础上勾画出来的远景规划，它来源于员工的个人愿景而又高于个人愿景。共同愿景将具有不同个性的人凝聚在一起，朝着共同的目标前进。

（2）组织由多个创造性团体组成。在学习型组织中，团体是最基本的学习单位，也是最具创造力的单位。组织的所有目标都是直接或间接地通过团体作战来达到的。

（3）善于不断学习。这是学习型组织的本质特征。所谓"善于不断学习"，主要有四层含义：一是，强调"终身学习"，即组织成员均能养成终身学习的习惯；二是，强调"全员学习"，即组织中的决策层、管理层、操作层都能全身心地投入学习，尤其是决策层，因为他们是决定企业发展方向与命运的重要阶层；三是，强调"全程学习"，即学习必须贯穿于组织系统运行的整个过程中；四是，强调"团体学习"，即组织不但重视个人学习和个人智力的开发，更强调组织成员的合作学习和群体智力的开发。学习型组织正是通过学习能力的保持，及时铲除发展道路上的障碍，不断突破组织成长极限，进而实现可持续发展。

（4）"地方为主"的扁平式结构。传统的企业组织通常是金字塔式的，学习型组织的组织结构则是扁平的，即从最上面的决策层到最下面的操作层，中间相隔层次极少。学习型组织尽最大可能将决策权向组织结构的下层移动，让最下层单位拥有充分的自决权，并对产生的结果负责，从而形成以"地方为主"的扁平化组织结构。这样才能保证上下级的不断沟通，下层才能直接体会到上层的决策思想，上层也能亲自了解到下层的动态，及时获取第一线的信息。只有这样，企业内部才能形成互相理解、互相学习、整体互动思考、协调合作的群体，企业才能产生巨大的、持久的创造力。

（5）自主管理。学习型组织理论认为，"自主管理"是使组织成员能边工作边学习并使工作和学习紧密结合的好方法。通过自主管理，可使组织成员自己发现工作中的问题，自己选择伙伴组成团队，自己选定改革与进取的目标，自己进行现状调查，自己分析原因，自己制定对策，自己组织实施，自己检查效果，自己评定总结。团队成员在"自主管理"的过程中，能形成共同愿景，能以开放求实的心态互相切磋，不断学习新知识，不断进行创新，从而增加组织快速应变、创造未来的能量。

（6）重新界定组织边界。学习型组织边界的界定，是建立在组织要素与外部环境要素互动关系的基础上的，因此，它将超越根据职能或部门划分的"法定"边界。

（7）员工家庭与事业的平衡。学习型组织将努力使员工丰富的家庭生活与充实的工作生活相得益彰，学习型组织将对员工承诺，支持每位员工充分地自我发展，而员工也以承诺对组织的发展尽心尽力作为回报。这样，个人与组织的边界变得模糊，工作与家庭的界限也逐渐消失，两者之间的冲突也必将大大减少，从而达到家庭与事业的平衡。

（8）领导者的新角色。在学习型组织中，领导者是设计师、仆人和教师。领导者的设计工作是一个对组织要素进行整合的过程，它不只是设计组织的结构和组织政策、策略，更重要的是设计组织发展的基本理论；领导者的仆人角色表现在他对实现愿景的使命感，他自觉地接受愿景的召唤；领导者作为教师的首要任务是界定真实情况，协助人们对真实情况进行正确、深刻地把握，提高他们对组织系统的了解能力，以促进每个人的学习。

3. 学习型组织的构建

在对学习型组织的作用与重要性已形成共识的前提下，学习型组织的构建成为研究中的一个热点问题，研究者从不同的视角出发提出了很多不同的观点。

（1）彼得·圣吉的五项修炼

彼得·圣吉在研究中发现，要使企业茁壮成长，必须建立学习型组织，即将企业变成一种学习型的组织，并使得组织内的人员全心投入学习，提升能力，在本职岗位上获得成功。但是组织学习存在七种障碍：

一、局限思考：将自身与工作混淆，或是将自己的责任、思考、学习局限于职务范围之内。

二、归罪于外：仅仅专注于本职，以片断方式看待外在世界，无法认清存在于"内"与"外"互动关系中的许多问题及其解决之道。

三、缺乏整体思考的主动积极性：真正具有前瞻性的积极行动，除了正面的想法之外，还必须以整体思考的方法与工具深思熟虑，细密量化，考察除了最初极佳的立意之外，还会造成哪些极其不易觉察的后果。

四、专注于个别事件：专注于某些片断或短期事件，使我们不能以较长远的眼光来看事件背后变化的形态，更无法了解其真正原因。并且目前很多事件实际都是因为复杂原因而缓慢形成的。

五、温水煮青蛙的故事：沉湎于过去的胜利和美好愿望之中，而忘掉危机的逐渐形成和看不到失败一步步的逼近，学习放慢速度。

六、从经验学习的错觉：延时造成的错觉；各组织间存在巨大鸿沟。

七、管理团体的迷思：争权夺利和害怕承认无知，造成团体中人人避免真正学习，不敢互相追根究底地质疑求真，往往作出表面和谐的妥协意见。绝大多数组织不会奖励深入质疑复杂问题的人，尤其在所有人都无法确定时。

要解决这些障碍，并保持组织持久的竞争优势，必须进行五项修炼。

第一项修炼：自我超越。自我超越是个人成长的学习修炼，是建立学习型组织的精神基础。具备自我超越的人，能够不断实现内心深处最想实现的愿望，全心投入，不断创造和超越，是一种真正的终身学习。自我超越的核心原理是保持创造性张力，这种张力来源于愿望与现状之间的差距上。要保持这种张力，就要根据不断变化的情况，调整愿望，破除各种限制创造力的负面力量，诚实地面对真相，认清潜意识中真正的愿景。

第二项修炼：改变心智模式。心智模式是指存在个人和群体中的描述、分析和处理问题的观点、方法和进行决策的依据和准则。它不仅决定着人们如何认知周遭世界，而且影响人们如何采取行动。不良的心智模式会妨碍组织学习，而健全的心智模式则会帮助组织学习。心智模式不易察觉，也就难以检视，因此它不一定总能反映事情的真相。另外，心智模式是在一定的事实基础上形成的，它具有不定期的稳定性。而事物是不断变化的，这导致了心智模式与事实常常不一致。改善心智模式就是要发掘人们内心的图像，使这些图像浮上表面，并严加审视，即时修正，使其能反映事物的真相。改善心智模式的结果是，使企业组织形成一个不断被检视、能反映客观现实的集体的心智模式。

第三项修炼：建立共同愿景。共同愿景是指能鼓舞企业员工的愿望和远景，主要包括三个要素，即共同的目标、价值观和使命感。共同愿景对学习型组织至关重要，因为它为学习提供了焦点和能量。在缺乏共同愿景的前提下，学习充其量只能是"适应性学习"，只有全体员工心目中有了渴望实现的共同愿景时，才会有"创造性的学习"，企业的任务就是将个人愿景整合为共同愿景。

第四项修炼：团队学习。团队学习是建立学习型组织的关键。彼得•圣吉认为，未能整体搭配的团队，其成员个人的力量会被抵消浪费掉。在这些团队中，个人可能格外努力，但是他们的努力未能有效地转化为团队的力量。当一个团队能够整体搭配时，就会汇聚出共同的方向，调和个别力量，使力量抵消或浪费减至最小。整个团队就像凝聚成的激光束，形成强大的合力。当然，强调团队的整体搭配，并不是指个人要为团队愿景牺牲自己的利益，而是将共同愿景变成个人愿景的延伸。事实上，要不断激发个人的能量，促进团队成员的学习和个人发展，首先必须做到整体搭配。在团队中，如果个人能量不断增强，而整体搭配情形不良，就会造成混乱并使团队缺乏共同目标和实现目标的力量。

第五项修炼：系统思考。企业和人类的其他活动一样，也是一种系统，也都受到细微且被息息相关的行动所牵连，彼此影响着，因此必须进行系统思考修炼。系统思考是一种分析综合系统内外反馈信息、非线性特征和时滞影响的整体动态思考方法。它可以帮助组织以整体的、动态的而不是局部的、静止的观点看问题，因而为建立学习型组织提供了指导思想、原则和技巧。系统思考的修炼是建立学习型组织最重要的修炼，它高于其他四项修炼。少了系统思考，就无法探究各项修炼之间如何互动。系统思考强化其他每一项修炼，并不断地提醒我们，融合整体能得到大于各部分加总的效力。圣吉同时也认为系统思考也需要通过"建立共同愿景"、"改善心智模式"、"团队学习"与"自我超越"四项修炼来发挥其潜力。

这五项修炼之间具有很强的相关性，每一项修炼的成败都和其它修炼的成败密切相关。五项修炼是一个有机的整体，其中个人的自我超越是整个学习型组织的基础，它为学习型组织提供了最宝贵的人力资源。团队学习的许多工作最后都依赖于个人的努力，比如改善心智模式、建立共同愿景、系统思考等等。团队学习是一种组织内部的学习，它不仅在规模上超越了个人学习，而且在内容上完全不同于个体学习。团队学习既是团队的活动内容，同时又是检视心智模式、建立共同愿景的载体和手段。检视心智模式和建立共同愿景，从时间上看前者针对已形成的"组织记忆"，是组织从记忆中学习的体现；后者则是对未来生动的描述，它对组织的成长起到牵动作用。系统思考是学习型组织的灵魂，它提供了一个健全的大脑，一种完善的思维方式，个人学习、团队学习、检视心智、建立愿景，都因为有了系统思考的存在而连成一体，共同达到组织目标。

（2）鲍尔·沃尔纳的五阶段论

鲍尔·沃尔纳运用实证研究法，从企业教育与培训活动这一角度，对许多企业进行了深入的观察与分析，并在此基础上，归纳出学习型组织的发展模式。他认为，学习型组织的构建一般经历五个阶段。

第一阶段，企业本身尚处于初期发展阶段，企业中的学习活动一般是自发的、不正规的，此时，企业没有安排学习项目的意识。随着企业自身的发展和竞争的加剧，一方面，组织内部仍然存在着不正规的学习活动；另一方面，更多的现象则是企业出资选送部分员工到企业外的教育部门进修，这表明组织学习进入了第二阶段，即消费性学习阶段。在第三阶段，规模经济的发展使企业的教育与培训可能面向企业中更多的员工，企业开始有意识地在内部开发适合自己特定需要的学习项目，并建立相应的学习基地来推动这项工作。但这一阶段的学习活动与企业长期发展战略之间尚缺乏明确的联系。到第四阶段，企业已把学习纳入组织的日常工作中。企业的课程设计进一步趋于成熟，无论是企业内部设计的课程，还是请外面的专家设计的课程，均是如此。他们不仅更富创造性，立足于满足企业的特定需要，还要建立一系列相应的标准，作为衡量员工各类技能水平的指标。这一阶段的组织学习已开始进入高级阶段，它与企业的发展战略与经营目标紧密地结合起来。然而，在这一时期，组织学习与日常工作之间相互脱节的现象仍时有发生。在更多的情况下，学习仍然是培训部门的职责，而未能成为各部门主管的职责，这就使组织的学习能力受到一定的限制。第五阶段的特点就是学习与工作的完全融合。在这种管理方式下，主管的作用不再是控制和解决问题，而是鼓励和促使人们自己解决问题，取得满意的结果。

（3）马奎特的学习型组织系统

美国乔治华盛顿大学的迈克尔·马奎特在研究全球 100 多家顶级学习型组织，分析无数学习型组织相关文章与书籍之后，1997 年提出了"学习型组织系统"模型。这一模型包括五个子系统，即学习子系统、组织子系统、人员子系统、知识子系统和技术子系统。这些子系统彼此相关，相互支撑，共同聚力，促进组织学习的发生和发展。

学习子系统包含学习的层次、类型和技能。就学习层次来说，包括个人学习、团队学习和组织学习三个互不相同却又互相关联的层次。就学习类型来说，包括适应型学习、预见型学习和行为型学习三种。学习技能包括系统思考、心智模式、自我超越、自主学习和对话。组织子系统包括公司愿景、文化、战略和组织结构。在学习型组织中，组织结构是流线型的、无边界的、扁平状的结构，有利于最大程度地促进组织内外的联系，唤醒每个成员的责任感，实现协同作战。人员子系统则把整个业务链上的利益相关者包括领导、员工、顾客、合作伙伴、供应商以及社区等，都视为学习型组织不可忽视的重要角色，促进所有群体的学习。知识子系统对组织获取和产生的知识进行管理，它包括知识的获取、创造、存储、分析、转移、应用和确认六个要素，这些要素是持续的、相互关联的。技术子系统则显示技术如何提高学习和知识管理的速度与效果，由支持学习和信息访问与交换的支持性技术网络及信息工具所组成，包括知识技能、电子工具和先进手段如仿真技术、网络会议等。

根据这一模式，组织不仅需要从资金上支持员工学习，而且必须找到将学习和组织方方面面的生活系统地整合起来的方法。这其中学习子系统是核心子系统，它涵盖个人、团队和组织三个层面，包括系统思考、心智模式、自我超越以及自主学习对话技巧。其他四个子系统也是强化与增加组织学习的质量和效率所必需的。这些子系统共同构建起了一个保证组织学习与成功的坚实的架构。

（4）约翰·瑞定的"第四种"模型

约翰·瑞定从战略规划理论的角度，分析组织学习的各种模式及学习型企业的基本特点，提出了被称为"第四种模型"的学习型组织理论。它有四个基本特点，即"持续准备——不断计划——即兴推行——行动学习"。简单来说，约翰·瑞定模式认为，任何企业的运行都包括准备、计划、推行三个阶段，而学习型企业不应该是先学习而后实施准备、计划和推行。学习与工作是不可分割的，学习型组织强调的是在行动中学习，强调边学习边准备、边学习边计划、边学习边推行。学习贯穿准备、计划和实施的每一个阶段，是"全过程学习"，即学习必须贯穿于组织系统运行的整个过程之中。它有四个基本要点：

第一，持续准备：组织始终处于持续的准备阶段，它并不针对某项特定的变革项目，而是广泛地关注组织与环境的协调，不断对经营行为提出质疑，时刻为组织变革做准备，使组织在多变的环境中能随时应对各种挑战。

第二，不断计划：在学习型组织中，计划是开放的、灵活的。这就是说计划是不断修订的，战略方向是灵活开放的。同时，计划的制定是建立在广泛征询参与计划实施的一线员工的意见的基础上。

第三，即兴推行：学习型组织在推行变革计划的过程中，并不要求员工按部就班，而是鼓励员工充分发挥潜力，采用"即兴创作"的原则，创造性地实施变革计划。

第四，行动学习：学习型组织不是通过一年一度的评估体系来衡量变革的成败，而是通过各种途径随时检验变革行动，并及时做出反应，从而调整组织的行动策略，提高变革效益，加快变革速度。行动学习贯穿变革的准备、计划和实施的每一个阶段。

学习型组织通过持续准备、不断计划和即兴实施，完成一次又一次的变革，同时又在为下一次变革做准备。学习型组织就是这样循环不断地获得创新发展，这也是约翰·瑞定眼中学习型组织的生命力所在。

二、企业再造理论

所谓"再造"，简单地说就是以工作流程为中心，重新设计企业的经营、管理及运作方式。1990年，美国管理专家迈克尔·汉默在《哈佛管理评论》上发表了一篇名为《再造：不是自动化，而是重新开始》的文章，率先提出了企业再造的思想，引起了强烈的反响。1993年，他又与詹姆斯·钱皮合著了《再造企业——企业革命的宣言》一书。该书发展了再造原理，明确提出了企业再造的概念。以后，他们又陆续出版了《再造革命》、《管理再造》、《超越再造》等著作，丰富和发展了企业再造理论。这一全新的思想震动了管理学界，一时间"企业再造"、"流程再造"成为大家谈论的热门话题，哈默和钱皮的著作以极快的速度被大量翻译、传播。与此有关的各种刊物、演讲会也盛行一时，在短短的时间里该理论便成为全世界企业以及学术界研究的热点。

1. 企业再造的定义与适用范围

比较典型的企业再造定义是："根本再思考，彻底翻新作业流程，以便在现今衡量表现的关键上，如成本、品质、服务和速度等获得戏剧性的改善"。[1] 这一定义包含四个核心内容：一是根本性，根本性再思考表明业务流程重组所关注的是企业核心问题，如"我们为什么要做现在这项工作"、"我们为什么要采用这种方式来完成这项工作"、"为什么必须由我们而不是别人来做这份工作"等等。通过对这些企业运营最根本性问题的思考，企业将会发现自己赖以生存或运营的商业假设是过时的，甚至是错误的；二是彻底性，彻底性再设计表明业务流程重组应对事物进行追根溯源。对自己已经存在的事物不是进行肤浅的改变或调整性修补完善，而是抛弃所有的陈规陋习，并且不需要考虑一切已规定好的结构与过程，创新完成工作的方法，重新构建企业业务流程，而不是改良、增强或调整；三是戏剧性，戏剧性改善表明业务流程重组追求的不是一般意义上的业绩提升或略有改善、稍有好转等，而是要使企业业绩有显著的增长、极大的飞跃和产生戏剧性变化，这也是流程重组工作的特点和取得成功的标志；四是流程，业务流程重组关注的要点是企业的业务流程，并围绕业务流程展开重组工作，业务流程是指一组共同为顾客创造价值而又相互关联的活动，企业再造要从流程着手。流程决定着企业的运行效率，流程是企业的生命线。

---

[1] Michael Hammer& James Champy: Reengineering the Company: A Manifesto for Business Revolution, Nichilas Beraley Publishing , 1993, P2。

　　企业再造理论适用于以下三类企业：第一类企业，身陷困境，走投无路，迫于形势，准备背水一战；若能借助"重组"，冲出困境，那就能使企业获得新生，柳暗花明又一村。这里所谓"困境"，是指成本高出竞争对手几倍，产品次品率高出别人几倍，或者顾客对他们的产品已怨声载道，到了忍无可忍的地步。"重组"是企业唯一的出路，关系到企业的生死存亡。第二类企业，当前日子还过得去，暂时看来财政状况是令人满意的。换句话说，公司尚未遇到真正的麻烦，然而公司领导班子似乎有一种感觉，预见到即将有暴风骤雨来临，可能给他们带来严重问题，甚至威胁他们成功的基业。这些公司有远见，未雨绸缪，把决心下在要紧关头，与其走下坡入逆境，不如着手实施"重组"。第三类企业，正处于巅峰时期，不要说眼前没有困难，即使是看得着或想得到的将来也不会有什么大问题。这些公司的领导班子不安于现状，雄心勃勃，勇于进取。"重组"被看作是提高竞争优势的好机会。把竞争对手甩得更远，把竞争障碍筑得更高，使自身被市场紧随者赶超的可能性变得更小。

2.　企业再造理论的原则

　　企业再造中最大的障碍是：缺乏高层管理人员的支持和参与；不切实际的实施范围与期望；组织对变革的抗拒。企业再造在实施中易出现的问题在于：流程再造未考虑企业的总体经营战略思想；忽略作业流程之间的联结作用；未考虑经营流程的设计与管理流程的相互关系等等。要解决这些障碍与问题，需要遵循以下几个原则。

　　（1）以顾客为中心。传统的分工理论将完整的流程分解为若干任务，并把每个任务交给专门的人员去完成，在这种思想的影响下，工作的重点往往会落在任务上，从而忽视了最终的目标——满足顾客的需要。以顾客为导向，意味着站在顾客的角度考虑问题。企业存在的理由是为顾客提供价值，而价值是由流程创造的。只有改进为顾客创造价值的流程，企业的再造才有意义，因而要使每位负责流程的人员充分意识到，流程的出口就是向顾客提供较高的价值。

（2）以员工为中心。企业再造将直接导致组织结构发生变化，扁平化成为替代传统的金字塔型结构的新模式，再造后的企业中主要以流程小组为主，小组中的成员必须是复合型的人才，这些专业人才除具备现代知识、综合观念和敬业精神等素质以外，还必须专注于顾客利益，为顾客创造价值；为顾客带来他们所期望的效率；为顾客提供效果满意的整个流程的工作。要做到这一点，必须采取事业发展与规划管理等激励措施。所谓事业发展与规划管理就是企业通过人力资源发展部门，将员工追求个人事业的活动纳入到企业发展过程中的人力资源配置和人员培训等一系列活动之中。

（3）以流程为中心。企业再造不同于以往的任何企业变革，企业再造的最终目标是将企业由过去的职能导向型转变为流程导向型。一个以流程为中心的企业和一个以职能为中心的企业的根本区别不是企业运营流程的不同，而在于维系企业的基本结构不同。在传统企业中，组成企业的基本结构是职能相对单一的部门，由这些部门分别完成不同的任务，这些任务构成每一个流程的片断，而在一个以流程为中心的企业中，企业的基本组成单位是不同的流程，不存在刚性的部门，甚至流程本身也不是刚性的，而是随着市场的变化可以随时增减改变的。以流程为中心就是要消除价值传递链中的非增值的活动和调整核心增值活动。要遵循清除、简化、整合与自动化的步骤。清除就是发现并消除非增值活动；简化就是在尽可能清除了不必要的活动之后，应该对剩下的必要活动进行简化；整合就是经过化简的任务需要进一步整合，以使之流畅、连贯并能够满足顾客需要；自动化就是在完成了流程与任务的清除、简化和整合的基础上，充分运用和发展信息技术的强大功能，实现以流程加速与提升顾客服务准确性为目标的自动化。

企业再造的实践中，失败的例子很多，这不是由理论本身造成的，而由于企业实施再造的过程中忽视了一些相匹配的因素。因此，企业再造最终能够获得成功还要取决于两个因素。一要依靠有效的团队，企业再造的过程中会遇到各种各样的阻力，包括来自于员工个人、组织群体和社会等方面，克服这些阻力是企业再造的关键性要素。通过建立高效率的团队，可以加强个体之间的沟通，引导员工朝共同的目标努力，从而彻底消除企业再造过程中的障碍。二是需要正确的领导，企业再造失败很大程度上是由于领导和组织上的不得力。

3. 企业再造理论的实施步骤与方式

（1）构筑再造队伍。这是首要的、也是最关键的一步。从实践看来，再造队伍至少有五种角色，他们是领导者——负责授权并推动整个企业再造过程的一名高层管理者；流程负责人——负责一个特定流程并专注于再造的经理人员；再造小组——投身于企业再造的一群人；指导委员会——由一些高层管理者组成的政策制定团体；再造总监——高层管理者，负责企业再造技术和方法的开发，并对企业各再造项目进行协调。这五种角色之间既相互联系，又有一定的独立性。

（2）认识并分析现有流程。认识现有流程的目的是要弄清在新形势下其具有的优缺点，最有效的方法是画出现有流程图。通过对流程图的分析，可以找出几个影响流程功能的因素，即持续时间、相互依赖关系、责任人、问题区域、增值等，进而挑选出关键流程。

（3）进行流程再设计。这是企业再造的难点所在。在进行流程再设计时，要抛弃原有流程的框框，利用测定基准法、价值链分析法和改变心智模式等进行创意思考。企业业务流程的实施，是以相应组织结构、人力资源配置方式、业务规范、沟通渠道甚至企业文化作为保证的，所以，只有以流程改进为核心形成系统的企业再造方案，才能达到预期的目的，取得再造成功。

（4）实施与持续改造。这是检验新流程是否有效的途径。不过，在新流程完全实行运作之前，必须经过一定时期的小范围的试验，否则，往往导致失败，因为构想和实际之间总是有一定的差距的。实施企业再造方案，必然会触及原有的利益格局。因此，必须精心组织，谨慎推进。既要态度坚定，克服阻力，又要积极宣传，形成共识，以保证企业再造的顺利进行。企业再造方案的实施并不意味着企业再造的终结。在社会发展日益加快的时代，企业总是不断面临新的挑战，这就需要对企业再造方案不断地进行改进，以适应新形势的需要。

企业再造方式通常有两种，一种是改良式再造，另一种是革命性再造。前者是在对现有流程的充分认识和理解的基础上，通过局部改良，使之成为一个新的工作流程，达到期望的效果。因这种再造方式风险较小，且中长期效果明显，故多被企业采用。后者则不满足于改良式的小打小闹，完全抛弃现有流程，重新构想，注重建立全新流程，以取得突破性的进展。但由于这种再造方式的风险较高，使不少企业望而生畏。一般地讲，不是处于极度危机之中的企业不采用革命式再造方式。要想取得企业再造成功，还必须关注企业再造的同步工程，这就是说在企业重新整合业务流程时，必须重新塑造企业价值观、重新设计工作方式和重新建立考评体系。只有这样，才可避免"新瓶装旧酒"的结果出现。

三、企业知识管理理论

知识经济背景下，知识管理已成为知识经济条件下企业管理的指导思想。20 世纪 60 年代初，德鲁克首先提出了知识工作者和知识管理的概念，指出人类正在进入知识社会，在这个社会中最基本的经济资源不再是资本、自然资源和劳动力，而应该是知识，在这个社会中知识工作者将发挥主要作用。20世纪80年代以后，德鲁克对知识管理做出了开拓性的工作，他认为，未来的典型企业以知识为基础，由各种各样的专家组成，这些专家根据来自同事、客户和上级的大量信息，自主决策和自我管理。在20世纪90年代中后期，美国波士顿大学信教授托马斯·达文波特在知识管理的工程实践和知识管理系统方面作出了开创性的工作，提出了知识管理的两阶段论和知识管理模型。与此同时，日本管理学教授野中郁次郎针对西方的管理人员和组织理论家片面强调技术管理而忽视隐含知识的观点提出了一些质疑，并系统地论述了隐含知识和外显知识之间的区别。客观而言，知识管理作为一个热点研究领域，近20多年来的研究十分活跃，成果十分丰富，代表人物众多，研究视角与路径各异，难分主次。因本文的主要目的不是研究管理理论的具体内容，因而在此引用现有研究综述予以简单说明[1]。

1. 企业知识管理定义

知识管理涵义包括：（1）知识管理的对象是知识，是企业所面对纷繁复杂世界中的知识和企业的知识活动。（2）知识管理过程本身是知识的学习、运用、创新和传播的过程。（3）知识管理是以知识和知识活动为核心的综合管理，它把知识活动过程作为研究对象，把物流和价值流看作是从属于知识活动的东西，通过知识管理实现企业的各种管理职能。

2. 企业知识管理的基本职能

一般地讲，企业知识管理可分为两部分，一是内部知识管理，包括知识的生成、交流、积累和应用四个环节；一是外部知识管理，即通过企业之间的交流与合作等对知识进行有效的管理。但

---

[1]　张兰霞. 新管理理论丛林. 沈阳：辽宁人民出版社，2001年，82-85。

总体上讲，知识管理有四个基本职能，即外化、内化、中介和认知。

外化是从组织外部广阔的知识海洋中捕捉对本企业现在和未来发展有用的各种知识、发现组织内部存在的各种知识、特别是隐性知识，并进行集成以利于传播。外化的作用是通过内化或中介使知识寻求者能够得到所捕捉收集到的知识。内化是通过过滤来发现企业知识库中与知识寻求者相关的知识，并把这些知识呈现给知识需求者，它能帮助研究者就某一问题或感兴趣的观点进行沟通，并将提取的知识以最适合的方式进行重新布局或呈现，以节约知识使用者的时间，提高知识使用效率。中介同内化不同，它不强调明确的、固定的知识的传递，而是针对那些无法编码存储于企业知识库中的知识，它将知识寻求者和最佳知识源相匹配。通过追溯个体的经历与兴趣，中介能把需要研究某一课题的人同在这一领域中有经验的人联系起来。认知是经由前三个职能交换得出的知识的运用，是知识管理的终极目标。现有技术很少能实现认知过程自动化，通常都是采用专家系统或使用人工智能技术，并据此作出决策。

3. 企业知识管理的目标与原则

企业知识管理的目标是创造和利用各种知识并使知识为企业所用。具体地讲就是：（1）制定一个企业范围内开发、获取和利用知识的战略决策；（2）在企业各方面力量的帮助下，实现这一知识战略；（3）利用知识来改变企业的日常经营过程；（4）检测和评估企业知识资产的价值；（5）从知识的角度检测和评估企业的管理活动。

要实现上述目标，应坚持三个知识管理的基本原则，即知识积累、知识共享和知识交流。知识积累是知识管理的基础。任何一个企业，自它成立的第一天起，就会有很多的知识产生。如果没有知识积累，这些知识就会随着业务项目的结束而消失，随着员工的离去而流失。而这些知识都是企业的财富，它们一点一滴地汇集起来形成企业文化、企业价值和企业核心能力。因此，企业一定要注意知识的积累，由知识积累而形成的知识库是企业知识管理的主要对象之一。知识共享是指一个企业内部的知识要做到尽可能地公开，要使每一个员工都能接触到，每一个员工都有权使用企业的知识。当然，知识共享涉及到政治和权利问题，如何在共享与政治权利之间取得平衡，还依赖于知识管理者的管理技巧。知识交流是使企业知识最大限度地发挥作用的有效途径。如果没有知识交流，企业就不能实现有效的知识管理，知识管理的核心就是在企业内部建立一个有利于交流的组织结构和文化氛围，使员工之间的交流畅通，使知识交流者得到启发和提高。

四、形成中的新管理理论范式特点综述

随着知识经济与信息经济时代的来临与竞争的全球化，世界变化的节奏进一步加快。现代社会的发展要求企业既能有一个明确且宽泛的发展方向，同时又能够随着顾客的需要的变化和新的竞争威胁与机会的出现而不断地适应。这促使"追求正确"管理的哲学进一步转向了"追求灵活"，而"学习"是解决这一问题最有效的手段，因而"学习"也变成企业最核心的问题，员工被更多地看作是知识与信息的生产者而不是可以轻易替代的支薪阶层，被看作是关键资本而非不断削减的资本。在这种背景下，一些企业通过在企业制度上设计一些新的激励机制去解决问题，如实行管理层持股或员工持股等等。但对于大多数企业而言，在管理模式上的改变相对于企业制度上的改变，可能成本更小、更为容易。

形成中的新管理理论范式一个共同的基本信念就是：用"学"与"习"的关系去取代权力与责任的界定；用更"网络化"、"扁平化"与"柔性化"的学习型组织结构去取代层级制的组织

结构。要进行这样的转变企业就必须要彻底的"革命"。学习型组织理论构建了"革命"的远景目标，企业再造理论在此基础上提供了具体革命的工具与方法，而知识管理理论则是提供了"革命"后具体管理模式与手段。三种理论之间这种关系使其体现了一定的范式的特征。目前，由于一方面新管理理论尚处于发展阶段，另一方面相应的学术共同体尚未真正确立，在所研究的问题、研究方法与解决办法上也尚未取得基本一致。所以这一新的管理理论范式仍然处于形成期。

第二节　管理学范式竞争的主要原因

从 20 世纪初期行为科学理论范式形成开始，管理学的发展就体现出了一种范式竞争的特征。表现为各种管理理论范式长期共存，分别在一定范围内表现出了各自的生命力与影响力，就某一特定的时期而言，并无一种完全占统治地位的管理学理论范式。通过在"知识硬核—企业权力关系—学术建制"三维视角下，对一百多年来管理理论形成、发展与演变的历史回顾与逻辑论证，管理学范式竞争的主要原因实质上已经浮出水面：一是现代社会生产方式与企业治理结构多元化结果；二是学术共同体的作用。

一、现代社会生产方式和企业治理结构多元化与管理学范式竞争

在现代社会生产方式演变过程中，形成了生产要素投入的多元化与生产模式的多元化的局面，现代社会不仅存在着以劳动、资本要素为主要投入，机器大工业生产为主要模式的行业与部门；还存在着社会生产方式进步所催生的以知识、信息要素为主

要投入，创造性脑力劳动为主要模式的新的行业与部门，而众多的行业与部门则是位于两端之间。

虽然战后西方完全委托代理关系的企业制度占主体，但也体现出企业内剩余索取权与控制权匹配的具体安排的多元化。在表6-1中列举了四种典型公司治理模式：美英为主的盎格鲁撒克逊模式；法国、意大利为主的法国模式；德国、日本为主的德国模式；以及北欧国家为主的斯堪的纳维亚模式的差异比较。

表6-1 典型公司治理模式差异

单位 %	对外直接投资占世界总量比重		机构投资者股票形式金融资本占GDP的比重		长期激励手段在CEO薪酬中比重		敌意接管交易额占全世界总量比重	
	1980	1997	1990	1995	1988	1998	1980-1989	1990-1998
美国	41.97	25.63	29.3	61.5	28	36	75.3	60.7
法国	4.5	6.4	11.6	16.6	15	14	1.9	5.4
日本	3.74	8.04	18.8	13.9	0	0	0.5	0
瑞典	1.07	2.11	24	40.2	0	0	0.1	0.6

资料来源：1998 Law and Finance. Journal of Political Economy 106: 1113-1115

企业治理结构的差异不仅体现在国别上，甚至相同国家的同一行业中的企业，在治理结构上的差异现象也非常普遍，另外局部委托代理关系的企业制度在一定范围内仍存在。

从前面分析中可以看出，不同管理学理论范式的形成，与特定的社会生产方式和企业治理结构下的权力关系存在密切的关系，企业权力关系作为"知识硬核—企业权力关系—学术建制"模型中的一个重要维度，决定着管理理论的需求特征，它不仅引发着学术共同体对管理实践中形成的新问题的关注，而且决定着管理理论的知识硬核特征。因此，社会生产与企业治理结构的多元化现状，一方面导致新管理范式层出不穷；另一方面旧的管理学范式无论是通过逻辑推理与分析，还是现实中相关的案例效验，均可维持其有效性，并且旧范式与新范式在竞争中也相互借鉴、相互吸收、相互融合不断发展，在一定程度上保证了其生命力与影响力的延续，因而较长时间内无法形成一种具有统治地位的管理学范式。

二、学术共同体与管理学范式竞争

在管理学形成与发展的一百多年时间里，不同的管理学理论范式都拥有一个由学者、专家与管理实践者所组成的具有相同信念、采用类似研究与分析方法、在基本政策纲领上大体一致的学术共同体。在其学术共同体内部通常有着专门的期刊、协会和科学团体，他们定期或不定期举行会议，通过学术专著、期刊文章、公开或不公开的观点阐述等学科建制形式进行交流与联系，力图广泛传播某范式的下相关理论；同时不同的理论往往被不同程度地收录到管理学教材中，在教育实践中，通过多种学科规训手段培养新的学术共同体成员。

为了保证某一管理学理论范式的地位，学术共同体之间也会经常进行学术论战，在自我深入反省的基础上展开相互攻击，这一方面推动了学术共同体内常规积累性研究向更深更广的层次发展，以保证理论的解释力；另一方面也促进了学术共同体之间的交流，一些成员开始在借鉴与吸收其他范式基础上开展创新性研究，提出新的管理理论范式。学术共同体成员对原有范式的忠诚度，由于更多与他们的经历、气质、个性以及在社会权力关系中的地位相关，而具有较高的不可确定性。以上两方面的原因，在知识生产所需的社会建制与践行上，保证了在不同管理学范式继续维持其生命力的局面下，新的理论范式的涌现，出现了范式竞争局面的形成。

第三节 企业管理理论的未来发展趋势

未来管理理论发展中，范式竞争的特征可能会在较长的一段时间内持续，但不会是企业管理学科发展的常态表现。

首先，随着人类社会的进步，信息、知识等无形要素会逐步取代劳动、资本与土地等有形生产要素的主体地位，企业所提供的产品与服务中知识和信息所占价值比例会逐步提高，一些旧的社会生产方式会逐步退出历史舞台，各部门中社会生产特征的差异性将缩小。

我们已经从"农业经济时代"穿越"工业经济时代"，进入到"知识经济"时代，以智力产权和资本形式出现的知识已经代替劳动和资本，在各行业中已成为一个重要的生产要素。在知识经济时代，企业组织正由过去等级严格的"金字塔式"转变为"扁平式"的结构，企业中原有的上下级关系将转变为平等关系；由封闭在某一岗位中的同事关系将转变为相互平等"网络化"的同事关系，每个人都是一个知识源；由执行自己并不是十分了解的命令转变为参与式的工作，这样可以鼓励人们利用自己的想象能力与知识；由努力调整自己的行为使之与其他人同步而转变为充分理解企业意图与合作的知识，从而达到一种工作上的默契；由在刻板的像自动化流水线般的办事程序挣扎，而转变为把自己当作以任务为核心的团队一员去参与创造过程；企业由技术创新和制度创新为主转变为以知识创新为主，知识创新强调创新是未来的竞争要求，创造新思想并转化为市场前景广阔、具有发展潜力的产品，为企业持续发展奠定基础；对物质资源的管理将转变为对知识资源的管理为主，创造并应用新知识成为企业在市场竞争中取胜的关键。虽然不同行业在生产要素投入与生产模式不可能完全趋同，但即便是在传统制造业部门也将会越来越重视智力资本，并努力将其转化为经济价值，现代社会生产方式多元化状况将逐步减弱。

其次，在过去的 20 年中，企业治理在美国、英国、欧洲大陆与日本已经成为一个引人关注的政策问题，多种企业治理模式的竞争与发展成为国际经济舞台上一道独特的"风景线"。随着市场经济的发展，不同类型的企业通过自发的契约谈判所形成的那些多种多样的企业治理结构，会以各自的行为在与其他形式的企业的市场竞争中，优胜劣汰，企业治理结构的差异性将缩小并趋同，但对于究竟趋同于什么样的模式，目前尚未有共识，总的来看有四种不同的观点：趋同于股东中心型模式、趋同于利益相关者模式、趋同于混合模式、趋同于未知模式。虽然政治、历史、文化、制度等社会条件会在企业治理结构的趋同中起到一定的干扰作用，但经济全球化是一个不可逆转的潮流，将推动占优势的企业治理结构脱颖而出。

再次，在社会生产与企业治理结构多元化趋势逐步减弱的背景下，必然会提高不同企业权力关系的相似性，继而在企业生产方式与组织模式趋同过程中，形成一个日益庞大的学术共同体，为未来占统治地位的管理理论范式提供社会性的基础。同时，也会有一些研究者会在辨析各范式特征的基础上，试图将不同范式纳入到一个更为宏大的框架下，寻求建立一种更为一般性、包容性的理论体系，例如，权变理论虽然存在一些问题，遭受很多批评，但不失为一种有益的尝试。

现在虽然还无法全面界定未来管理学范式，但可以断定的是，一方面某些在特定社会生产特征与企业治理结构条件下提出的管理学范式将逐步丧失其竞争力，由于各种范式之间并不是完全的对立与排斥，一些管理学范式会在与其他的范式竞争中被吸收与融合；另一方面管理学将与自然科学、社会科学逐步融合，跨学科的研究将成为主流。未来的管理学发展也许会有走出"丛林"的一天，近几年来管理学发展现状中也体现了这样的趋势。

参考文献

中文资料

1. 米歇尔·福柯.知识考古学.北京：三联出版社，1998 年

2. 米歇尔·福柯.疯癫与文明.北京：三联出版社，1999 年

3. 米歇尔·福柯.规训与惩罚.北京：三联出版社，1999 年

4. 索卡尔（等）.索卡尔事件与科学大战——后现代视野中的科学与人文的冲突.南京：南京大学出版社，2001 年

5. 丹纳赫（等）.理解福柯.天津：百花文艺出版社，2002 年

6. 赖特·米尔斯.社会学的想象力.北京：三联出版社，2001 年

7. 斯坦因·拉尔森.社会科学理论与方法.上海：上海人民出版社，2002 年

8. 梅尔茨.十九世纪欧洲思想史（第一卷）.北京：商务印书馆，1999 年

9. 默顿.科学社会学.北京：商务印书馆，2003 年

10. 丹尼斯·朗.权力论.北京：中国社会科学出版社，2001 年

11. 华勒斯坦（等）.学科、知识、权力.北京：三联出版社，1999 年

12. 卡尔·曼海姆.重建时代的人与社会：现代社会结构的研究.北京：三联出版社，2002 年

13. 艾尔弗雷德·钱德勒.管理学历史与现状.大连：东北财经大学出版社，2001 年

14. 麦克洛斯基.社会科学的措辞.北京：三联出版社，2000 年

15. 约翰·霍尔.文化：社会学的视野.北京：商务印书馆，2002 年

16. 理查德·沃林.文化批评的观念.北京：商务印书馆，2001 年

17. 盛宁.人文困惑与反思——西方后现代主义思潮批判.北京：三联出版社，1997 年

18. 斯图尔特·克雷纳.管理百年——20 世纪管理思想与实践的批判性回顾.海口：海南出版社，2003 年

19. 郭咸纲.西方管理学说史.北京：中国经济出版社，2003 年

20. 丹尼尔·雷恩．管理思想的演变．北京：中国社会科学出版社，2002 年

21. 周三多，邹统轩．战略管理思想史．上海：复旦大学出版社，2003 年

22. 石磊．现代企业制度论：委托代理制下的竞争与管理．上海：立信会计出版社，1995 年

23. 艾尔弗雷德·钱德勒．看的见的手：美国企业的管理革命．北京：商务印书馆，1997 年

24. 艾尔弗雷德·钱德勒．策略与结构：工业企业史的重要篇章．北京：商务印书馆，1997 年

25. 摩根·威策尔．管理的历史．北京：中信出版社，2002 年

26. 三户公．管理学与现代社会．北京：经济科学出版社，2000 年

27. 尼尔·格拉斯．卓越管理的新思维——理念、工具和人．北京：中国标准出版社，2000 年

28. 李达昌（等）．战后西方国家股份制的变化．北京：商务印书馆，2000 年

29. 何继善，陈晓红（等）．管理科学：历史沿革、现状与发展趋势．长沙：湖南人民出版社，2004 年

30. 斯韦托扎尔·平乔维奇．产权经济学：一种关于比较体制的理论．北京：经济科学出版社，1999 年

31. 冯之浚．软科学纲要．上海：上海三联出版社，2003 年

32. 哈罗德·德姆塞茨．所有权、控制与企业．北京：经济科学出版社，1999 年

33. 曼塞·布莱克福德．西方现代企业的兴起．北京：经济管理出版社，2001 年

34. 亚伯拉罕·马斯洛．马斯洛论管理．北京：中国标准出版社，2004 年

35. 唐·泰普斯科特（等）．范式的转变——企业信息革命．大连：东北财经大学出版社，2003 年

36. 泰罗．科学管理原理．北京：团结出版社，1999 年

37. 法约尔．工业管理与一般管理．北京：团结出版社，1999 年

38. 张兰霞．新管理理论丛林．沈阳：辽宁人民出版社，2001 年

39. 迈克尔·詹森（等）.所有权、控制权与激励——代理经济学文选.上海：上海三联出版社，1998 年

40. 科斯、阿尔钦、诺斯.财产权利与制度变迁.上海：上海人民出版社，1997 年

41. 宋则行、樊亢.世界经济史.北京：经济科学出版，1998 年

42. 李建德.经济制度演进大纲.北京：中国财政经济出版社，2000 年

43. 许康，劳汉生.中国管理科学化的历程.长沙：湖南科学技术出版社，2001 年

44. 诺思.经济史中的结构与变迁.上海：上海人民出版社，1994 年

45. 科斯（等）.财产权利与制度变迁——产权学派与新制度学派译文集.上海：上海三联书店，1994 年

46. 阿马蒂亚·森.伦理学与经济学.北京：商务印书馆，2000 年

47. 杨春学.经济人与社会秩序分析.上海：上海人民出版社，1998 年

48. 贝克尔.人类行为的经济分析.上海：上海三联书店，1993 年

49. 陈清泰，吴敬琏.美国企业的股票期权计划.上海：中国财政经济出版社，2001 年

50. 程恩富，胡乐明.经济学方法论.上海：上海财经大学出版社，2002 年

51. 周长城.经济社会学.上海：中国人民大学出版社，2003 年

52. 程恩富.西方产权理论评论——兼论中国企业改革.北京：当代中国出版社，1997 年

53. 哈耶克.个人主义与经济秩序.北京：北京经济学院出版社，1989 年

54. 何自力.法人资本所有制与公司治理.天津：南开大学出版社，1997 年

55. 赫伯特·西蒙.管理行为.北京：北京经济学院出版社，1998 年

56. 黄群慧.企业家激励约束与国有企业改革.北京：中国人民大学出版社，2000 年

57. 李兴山，刘潮.西方管理理论的产生与发展.北京：现代出版社，1999 年

58. 梅慎实.现代公司机关权力构造论.北京：中国政法大学出版社，1996 年

59. 青木昌彦，钱颖一.转轨经济中的公司治理结构.北京：中国经济山版

社，1995 年

60. 宋克勤．现代工商企业管理．上海：上海财经大学出版社，2000 年

61. 泰勒尔．产业组织理论．北京：中国人民大学出版社，1997 年

62. 王国成．企业治理结构与企业家选择．北京：经济管理出版社，2002 年

63. 王玉．企业战略管理教程．上海：上海财经大学出版社，2000 年

64. 赫伯特·西蒙．现代决策理论的基石．北京：北京经济学院出版社，
1991 年

65. 杨瑞龙．国有企业治理结构创新的经济学分》．北京：中国人民大学出
版社，2001 年

66. 张维迎．企业理论与中国企业改革．北京：北京大学出版社，1999 年

67. 孙耀君，管维立．西方管理学名著提要．南昌：江西人民出版社，1997 年

68. 孙耀君．西方管理思想史．太原：山西人民出版社，1987 年

69. 彼得·圣吉．第五项修炼——学习型组织的艺术与革命．上海：上海三
联书店，1994 年

70. 彼得·德鲁克．管理：任务、责任、实践．北京：中国社会科学出版社，
1987 年

71. 迈克尔·波特．竞争优势．北京：华夏出版社，1997 年

72. 哈罗德·孔茨．管理学．北京：经济科学出版社，1996 年

73. 安德鲁·坎贝尔，凯瑟琳·萨默斯．核心竞争战略．大连：东北财经大
学出版社，1999 年

74. 迈克尔·麦特森，约翰·伊万舍维奇．管理与组织行为经典文选．北京：
机械工业出版社，2000 年

75. 芮明杰．超越一流的智慧：现代企业管理创新．上海：上海译文出版社，
1994 年

76. 芮明杰．管理创新．上海：上海译文出版社，1997 年

77. 芮明杰．管理学：现代的观点．上海：上海人民出版社，1999 年

78. 芮明杰，钱平凡．再造流程．杭州：浙江人民出版社，1997 年

79. 陈佳贵．现代企业管理理论与实践的新发展．北京：经济管理出版社，

1998 年

80. 乔·皮尔斯，约翰·纽斯特朗．管理宝典：开创管理新纪元的 36 部经典管理集粹．大连：东北财经大学出版社，1998 年

81. 吴季松．知识经济．北京：北京科学技术出版社，1998 年

82. 黄孟藩，马孜学．外国经济管理的最新趋势．北京：新华出版社，1988 年

83. 彼得·德鲁克（等）．未来的管理．成都：四川人民出版社，2000 年

84. F．赫塞尔本（等）．未来的领导．成都：四川人民出版社，2000 年

85. F．赫塞尔本（等）．未来的组织．成都：四川人民出版社，2000 年。

86. 迈克尔·科特、加里·哈默（等）．未来的战略．成都：四川人民出版社，2000 年

87. 约翰·科特、苏曼塔·侯莎尔（等）．未来的总裁．成都：四川人民出版社，2000 年

88. 杜莹芬．知识经济与企业管理．广州：广东经济出版社，1999 年

89. 唐伟（等）．现代管理与人．北京：北京师范大学出版社，1998 年

90. 高闯．企业管理总论．沈阳：辽宁大学出版社，1995 年

91. 查尔斯·萨维奇．第 5 代管理．珠海：珠海出版社，1998 年

92. 安妮·布鲁金．第三资源：智力资本及其管理．大连：东北财经大学出版社，1998 年

93. 尼尔·瑞克曼．合作竞争大未来．北京：经济管理出版社，1998 年

94. 高哈特·凯利．企业蜕变．北京：经济管理出版社，1990 年

95. 刘光明．企业文化．北京：经济管理出版社，1999 年

96. 陈荣耀．比较文化与管理．上海：上海社会科学院出版社，1999 年

97. 李占祥．现代企业管理学．北京：中国人民大学出版社，1990 年

98. 威廉·A·哈维兰．当代人类学．上海：上海人民出版社，1987 年

99. 柳田邦男．企业活力的奥秘．北京：国际文化出版公司，1989 年

100. 约翰·科特．新规则．北京：华夏出版社，1997 年

101. 约翰·科特．企业文化与经营业绩．北京：华夏出版社，1997 年

102. 奈比斯特（等）．90 年代的挑战．北京：中国人民大学山版社，1988 年

103. 陈佳贵，黄速建等．企业经济学．北京：经济科学出版社，1998 年。

104. 阿伦·肯尼迪，特伦斯·迪尔．西方企业文化．北京：中国对外翻译出版公司，1989 年

105. 威廉·大内．Z 理论——美国企业界怎样迎接日本的挑战．北京：中国社会科学出版社，1984 年

106. 托马斯·彼得斯，小罗伯特·沃特曼．成功之路．北京：中国对外翻译出版公司，1985 年

107. 尼古莱·福斯，克里斯第安·克努森．企业万能．面向企业能力理论．大连：东北财经大学出版社，1998 年

108. 罗文·吉布森．重思未来．海口：海南出版社，1999 年

109. 蒋运通．企业经营战略管理．北京：企业管理出版社，1996 年

110. 约翰·奈比斯特．大趋势．改变我们生活的十个新方向．北京：中国社会科学出版社，1984 年

111. 王英．企业发展理论．沈阳：辽宁人民出版社，1997 年

112. 文章代、侯书森．立体管理．北京：石油大学出版社，1999 年

113. 安德鲁·卡卡巴德斯（等）成功在望：建立愿景．大连：东北财经大学出版社，1999 年

114. 肯恩·梅尔岁斯．放手与放心的管理．广州：中山大学出版社，1999 年

115. 陈国权．制造业先进生产方式与管理模式．北京：科学技术文献出版社，1998 年

116. 王征．现代管理学导论．沈阳：辽宁大学出版社，1990 年

117. 赵德志．人性与管理——中外管理文化比较研究．沈阳：辽宁人民出版社，1998 年

118. 芮明杰，杜锦银．人本管理．杭州：浙江人民出版社，1997 年

119. 斯蒂芬·罗宾斯．组织行为学．北京：中国人民大学出版社，1997 年。

120. Thomas Kuhn. The Structure of Scientific Revolution. University of Chicago Press. 1970.

121. Thomas Kuhn. The Copernican Revolution: Planetary Astronomy and the

Development of Western Thought. Harvard University Press. Cambridge. Mass. 1957.

122. Thomas Kuhn. The Essential Tension. The University of Chicago Press. Chicago. 1977.

123. Michel Foucault. Politics. Philosophy. Culture. ed. Lawrence Kreitzman. Routledge. New York 1998.

124. Michel Foucault. Power/Knowledge. Edited by C. Gordon. New York: Pantheon. 1980.

125. Michel Foucault. Howison lectures. Berkeley. 20 October. 1980.

126. James Bernauer and David Rasmussen. The Final Foucault. MIT Press. Cambridge Mass. 1984.

127. Tom Conley. The Writing of History. Columbia University Press. New York. 1988.

128. Dreyfus Hubert and Rainbow. Michel Foucault: Beyond Structuralism and hermeneutics. Harvester Press. Brighton UK. 1986.

129. O' Rallrrel Clare. Foucault: The Legacy. QUT Press. 1997.

130. Ransom John. Foucault' s Discipline: The Politics of Subjectivity. Duke University Press 1997.

131. Burchell. Graham et. al. The Foucault Effect: Studies in Govermentality. University of Chicago Press. 1991.

132. Barnes. Kuhn and Social Science. Macmillalan London. 1982.

133. Gutting. G. Paradigms and Revolution. University of Notre Dame Press. 1980.

134. Masterman. The Nature of a Paradigm. In Lakatos. I. And A. Musgrave (Eds.). Criticism and the Growth of Knowledge. Cambridge University Press. 1970.

135. Dogan Mattei and Robert Pahre. Creative Marginality: Innovation at the Intersections of Social Sciences. Boulder. Werstview Press. 1990.

136. Chester Barnard. The Functions of the Executive. Cambridge. Mass.: Harvard University Press. 1938.

137. Alfred Chandler. Strategy and Structure. Cambridge. Mass: MIT Press. 1962.

138. Stanley Chapman. The Early Factory Masters. New York: Augustus M. Kelley Publications. 1967.

139. Peter Drucker. The Practice of Management. New York: Harper & Row. 1954.

140. William Fox. The Management Process: An Integrated Approach. Homewood: Richard D. Irwin. 1963.

141. Claude George. The History of Management Thought. Englewood Cliffs. N.J: Prentice- Hall. 1968.

142. Friedrich Hayek. Capitalism and the Historians. Chicago: University of Chicago Press. 1954.

143. Robert Heilbroner. The Making of Economic Society. Englewood Cliffs. N.J: Prentice-Hall. 1962.

144. James Hunt. Leadership: A New Synthesis. Newbury Park. Calif: Sage Publications. 1991.

145. Cyril Ling. The Management of Personnel Relations: History and Origins. Homewood. Ill.: Richard D. Irwin. 1965.

146. Royston Pike. Hard Time: Human Documents of the Industrial Revolution. New York Pager Publishers. 1966.

147. Harold Pollard. Developments in Management Thought. London William Heineman. Ltd. 1974.

148. Sidney Pollard. The Genesis of Modem Management: A Study of the Industrial Revolution in Great Britain. Cambridge. Mass: Harvard University Press. 1965.

149. Lyman Porter and Lawrence McKibbin. Management Education and

Development: Drift or Thrust into the 21st Century? New York: McGraw-Hill. 1988.

150.　Charles Wrege and Ronald Greenwood. Frederick W. Taylor, The Father of Scientific Management: Myth and Reality. Homewood. Business One Irwin. 1991.

151.　Jo Ann Yates. Control Through Communication: The Rise of System in American Management. Baltimore: The Johns Hopkins University Press. 1989.

152.　Scbein. Organization Culture and Leadership. San Francisco: Jossey Bass. 1997.

153.　Oliver Williamson. Transaction Cost Economics in R. Schmalensee and R. D. Willig Handbook of Industrial Organization. Vol. 1. Amsterdam: North Holland. 1990.

154.　John Child. British Management Thought. London: George Allen and Unwin. Ltd. 1969.

155.　Peter Drucker. Management Tasks. Responsibilities and Practices. New York: Harper & Row. 1973.

156.　Matthew Hale. Human Science and Social Order: Hugo Mansterberg and the Origins of Applied Psychology. Philadelphia: Temple University Press. 1980.

157.　Rensis Likert. The Human Organization: Its Management and Value. New York: McGraw-Hill Book Co. 1967.

158.　Cyril Ling. The Management of Personnel Relations: History and Origins. Homewood. Ill.: Richard D. Irwin. 1965.

159.　Kaplan Steven. Management Buyouts: Operating Improvements as a source of Value. Manuscript. Chicago: Univ. Chicago. 1989.

160.　Hart Oliver D. The Market Mechanism as an Incentive scheme. Bell J. Econ. 1983.